CODE MANUEL

DE

LA CONTRAINTE PAR CORPS

ET

DE L'EMPRISONNEMENT POUR DETTES.

Imprimerie de Henuuyer et Turpin, rue Lemercier, 24, Batignolles.

CODE MANUEL

DE

LA CONTRAINTE PAR CORPS

ET DE

L'EMPRISONNEMENT POUR DETTES

EN MATIÈRE CIVILE, COMMERCIALE, CRIMINELLE,
CORRECTIONNELLE ET DE POLICE,

MIS EN RAPPORT AVEC LA DOCTRINE ET LA JURISPRUDENCE.

SECONDE ÉDITION,

AUGMENTÉE DES AVIS DU CONSEIL D'ÉTAT, ARRÊTÉS, CIRCULAIRES
ET RÈGLEMENTS SUR LA MATIÈRE;
DU TARIF DES FRAIS ET D'UN FORMULAIRE;

PAR

M. ÉMILE CADRÈS,

AVOCAT A LA COUR ROYALE DE PARIS.

In obscurâ voluntate......,
favendum est libertati.
(L. 179, ff., de Reg. jur.)

PARIS.

CHEZ L'ÉDITEUR, 40, RUE LAFFITTE.

1842

AVANT-PROPOS.

———

Un titre spécial est consacré dans le Code civil à la contrainte par corps, et dans le Code de procédure civile, à l'emprisonnement ; cependant ces titres sont loin de contenir toutes les dispositions relatives aux matières qu'ils traitent.

Le Code de procédure, promulgué deux années après le Code civil, contient une série de dispositions isolées qui autorisent ou prescrivent de prononcer la contrainte par corps. D'un autre côté, l'exercice de cette contrainte personnelle a été soumis à plusieurs restrictions ou modifications qui se trouvent énoncées soit dans le Code civil, soit dans d'autres parties du Code de procédure civile, soit dans le Code de commerce. Cette confusion se compliquait encore des dispositions de la loi du 15 germinal an VI, qui étaient restées en vigueur, et de la loi du 10 septembre 1807, lorsque est intervenue la loi du 17 avril 1832.

Il eût été à désirer, pour aplanir les difficultés que présente dans l'étude et l'application des lois, la nécessité de combiner et de coordonner entre elles ces diverses dispositions éparses dans nos Codes, qui s'expliquent, se complètent et se modifient mutuellement,

que les législateurs eussent groupé en un seul contexte l'ensemble de la législation sur cette matière.
Mais ils se sont contentés, selon l'usage, d'apporter
des adoucissements à quelques prescriptions trop rigoureuses et d'abroger les lois accessoires de l'an VI
et de 1807, et ils ont laissé à la doctrine le soin de
mettre de l'unité dans les éléments épars qu'ils ont
conservés par leur silence; c'est cette lacune que j'ai
entrepris de combler en codifiant toutes les dispositions législatives qui régissent cette partie importante
du droit.

Pour commenter les textes, je me suis fait l'écho
de la jurisprudence, parce que j'ai pensé qu'un travail sur la contrainte par corps et l'emprisonnement,
pour être utile, doit avoir plus que tout autre un caractère d'autorité, en raison de la promptitude qu'il
faut mettre à consulter et à juger les questions qui se
présentent. Parfois cependant l'indépendance de mes
opinions et une conviction profonde m'ont porté à
combattre certaines décisions et à émettre mon avis
entre deux systèmes; mais je l'ai fait avec réserve,
pour conserver à l'ouvrage le caractère que j'ai cru
devoir lui donner.

Ce manuel est divisé en deux parties : la première
comprend les cas dans lesquels la contrainte par corps
peut être ou doit être prononcée; la seconde traite de

l'exécution de la contrainte ou de l'emprisonnement.
Cette division était dictée par la distinction fondamen-
tale entre les droits et obligations qui naissent des
rapports sociaux, et les formes à observer pour en
poursuivre l'accomplissement. Chacune de ces deux
parties a ensuite ses subdivisions distinctes dans lesquelles se trouvent classées par ordre les dispositions
du Code civil, du Code de procédure civile, du Code
de commerce, de la loi du 17 avril 1832, du Code pénal, du Code d'instruction criminelle, du Code forestier, et de la loi sur la pêche fluviale.

La loi du 17 avril 1832 renfermant les dispositions
les plus importantes, et étant d'une application plus
usuelle que les autres dispositions de lois, a été reproduite dans son ensemble à la fin de l'ouvrage. Il
suffira, pour connaître l'explication des articles, de
se reporter aux passages auxquels ces articles ap-
partiennent.

Enfin, une table analytique, composée avec soin,
facilitera les recherches en dehors de l'ordre qui a été
adopté pour la distribution des matières.

TABLE DES MATIÈRES.

b

SOMMAIRE.

Durée de l'emprisonnement pour les condamnations supérieures à 300 fr., 40.

SOMMAIRE.

Formalités qui doivent précéder l'arrestation au profit de l'état, et personne qui est autorisée à la faire opérer, 211-215.

Durée de l'emprisonnement, 212-213.

Distinction entre l'emprisonnement pour condamnations pécuniaires et l'emprisonnement considéré comme peine, 214.

Formalités qui doivent précéder l'arrestation à la requête des particuliers, 215-216.

Durée de l'emprisonnement, 212-213-217.

SOMMAIRE.

Mêmes formalités pour arriver à l'arrestation ; — même personne qui la fait opérer ; — même durée de l'emprisonnement que pour les condamnations en matière de délit forestier au profit de l'état, 77-78-81-79-80.

Formalités pour arriver à l'arrestation à la requête des particuliers, 81.

Durée de l'emprisonnement, 78-79-82.

SOMMAIRE.

La contrainte par corps ne peut être exercée contre le mari et contre la femme, 21.

Obligation de conduire la personne arrêtée en référé devant le président du tribunal civil, si elle le demande, 22.

LÉGENDE

DES

ARTICLES DE LOIS INSÉRÉS DANS L'OUVRAGE.

EXPLICATION

DES SIGNES ET ABRÉVIATIONS EMPLOYÉS DANS L'OUVRAGE.

C. civ........... Code civil.

C. proc......... Code de procédure.

C. comm......... Code de commerce.

L. 17 av. 1832... Loi du 17 avril 1832.

C. pén.......... Code pénal.

C. inst. crim..... Code d'instruction criminelle.

C. forest........ Code forestier.

L. pêche fluv.... Loi sur la pêche fluviale.

C. C. R......... Arrêt de rejet de la chambre civile de la cour de cassation.

C. C. C......... Arrêt de la chambre civile de la cour de cassation qui casse.

C. C. R. R....... Arrêt de rejet de la chambre des requêtes.

    Nota. Le nom de ville qui suit la désignation d'un arrêt de la cour de cassation indique la cour royale qui avait rendu l'arrêt contre lequel on s'est pourvu en cassation.

S., 24-1-5....... Sirey, année 1824, 1re partie, page 5.

D., 23-1-358..... Dalloz, année 1823, 1re partie, page 358.

J. P., 37-2-254... Journal du Palais, tome 2 de l'année 1837, page 254.

J. P., é. c....... Journal du Palais, édition chronologique (3e édition).

Gaz............ Gazette des tribunaux.

Nota. Les membres de phrases des articles de lois qui sont entre parenthèses et en lettres italiques ne font pas partie du texte. Ils y ont été insérés pour l'intelligence de la rédaction qui n'aurait pas pu être comprise, parce que l'article se trouve isolé de ceux qui le précèdent dans l'ordre naturel.

Ceux qui sont imprimés en lettres italiques sans être entre parenthèses font partie du texte, mais sont étrangers à la matière traitée dans la partie de l'ouvrage où l'article est placé.

ERRATA.

Page 62, ligne 23, étrangers, *lisez* étrangères.

—   74,   —   24, C. C., *lisez* C. civ.

—   76,   —   2, C. C., *lisez* C. civ.

—   122,   —   9, C. P. C., *lisez* C. proc.

CODE MANUEL

DE

LA CONTRAINTE PAR CORPS

ET DE

L'EMPRISONNEMEMENT POUR DETTES.

———◄●◆●►———

PREMIÈRE PARTIE.

DE LA CONTRAINTE PAR CORPS.

/ ———————

TITRE I.

DE LA CONTRAINTE PAR CORPS EN GÉNÉRAL.

SOMMAIRE.

Définition de la contrainte par corps.
De l'application des dispositions relatives à la contrainte par corps.
2067, C. civ.; 519 et 522, C. proc.

La contrainte par corps est une voie d'exécution que la loi consacre dans certains cas et qui consiste à priver quelqu'un de sa liberté pour le forcer d'accomplir une obligation.

(*C. civ.*, 2067.) La contrainte par corps, dans les cas où elle est autorisée par la loi, ne peut être appliquée qu'en vertu d'un jugement.

1

Les arbitres, même volontaires et amiables compositeurs, peuvent prononcer la contrainte par corps dans les cas prévus par la loi. Légalement constitués, ils sont, entre les parties qui les ont nommés, de véritables juges autorisés par la loi, et leurs sentences sont de véritables jugements dont elle garantit l'exécution par les mêmes voies. C. C. R. 1er juillet 1823 (1). — Pau, 4 juillet 1821 (2). — Toulouse, 17 mai 1825 (3). — Paris, 20 mars 1812 (4). — C. C. C. Toulouse, 5 novembre 1811 (5). — Colmar, 24 juillet 1810 (6). — Grenoble, 8 mars 1824 (7). — Merlin, *Répert. de jurisp.*, v° *Arbitrage*; Henrion de Pansey, *Traité de l'autor. jud.*, chap. v et suiv.; Poncet, *Traité des jugem.*; Pardessus, *Elém. du droit comm.*, t. IV, p. 98, n° 1404; Carré, *Traité et quest. de procéd. civ.*, n°s 4567 et 3334; Dalloz, *Répert. alph.* — MM. Berriat Saint-Prix, t. Ier, p. 45, et Delvincourt, t. II, p. 255, refusent ce pouvoir aux arbitres volontaires.

Il a été jugé par un arrêt de cassation du 5 nov. 1811 (8) et par un arrêt de Paris du 20 mars 1812 (9) que la disposition de la sentence qui prononce la contrainte par corps est en dernier ressort lorsque les parties ont renoncé à l'appel. Une pareille convention ne serait plus sanctionnée aujourd'hui, quant au chef de la contrainte par corps, en présence des dispositions de l'art. 7 de la loi du 17 avril 1832. L'appel serait recevable nonobstant toute clause contraire dans le compromis.

---

(1) S., 24-1-5; D., 23-1-358; J. P., é. c. — (2) S., 24-2-12; D., 22-2-73; J. P., é. c. — (3) S., 25 2-420; J. P., é. c. — (4) S., 12-2-322; J. P., é. c. — (5) S., 12-1-18; D., 12-1-40; J. P., é. c. — (6) D., 11-2-30. — (7) J. P., é. c. — (8) S., 12-1-18; D., 12-1-40; J. P., é. c. — (9) S, 12-2-322; J. P., é. c.

La contrainte par corps ne peut pas être autorisée par une ordonnance de référé, même pour la représentation des objets confiés à un gardien. Montpellier, 19 juin 1807 (1).

Ni par ordonnance sur requête. Nîmes, 11 août 1812 (2).

L'acquiescement à un jugement par défaut ou en premier ressort qui prononce la contrainte par corps, est nul en ce qui concerne cette disposition; le débiteur n'en conserve pas moins le droit de former opposition au jugement, ou d'en interjeter appel, pour discuter la nature de son engagement et établir qu'il n'y avait pas lieu de lui appliquer la contrainte par corps. Nancy, 5 août 1837 (3). — Paris, 21 octobre 1837 (4). — Paris, 10 février 1836 (5). — Paris, 26 juin 1838 (6). — Caen, 10 janvier 1838 (7). — Bordeaux, 21 décembre 1825 (8). — Paris, 21 avril 1838 (9). — Paris, 19 décembre 1832 (10). — Paris, 12 juillet 1825 (11). — Paris, 28 mai 1839 (12). — Montpellier, 19 juin 1807 (13). — Rouen, 5 novembre 1827 (14). — Paris, 2 janvier 1840 (15). — Pau, 24 janvier 1837 (16). — Liège, 21 mars 1811 (17). Il existe cependant trois arrêts contraires. Paris, 2 juin 1827 (18). — Toulouse, 28 janvier 1831 (19). — Bourges, 8 mai 1837 (20).

Quelle doit être, dans ce cas, la procédure à suivre pour obtenir la réformation du jugement par défaut ?

La marche la plus régulière et la plus simple, est de for-

---

(1) S., 15-2-42. — (2) S., 13-2-369; J. P., é. c. — (3) S., 39-2-70. — (4) S., 39-2-71; D., 37-2-153; — (5) D., 37-2-67. — (6) S., 39-2-71; D., 39-2-75. — (7) S., 39-2-70; D., 39-2-75. — (8) J, P., é. c. — (9) S., 39-2-71; D., 38-2-137. — (10) S., 33-2-472; D., 33-2-161. — (11) J. P., é. c. — (12) S., 39-2-502; D., 39-2-209. — (13) S., 15-2-42. — (14) S., 28-2-160. — (15) J. P., 40-1-162. — (16) J. P., 37-2-254. — (17) J. P., é. c. — (18) S., 28-2-124. — (19) D., 32-2-6. — (20) S., 37-2-398; D., 37-2-156.

mer opposition au jugement, et de se représenter devant le tribunal qui l'a rendu, sans se préocuper de l'acquiescement, sauf au créancier à s'en prévaloir et à en discuter le mérite.

Cependant, le débiteur emprisonné peut-il demander au tribunal civil à la fois la nullité de son acquiescement et sa mise en liberté, lorsque le jugement est rendu par défaut par un tribunal de commerce et qu'il n'est pas frappé d'opposition? Une prétention de cette nature a été admise le 23 mars 1832. La cour d'Amiens, saisie de l'appel, a confirmé la compétence du tribunal civil, parce qu'en effet, par suite de la contestation sur l'acquiescement, elle n'a pu voir dans le débat qui lui était soumis, qu'une demande relative à l'exécution d'un jugement, et sur le fond elle a déclaré l'appel non recevable, parce que le jugement de condamnation qui avait servi de base à l'incarcération était en dernier ressort en raison de la somme, et qu'il était de jurisprudence sous l'empire de la loi du 15 germinal an **VI**, que l'on ne pouvait appeler, du chef de la contrainte par corps, d'un jugement en dernier ressort, et que les contestations sur l'exécution ne comportaient non plus qu'un degré de juridiction. On s'est pourvu en cassation contre l'arrêt, et le pourvoi a été rejeté par la chambre des requêtes, le 17 juillet 1833 (1). La question du fond, celle de savoir si le tribunal civil, en prononçant la nullité d'un acquiescement à un jugement rendu par défaut par un tribunal de commerce qui n'est pas frappé d'opposition, peut prononcer la mise en liberté du détenu, n'a donc été jugée que par le tribunal de première instance, et nous n'hésitons pas à penser que si le jugement avait été déféré à la

---

(1) D., 33-1-331.

cour de cassation, il aurait été réformé. Le tribunal avait, avec raison, retenu la cause comme s'agissant de statuer sur une difficulté relative à l'exécution d'un jugement, parce que l'acquiescement dont la validité lui était soumise est un acte d'exécution ; mais il ne pouvait, sans renverser l'ordre des juridictions, réformer du chef de la contrainte par corps le jugement qui émanait d'un tribunal de commerce, en ordonnant la mise en liberté du détenu. Le premier motif de l'arrêt de la cour de cassation a d'ailleurs consacré implicitement cette doctrine. Si la compétence et la décision du tribunal qui a rendu le jugement par défaut n'étaient pas respectées, il s'en suivrait que le créancier qui, indépendamment de l'acquiescement, avait le droit d'obtenir la contrainte par corps contre son débiteur, en raison de la nature de la créance, se verrait privé de la juridiction qui était appelée à lui accorder cette voie de contrainte. Le tribunal civil ne doit, selon nous, qu'annuler l'acquiescement en laissant entier le jugement, sauf au débiteur à se pourvoir par opposition pour le faire réformer. La nullité pure et simple de l'acquiescement ne donnera, il est vrai, aucune solution satisfaisante au débiteur, parce qu'elle laissera subsister l'exécution du jugement par l'emprisonnement ; mais cette fausse position est la conséquence du vice de la procédure.

Nous ne saurions, d'après ces principes, approuver un arrêt de la cour de Caen du 30 août 1836 (1), confirmatif d'un jugement qui avait maintenu un acquiescement sous prétexte que la créance était commerciale et que les parties n'avaient fait que ce que le tribunal lui-même aurait fait .

---

(1) D., 37-2-18.

1.

Ce que nous venons de dire des jugements par défaut, est également applicable aux jugements rendus en premier ressort pour l'acte de renonciation à l'appel.

Il ne faut confondre l'exécution, même volontaire, avec l'acquiescement. S'il n'est pas permis d'acquiescer valablement aux dispositions d'un jugement qui intéresse l'ordre public, on n'a plus de recours possible, sauf les voies extraordinaires, lorsque ce jugement est devenu en dernier ressort, soit qu'on ait gardé le silence en laissant passer les délais légaux, soit qu'il ait été exécuté. C. C. C. Toulouse, 7 octobre 1812 (1). — C. C. R. Paris, 16 juillet 1817 (2). L'autorité de la chose jugée a été proclamée spécialement en matière de contrainte par corps, par la cour de Paris, les 3 août 1838 (3). — 10 mars 1840 (4). — 22 juillet 1840 (5) (dans ce dernier cas, le jugement avait été exécuté par le payement des frais), et par la cour de Rouen, le 26 février 1839 (6).

L'acquiescement quoique nul, fait-il courir les délais de l'opposition et de l'appel? La négative a été jugée par la cour de Pau, le 10 février 1836 (7), et par la cour de Paris, les 28 mai (8) et 8 août (9) 1839. Cette dernière cour s'était prononcée pour l'opinion contraire les 11 mars (10) et 10 octobre (11) de la même année, et le 11 janvier 1825 (12). La question présente des doutes, si on ne se détermine par la faveur qui s'attache à la liberté, lorsqu'il s'agit de l'opposi-

---

(1) S., 13-1-82; J. P., é. c. — (2) S., 18-1-133; J. P., é. c. — (3) Gaz. 5 août 1838. — (4) J. P., 40-2-122. — (5) J. P., 40-2-138. — (6) S., 39-2-33; D., 39-2-221 ; J. P., 39-2-553. — (7) D., 37-2-67. — (8) S., 39-2-502; D., 39-2-209; J. P., 39-1-583. — (9) Gaz. 18 septembre 1839. — (10) D., 39-2-118; J. P., 39-1-418; Gaz. 27 mars 1839. — (11) J. P., 39-2-408; Gaz. 18 octobre 1839. — (12) J. P., é. c.

tion à un jugement par défaut contre avoué, ou de l'appel d'un jugement contradictoire ou par défaut contre avoué ; mais lorsque le jugement est par défaut contre partie, la négative a pour elle le texte formel de la loi. En effet, l'art. 158, C. proc., accorde la faculté de former opposition jusqu'à l'exécution ; l'art. 159 ne répute le jugement exécuté que lorsqu'il y a quelque acte duquel il résulte nécessairement que l'exécution a été connue de la partie défaillante, et l'art. 443 fait courir les délais de l'appel des jugements par défaut, du jour où l'opposition n'est plus recevable. Or, l'acquiescement étant nul, et ne pouvant, par suite, être considéré comme un acte d'exécution, nous cherchons en vain l'acte d'exécution connu du débiteur qui puisse servir de point de départ au délai de l'opposition et de l'appel.

Il en serait autrement s'il avait été fait réellement des actes d'exécution, et que le débiteur eût déclaré dans l'acquiescement en avoir eu connaissance. Paris, 10 mars 1840 (1).

La contrainte par corps ne peut être prononcée que par le jugement de condamnation. Elle ne peut l'être par un jugement postérieur. Paris, 22 octobre 1815 (2). — Rennes, 21 décembre 1816 (3). — Paris, 24 décembre 1839 (4).

Les jugements rendus par les tribunaux étrangers, n'ont pas d'autorité en France. Les tribunaux français ne peuvent même les déclarer exécutoires par un simple paréatis ou ordonnance d'exécution. Les faits et actes de la cause doivent être soumis à nouveau aux tribunaux français, pour que le fond même soit révisé (art. 121 de l'ordonn. de 1629, vulgaire-

---

(1) J. P., 40-2-122. — (2) J. P., é. c. — (3) J. P., é. c. — (4) D., 40-2-83; J. P., 40-1-148.

ment appelée code Michaud; 2123 et 2128, C. civ.; 546, C. proc.). Rennes, 28 mai 1819 (1). — Toulouse, 27 décembre 1819 (2). — En sens contraire, C. C. 7 janvier 1806. Voyez *Répert. de jurisp.*, vᵒ *Jugem.* 38. —Malleville, sur les art. 2123 et 14, C. civ. — Pigeau, t. II, p. 36. —Berriat Saint-Prix, *De l'exéc. forcée des jugem.*, liv. III, sect. 2.—Carré, *Quest.*, t. II, p. 179.—Il en est de même quoique les décisions aient été rendues par les tribunaux d'un pays qui faisait alors partie du territoire français, et qui a cessé depuis d'en faire partie. Paris, 20 mars 1817 (3).

Cette dernière décision est critiquée par Grenier, *Traité des hypoth.*, t. II, nᵒ 221, et Troplong, même traité, t. II, nᵒ 458. Toutefois, la cour d'Aix a prononcé dans le sens de la cour de Paris, le 10 avril 1823.

Le principe de la révision est absolu, sans qu'il y ait lieu de distinguer entre le cas où les décisions sont rendues contre des français, et le cas où elles sont rendues à leur profit contre des étrangers. C. C. R. Paris, 19 avril 1819 (4). Néanmoins, il n'y a pas lieu à révision lorsqu'il s'agit d'une décision arbitrale rendue par suite d'un compromis. Paris, 7 janvier 1833, *Gaz.* du 11 janvier 1833. Il faut, dans tous les cas, respecter les règles de la compétence et porter l'action à intenter pour faire déclarer la décision exécutoire, devant la juridiction qui aurait été appelée à connaître du fond. Montpellier, 8 mars 1822 (5). — Il a été fait exception au principe de la révision des décisions qui émanent des tribunaux étrangers, par l'art. 22 du traité du 24 mars 1760, intervenu entre la France et la Sardaigne, et par le traité avec la Suisse,

---

(1) J. P., é. c. — (2) S., 20-2-312; J. P., é. c. — (3) S., 18-2-172, — (4) S., 19-1-188; J. P., é. c. —(5) J. P., é. c.

en date du 22 septembre 1803. Les tribunaux français doivent se borner à ordonner, par un simple paréatis, l'exécution des décisions rendues dans ces deux pays, sans examiner s'il a été bien ou mal jugé. Arrêts du parlement de Grenoble, des 23 juillet 1785 et 30 août 1787 ; — du sénat de Chambéry, des 1er février 1781, — 5 décembre 1816, — 17 mars 1817, — 30 mars 1820. — C. C. R. Paris, 28 décembre 1831 (1). Cette dérogation au droit de souveraineté, ne peut toutefois s'entendre des décisions contraires aux maximes du droit public français, C. C. R. R. 14 juillet 1825 (2), ou à l'ordre des juridictions. Grenoble, 9 janvier 1826 (3).

Nota. Le principe énoncé dans cet article souffre exception, pour l'arrestation provisoire des débiteurs étrangers, comme on le verra ci-après, et lorsqu'il s'agit d'appliquer la contrainte par corps à des cautions; pour ce dernier cas, des formes spéciales ont été créées par les art. 519 et 522 du Code de procédure, dont le texte suit.

(*C. proc.*, 519.) La partie (*envers laquelle la caution s'engage*) pourra prendre au greffe communication des titres (*qui établissent sa solvabilité*); si elle accepte la caution, elle le déclarera par un simple acte; dans ce cas, ou si la partie ne conteste pas dans le délai (*fixé à l'art.* 517), la caution fera au greffe sa soumission, qui sera exécutoire sans jugement, même pour la contrainte par corps s'il y a lieu à contrainte.

---

(1) S., 32-1-47. — (2) S., 26-1-378; J. P., ó. c. — (3) S., 27-2-56.

(C. proc., 522.) Si la caution *(contestée)* est admise, elle fera sa soumission conformément à l'art. 519 ci-dessus.

TITRE II.

DE LA CONTRAINTE PAR CORPS EN MATIÈRE CIVILE.

CHAPITRE I.

DE LA CONTRAINTE PAR CORPS CONTRE LES FRANÇAIS ET CONTRE LES ÉTRANGERS DOMICILIÉS EN FRANCE.

Nota. Les étrangers qui ont été autorisés par le roi à établir leur domicile en France, jouissant de tous les droits civils tant qu'ils continuent d'y résider, aux termes de l'art. 13 du Code civil, les dispositions qui vont suivre leur sont applicables. (Voir, au surplus, ce qui est dit relativement à la contrainte par corps contre les étrangers.)

SECTION I.

Dispositions générales.

(2065, C. civ.; 126, C. proc.; 13-7-20, L. 17 av. 1832.)

SOMMAIRE.

Minimum fixé pour que la contrainte par corps soit prononcée. 2065, C. civ.; 126, C. proc.; 13, L. 17 av. 1832.
Fixation de la durée de l'emprisonnement. 7-13, L. 17 av. 1832.
Des jugements en dernier ressort. 20, ibid.

(C. civ., 2065.) Elle ne peut être prononcée pour une somme moindre de 300 francs,

Ce chiffre a aussi été fixé comme minimum par les art. 126, C. proc., et 13 de la loi du 17 avril 1832; ainsi il s'applique à tous les cas dans lesquels il y a lieu de prononcer la contrainte par corps (1). Toutefois il est réduit à 50 fr. par l'art. 14 de la loi du 17 avril 1832, comme nous le verrons ci-après, lorsque le débiteur est un étranger non domicilié en France.

(*C. proc.*, 126.) La contrainte par corps ne sera prononcée que dans les cas prévus par la loi. Il est néanmoins laissé à la prudence des juges de la prononcer 1° pour dommages et intérêts en matière civile (*a*) au-dessus de la somme de 300 francs ; 2°.....

(*a*) L'expression *matière civile* doit être prise ici en opposition avec les matières criminelles.

(*L.* 17 *av.* 1832, 13.) Dans les cas énoncés dans la présente section, la contrainte par corps n'aura jamais lieu que pour une somme excédant 300 francs.

La section de la loi de 1832 dont cet article fait partie, est la deuxième du titre II. Elle est ainsi conçue : « De la con-« trainte par corps en matière de deniers et effets mobiliers « publics. »

(*L.* 17 *av.* 1832, 7.) Dans tous les cas où la contrainte par corps a lieu en matière civile ordinaire (*a*), la durée en sera fixée par le jugement de condamna-

---

(1) Voyez cependant page 28, ci-après, C. C. R. R. 4 fév. 1809.

tion (b). Elle sera d'un an au moins et de dix ans au plus ; néanmoins, s'il s'agit de fermages de biens ruraux, aux cas prévus par l'art. 2062 du Code civil, ou de l'exécution des condamnations intervenues dans le cas où la contrainte par corps n'est pas obligée et où la loi attribue seulement aux juges la faculté de la prononcer, la durée de la contrainte par corps ne sera que d'un an au moins et de cinq ans au plus.

(a) Il n'y a pas exception pour le cas de stellionat. C. C. Paris, 12 novembre 1838 (1).—C. C. R. Paris, 13 avril 1836 (2). — Nîmes, 1er août 1838 (3).

(b) Lorsque la durée de la contrainte par corps n'a pas été fixée par le jugement de condamnation, le débiteur n'en peut pas moins être emprisonné. D'une part, il y a un titre régulier qui doit être exécuté du moment que l'exécution est possible ; d'un autre côté, la loi ayant fixé un minimum à la durée de l'emprisonnement, rien ne s'oppose à cette exécution. La cour de Bourges, en jugeant que dans ce cas, la contrainte par corps ne doit pas être exercée (arrêt du 1er juillet 1833) (4), nous paraît avoir mal interprété les règles sur l'exécution des actes. Mais quelle sera dans ce cas la durée de l'emprisonnement ? Il a été jugé qu'il pouvait être suppléé à cette omission par le même tribunal qui avait prononcé la condamnation, par le motif qu'il ne s'agissait que de prononcer relativement à une voie d'exécution, dont le principe a été admis par une décision judiciaire. Cour d'assises de la

(1) S., 39-1-147; D., 38-1-199; J. P., 38-2-666. — (2) D., 36-1-240. — (3) S., 39-2-99; J. P., 39-1-13. — (4) Gaz. 10 juillet 1833.

Seine, du 8 février 1836, *Gaz.* des 9 et 12 février 1836. — Paris, *Gaz.* des 8 novembre 1838 et 10 février 1839. — Aix, 30 mars 1838 (1). Il a été décidé au contraire par la cour de Paris, le 9 juin 1836 (2), et par la cour de Nîmes, le 1er août 1838 (3), qu'il fallait admettre que les juges avaient voulu réduire la durée de l'emprisonnement au minimum, et que le détenu devait se pourvoir à l'expiration de ce délai devant le tribunal, pour faire ordonner sa mise en liberté. Ces dernières décisions sont motivées sur ce que le tribunal ne pourrait, sans excéder ses pouvoirs, réparer cette omission en fixant un plus long délai.

Cette dernière opinion est préférable. Les tribunaux ne doivent revenir qu'avec une extrême réserve, sur les décisions qu'ils ont rendues. L'autorité de la chose jugée est un des principes d'ordre public qui touchent de plus près à la constitution de la société. Si la jurisprudence a concédé aux tribunaux le droit d'interpréter leurs décisions, c'est parce que ces décisions devant être exécutées, il faut avant tout qu'elles puissent l'être; mais là, doit se borner le droit de révision. De l'omission à l'erreur il n'y a qu'un pas, qui serait bientôt franchi si on se jetait dans cette voie. Toutes les fois que l'exécution est possible, nous n'admettons d'autres voies de recours, que celles qui sont ouvertes par le Code de procédure. Les dispositions rigoureuses et même pénales de la requête civile, prouvent assez à quel point le législateur a voulu entourer de respect les décisions judiciaires, surtout en présence des magistrats mêmes qui les ont rendues. La cour de cassation a d'ailleurs décidé plusieurs

---

(1) S., 38-2-418; D., 39-2-163; J. P., 38-2-568. — (2) D., 36-2-128. — (3) S., 39-2-99; J. P., 39-1-13.

fois que cette omission constituait un mal jugé qui donnait
ouverture à cassation, et a renvoyé les parties à se pourvoir
devant une autre cour. C. C. C. Paris, 25 février 1835 (1).
— C. C. C. 12 janvier 1837 (2). — C. C. C. 20 mars 1835 (3).
— C. C. C. 28 septembre 1837 (4). — C. C. C. 7 avril 1836 (5).
— C. C. R. Paris, 13 avril 1836 (6). — C. C. C. 12 novembre 1838 (7). La cause dans laquelle a été rendu ce dernier arrêt, présentait cette circonstance remarquable, que
dans l'intervalle entre le pourvoi et l'arrêt, le créancier avait
fait rendre par le tribunal un nouveau jugement qui fixait la
durée de l'emprisonnement; la cour a écarté la fin de non-
recevoir que l'on voulait faire résulter de cette décision.

Le ministère public n'a pas qualité pour interjeter appel
uniquement en ce que le jugement qui accorde des dommages-intérêts au plaignant, n'a pas fixé la durée de l'emprisonnement. Paris 5 mai 1837 (8).

Lorsqu'il y a erreur matérielle de la part du greffier dans
la rédaction du jugement, relativement à la fixation de la
durée de l'emprisonnement, cette erreur peut être rectifiée
par le même tribunal composé des mêmes juges. Paris,
2 octobre 1839 (9).

(*L.* 17 *av.* 1832, 13.) Dans les cas énoncés dans
la présente section, la contrainte par corps n'aura jamais lieu que pour une somme principale excédant
300 francs. Sa durée sera fixée dans les limites de
l'art. 7 de la présente loi, § 1er.

---

(1) D., 35-1-183; Gaz. 7 mars 1835. — (2) D., 37-1-104; J. P., 37-1-350.
— (3) J. P., 35-3-245. — (4) D., 38-1-419; J. P., 37-2-486; Gaz. 23 octobre
1837. — (5) D., 36-1-246. — (6) D., 36-1-240. — (7) S., 39-1-147; D., 38-1-
399; J. P., 38-2-666. — (8) D., 38-2-190. — (9) Gaz. 4 octobre 1839.

La section de la loi de 1832 dont cet article dépend, est la deuxième du titre II, qui traite : « De la contrainte par corps en matière de deniers et effets mobiliers publics. »

(*L.* 17 *av.* 1832, 20.) Dans les affaires où les tribunaux civils et de commerce statuent en dernier ressort, la disposition de leur jugement relative à la contrainte par corps sera sujette à l'appel : cet appel ne sera pas suspensif.

Cet article s'applique également aux sentences rendues par les arbitres.

Le droit d'appel, dans le cas prévu par cet article, appartient exclusivement au débiteur condamné ; Paris, 14 août 1839 (1).

L'emprisonnement ne constitue pas une fin de non-recevoir que l'on puisse opposer à l'appel. Le délai continue de courir pendant trois mois, à partir de la signification du jugement, sans que le débiteur ait besoin de faire aucune protestation au moment de son incarcération. Paris, 8 août 1839 (2). — Voyez art. 794, C. proc.

L'appel n'est pas suspensif quoique le jugement n'ait pas été déclaré exécutoire par provision, et le créancier n'est pas tenu de fournir caution ; ici ne s'applique pas l'art. 439 C. procéd. Paris, 27 août 1836 (3).

---

(1) Gaz. 18 septembre 1839. — (2) Gaz. 18 septembre 1839. — (3) S., 37-2-447; D., 37-2-99; Gaz. 19 septembre 1836.

SECTION II.

Des cas dans lesquels il y a lieu de prononcer la con-
trainte par corps contre les français et les étrangers
domiciliés en France.

Il y a des cas dans lesquels la contrainte par corps doit nécessairement être prononcée, et d'autres dans lesquels les tribunaux ont à cet égard un pouvoir discrétionnaire. Ainsi on
peut distinguer entre la contrainte par corps impérative et la
contrainte par corps potestative.

§ I. — *De la contrainte par corps impérative.*

(2059-2136-2060-2061-2062, C. civ.; 191-201-221-603-
604-690-712-714-744-839, C. proc.; 8-9-10-11-12, L.
17 av. 1832.)

SOMMAIRE

Code civil.

Code de procédure.

(*C. civ.*, 2059.) La contrainte par corps a lieu en matière civile pour le stellionat. Il y a stellionat lorsqu'on vend (*a*) ou qu'on hypothèque (*b*) un immeuble dont on sait n'être pas propriétaire ; lorsqu'on présente comme libres des biens hypothéqués ou que l'on déclare des hypothèques moindres que celles dont ces biens sont chargés (*c*).

(*a*) Le mari commet un stellionat en vendant, comme libre ou paraphernal, le bien dotal de sa femme, ou s'il le vend sans déclarer qu'il est à elle et non à lui. Toulouse, 24 juin 1812 (1). Et l'action de l'acquéreur, une fois intentée, n'est pas éteinte par cela seul que le mari est devenu depuis, propriétaire du bien. Riom, 30 novembre 1813 (2).

Mais il n'y a pas stellionat, lorsqu'on transporte le prix de

---

(1) J. P., é. c. — (2) S., 13-2-361; J. P., é. c.

la vente d'un immeuble dont on savait n'être pas propriétaire. C. C. R. Riom, 25 juin 1817 (1).

Il n'y a pas non plus nécessairement stellionat, lorsqu'on
hypothèque une maison qui n'est pas construite, et que l'on
ne construit pas plus tard. Les juges peuvent écarter l'intention frauduleuse. Paris, *Gaz.* du 16 janvier 1834.

Ni lorsqu'on vend par acte public, une propriété précédemment vendue par un acte sous seing privé non enregistré.
Toulouse, 7 juillet 1831 (2).

Il ne suffit pas, pour qu'il y ait stellionat, que le vendeur
ne soit pas propriétaire, il faut de plus qu'il le sache. C. C.
R. Riom, 25 juin 1817.

(*b*) Il y a stellionat lorsque l'on hypothèque comme étant
sa propriété, des immeubles dépendant d'une succession ou
d'une communauté indivise dans laquelle on a des droits, si
par l'effet du partage ces propriétés tombent dans le lot
d'un copartageant. Colmar, 31 mai 1820 (3). — Besançon,
19 août 1812 (4).

La circonstance que l'hypothèque a été consentie librement
par une personne qui n'y était pas tenue par le contrat cons-
titutif de la dette, n'enlève pas au fait le caractère de stellionat. Paris, 2 mai 1809 (5).

L'offre de payer la valeur de l'immeuble ne pourrait pas
paralyser l'action en stellionat. C. C. R. Rouen, 19 juin
1816 (6).

Il en serait de même de la ratification de la vente, par le véritable propriétaire. C. C. R. 14 février 1837 (7).

---

(1) S., 18-1-13; J. P., é. c. — (2) D., 33-2-24. — (3) S., 21-2-181; J. P.,
é. c. — (4) J. P., é. c. — (5) S., 12-2-355. — (6) S., 17-1-32; D., 16-1-442;
J. P., é. c. — (7) S., 37-1-890; D., 37-1-255.

La contrainte par corps doit d'ailleurs être prononcée pour l'intégralité de la créance, lors même que l'immeuble hypothéqué n'aurait pas cette valeur; C. C. R. Rouen, 19 juin 1816 (1).

Il n'y a pas nécessairement stellionat, lorsque l'on hypothèque *son habitation sise à...*, sans déclarer que l'on en a antérieurement cédé la nue-propriété et que l'on ne s'en est réservé que l'usufruit. C. C. R. Paris, 23 mars 1825 (2).

(c) Celui qui vend un immeuble grevé de l'hypothèque légale de sa femme, sans avoir requis ni fait faire l'inscription de l'hypothèque, et qui déclare que les biens sont libres de toutes charges et hypothèques, doit être considéré comme stellionataire et condamné par corps, sans que l'on puisse admettre l'exception de bonne foi. C. C. C. Toulouse, 20 novembre 1826 (3).

La cour de Toulouse a jugé au contraire le 16 janvier 1829 (4), que l'exception de bonne foi pouvait être admise, en matière de stellionat.

Nous croyons que dans l'arrêt du 20 novembre 1826, la cour de cassation, malgré le bien jugé, a commis une erreur en se fondant sur les dispositions de l'art. 2136, C. civ. Cet article ne parle que du cas où le mari consent ou laisse prendre hypothèque, et nullement du cas de vente. C. C. R. Riom, 25 juin 1817 (5). La seconde partie du présent article aurait dû, selon nous, être seule appliquée.

L'arrêt de la cour de cassation du 21 février 1827 (6), ne doit pas être considéré comme ayant admis l'exception de bonne foi, ainsi que semblerait le faire croire le résumé dont le rédacteur à fait précéder l'article dans le recueil de Sirey.

---

(1) V. page précéd. — (2) J. P. é. c. — (3) S., 27-1-170; J. P., é. c. — (4) S. 29-2-201; D., 29-2-144. — (5) S., 18-1-13; J. P., é. c. — (6) S., 27-1-336.

La question se présentait dans des circonstances qui, indépendamment de la bonne foi ou de la mauvaise foi, pouvaient empêcher les faits d'avoir le caractère de stellionat. Il y avait cela de particulier, que la femme était intervenue dans le contrat pour garantir la vente, en renonçant à son hypothèque légale, mais que son intervention s'est trouvée sans résultat, parce qu'elle était alors mineure. La cour, en rejetant la demande de l'acquéreur, a déclaré qu'il était présumé avoir connu l'état de la personne avec laquelle il avait contracté. Il est si vrai que cette circonstance a déterminé la décision des magistrats, que la contrainte par corps était également demandée parce que le vendeur n'avait pas déclaré l'hypothèque légale qui existait au profit des enfants issus d'un premier mariage, et qu'elle a été réservée pour le cas où ces enfants élèveraient des réclamations, (il paraît qu'ils étaient désintéressés), sans qu'il apparaisse que l'on se soit arrêté sur ce point à la question de bonne foi.

L'ignorance dans laquelle serait le vendeur ou l'emprunteur, de l'existence de certaines hypothèques, ne pourrait être un motif d'excuse. Ce serait à tort que l'on invoquerait à l'appui de l'opinion contraire, un arrêt de Paris, du 8 février 1813 (1). La cour, pour repousser l'action en stellionat, s'est principalement fondée sur ce que les inscriptions survenues depuis la communication de l'état hypothécaire, ne provenaient pas du fait du débiteur, ni d'engagements qui lui fussent personnels. Il a toutefois été jugé par la cour de Rennes, le 12 août 1814 (2), que le stellionat n'existe dans un acte de vente, que lorsqu'il y a dol ou mauvaise foi.

L'abandon éventuel d'une hypothèque, n'autorise pas le

---

(1) S., 13-2-268; J. P., é. c. — (2) J. P., é c.

propriétaire à le déclarer libre, sans faire connaître au prê-
teur l'éventualité qui a été stipulée. Le propriétaire doit être
déclaré stellionataire, si l'événement prévu se réalise, et fait
revivre les droits du créancier qui n'a pas été révélé; C. C.
R. R. Paris, 11 janvier 1825 (1).

Il n'y a pas stellionat, malgré l'existence d'inscriptions contrairement à la déclaration faite par le vendeur que l'immeuble est franc et quitte d'hypothèques, si les hypothèques
sont éteintes par le payement, ou si elles n'ont plus d'existence réelle, pour quelque cause que ce soit ; Lyon, 5 avril
1827 (2).

Mais il en est autrement, si la justification de l'extinction
de ces hypothèques n'est faite qu'après que l'immeuble a
été vendu. C. C. R. Paris, 13 avril 1836 (3).

Celui qui vend ou hypothèque un immeuble, n'est pas
stellionataire par cela seul qu'il ne fait pas connaître les
hypothèques conventonnielles ou judiciaires dont il est grevé,
s'il n'a pas formellement déclaré que l'immeuble est libre de
toute hypothèque. C. C. R. Riom, 25 juin 1817 (4). — Aix,
5 janvier 1813 (5). — Bruxelles, 28 décembre 1809 (6).

Toutefois il y a stellionat, lorsqu'on déclare des créances
hypothécaires éteintes ou réduites à un chiffre de... par
suite de payements partiels, et que, ces payements n'ayant
pas eu lieu, la créance est encore entière. C. C. Paris, 12 novembre 1838 (7).

Il a été jugé par la cour de Riom, le 30 décembre 1823 (8),
qu'il y avait stellionat de la part du mari qui, en consentant

---

(1) S., 25-1-350; J. P., é. c. — (2) S., 27-2-203. — (3) D., 36-1-240. —
(4) S., 18-1-13; J. P., é. c. — (5) S., 13-2-261; J. P., é. c. — (6) S., 10-2-
209. — (7) S., 39-1-147; D., 38-1-399; J. P., 38-2-666. — (8) J. P., é. c.

une hypothèque, se déclare commun en biens avec sa femme, lorsqu'il est marié avec elle sous le régime dotal.

On ne peut par analogie avec le cas de vente, prétendre qu'il a stellionat de la part de celui qui affecte hypothécairement des biens dotaux. Paris, 14 février 1829 (1).

Une déclaration d'hypothèque doit contenir, sous peine de se rendre coupable de stellionat, les hypothèques légales qui ne sont pas inscrites. Agen, 8 avril 1813 (2).

Nota. L'action en stellionat peut être exercée, lors même que le contrat se trouverait annulé par la réalisation d'une clause spéciale, et la contrainte par corps doit être prononcée pour les restitutions à faire. Angers, 27 juillet 1814 (3).

Les créanciers hypothécaires devant rester étrangers aux délibérations qui préparent le concordat, ce contrat ne peut leur être opposé pour repousser l'action en stellionat et empêcher l'exercice de la contrainte par corps. Paris, 26 février 1833 (4); — C. C. C. Besançon, 28 janvier 1840 (5). — Bordeaux, 9 décembre 1834. — *Contrà,* Besançon, 25 août 1812 (6). — Lainné, comm. de la loi du 9 juin 1838, art. 556.

Néanmoins, ils doivent être considérés comme ayant renoncé à l'exercice de la contrainte par corps, lorsqu'ils assistent aux délibérations en se qualifiant de créanciers chirographaires. C. C. R. R. 4 mars 1824 (7).

Il n'y a pas lieu d'appliquer les règles en matière de stellionat, lorsque la partie qui se prétend lésée a été complice de la fraude, en ce qu'elle a su, au moment du contrat, que

---

(1) S., 29-2-128; D., 29-2-77. — (2) J. P., é. c. — (3) S., 16-2-126; J. P.; é. c. — (4) S., 33-2-574; D., 33-2-126. — (5) J. P , 40-1-316. — (6) J. P., é. c. — (7) J. P., é. c.

les déclarations faites par l'autre partie étaient mensongères.
Nîmes, 17 mai 1838 (1).

(*C. civ.*, 2136.) Sont TOUTEFOIS (*a*) les maris et
les tuteurs, tenus de rendre publiques les hypothèques dont leurs biens sont grevés, et à cet effet de
requérir eux-mêmes, sans aucun délai, inscription
aux bureaux à ce établis, sur les immeubles à eux
appartenant et sur ceux qui pourront leur appartenir
par la suite. Les maris et les tuteurs qui, ayant man-
qué de requérir et de faire faire les inscriptions ordonnées par le présent article, auraient consenti ou
laissé prendre des priviléges ou des hypothèques sur
leurs immeubles sans déclarer expressément que lesdits immeubles étaient affectés à l'hypothèque légale
des femmes et des mineurs, seront réputés stellionataires, et comme tels contraignables par corps (*b*).

(*a*) Cette expression se lie à la rédaction de l'article 2135,
qui n'a aucun rapport avec la matière qui nous occupe.

(*b*) Il ne suffirait pas pour excuser le mari ou le tuteur,
que le créancier eût pu, d'après les circonstances, avoir une
connaissance morale de l'hypothèque légale qui le primait.
Limoges, 18 avril 1828 (2).

La femme ayant hypothèque légale sur les acquêts de
communauté comme sur les biens propres au mari, ce dernier est tenu sous peine de se rendre coupable de stellionat,
de remplir relativement à ces biens les formalités qui lui

(1) D., 38-2-166; J. P., 38-2-436 — (2) S., 28-2-137; D., 29-2-93.

sont imposées par cet article. Paris, 2 décembre 1816 (1).

L'offre que ferait la femme de consentir antériorité d'hypothèque au profit du créancier ou de restreindre son hypothèque, ne ferait pas obstacle à l'exercice de l'action en stellionat. Même arrêt, Riom, 3 août 1818 (2).

Le mari négociant et qui l'était déjà lors de son mariage, ne pourrait se prévaloir des dispositions de l'art. 563, (autrefois 551), du Code de commerce, pour prétendre qu'il n'était pas tenu de déclarer l'hypothèque légale de sa femme, sur les immeubles acquis depuis le mariage. Bordeaux, 15 mars 1833 (3).

A la différence des cas spécifiés dans l'art. 2059, C. civ., il n'est pas nécessaire pour qu'il y ait stellionat, que l'emprunteur ou le débiteur fasse une déclaration expresse qu'il n'y a pas d'hypothèque légale sur les biens. Son silence suffit pour le faire déclarer stellionataire. C. C. R., Riom, 25 juin 1817 (4).

Toutefois à défaut de déclaration expresse, il peut être admis à justifier que son créancier avait connaissance de l'hypothèque légale. Même arrêt.

Un mari ne doit pas être réputé stellionataire lorsqu'il ne déclare pas l'hypothèque légale de sa femme sur les immeubles qu'il vend. Pour le cas de vente, c'est l'art. 2059 qu'il faut appliquer. Même arrêt.

(*C. civ.*, 2060.) La contrainte par corps a lieu pareillement 1° pour dépôt nécessaire (*a*); 2° en cas de réintégrande (*b*) pour le délaissement ordonné par

---

(1) S., 17-2-228. — (2) J. P., é. c. — (3) S., 33-2-364; D., 33-2-166. — (4) S., 18-1-13; J. P., é. c.

justice, d'un fonds dont le propriétaire a été dépouillé
par voies de fait, pour la restitution des fruits qui ont
été perçus pendant l'indue possession et pour le payement des dommages et intérêts adjugés au propriétaire (c); 3° pour répétition de deniers consignés entre les mains de personnes publiques établies à cet
effet (d); 4° pour la représentation des choses dépo-
sées aux séquestres, commissaires et autres gardiens (e); 5° contre les cautions judiciaires et contre
les cautions des contraignables par corps, lorsqu'elles
se sont soumises à cette contrainte (f); 6° contre tous
officiers publics pour la représentation de leurs minutes quand elle est ordonnée; 7° contre les notaires,
les avoués et les huissiers pour la restitution des titres
à eux confiés (g) et des deniers par eux reçus pour
leurs clients par suite de leurs fonctions (h).

(a) Pour les cas qualifiés dépôts nécessaires, voyez les
art. 1949 et suivants du C. civ. Sont considérés comme dépôts nécessaires, les dépôts chez les baigneurs, traiteurs,
restaurateurs, teneurs de billards et de cafés; ils doivent être
assimilés aux aubergistes et hôteliers, C. C. R. 4 juillet
1814 (1).

Il en est de même des objets confiés ou apportés par les
voyageurs aux voituriers par terre et par eau en cas de
perte ou d'avarie. Paris, 19 avril 1809 (2). Cette responsabilité s'étend aussi aux objets laissés sur une voiture sur la voie

_____

(1) S., 21-1-268; J. P., é. c. — (2) S., 9-2-394.

publique, faute de place dans l'auberge. Paris, 14 mai 1839 (1).

Pour que les aubergistes soient responsables en cas de vol, il n'est pas nécessaire que le locataire ait préalablement déclaré avoir chez lui les sommes qui ont depuis été volées. Il suffit que ces sommes aient pu être gardées par le locataire chez lui sans imprudence, et qu'elles ne soient pas disproportionnées à sa fortune et à ses besoins. Paris, 26 décembre 1838. — Paris, 7 mai 1838 (2). Lorsque les objets non déclarés dépassent les besoins ordinaires du voyageur, et par suite les prévisions de la responsabilité que l'aubergiste assume sur lui, le tribunal peut arbitrer la quotité du préjudice que ce dernier est tenu de réparer. Paris, 2 avril, 1811 (3). — Paris, 21 novembre 1836 (4). — Toullier, t. XI, n° 255. La remise entre les mains d'un aubergiste, d'une somme d'argent qu'il est chargé de remettre à un voiturier qui loge chez lui, pour prix d'objets qu'il a transportés, constitue un dépôt nécessaire. Paris, 6 avril 1829 (5). On ne peut assimiler à un aubergiste, pour lui faire encourir la responsabilité du dépôt nécessaire, un propriétaire qui, en temps de foire, loue des appartements garnis. Nîmes, 18 mai 1825 (6). La responsabilité des aubergistes dure tant que les objets se trouvent dans l'auberge, encore bien qu'ils aient été rendus au voyageur. Rouen, 14 août 1824 (7). Les actions contre les aubergistes et autres de même nature sont de la compétence du tribunal de commerce. Paris, 26 décembre 1838 (8).

Un syndic doit être considéré comme un dépositaire ju-

---

(1) D., 39-2-159; J. P., 39-2-584. — (2) D., 39-2-32; J. P., 39-1-58. — (3) S., 14-2-100; J. P., é. c. — (4) S., 37-2-78; D., 37-2-4. — (5) S., 29-2-154; D., 29-2-183. — (6) J. P., é. c. — (7) J. P., é. c. — (8) D., 39-2-32; J. P., 39-1-58; Gaz, 9 janvier 1839.

diciaire, et doit être condamné par corps à la restitution des sommes qu'il a touchées pour le compte de la masse. Paris, 1er mars 1833, *Gaz.* du 2 mars 1833.

(*b*) L'action en réintégrande est distincte de l'action possessoire autorisée par l'art. 23, C. procéd. Cette dernière a pour but d'assurer une possession civile légale et définitive, qui ne peut être renversée qu'au pétitoire, et pour qu'elle puisse être exercée, il faut avoir un droit à la chose par une possession annale, publique, paisible et à titre non précaire. L'action en réintégrande, au contraire, n'a pour but que de faire maintenir une possession de fait troublée par violence; elle n'aboutit qu'à un provisoire qui laisse encore ouverture à l'action possessoire, (ordonn. de 1667, t. XVIII, art. 2). C. C. R. R. 28 décembre 1826 (1). — C. C. R. R. 4 juin 1835 (2). — C. C. R. R. 5 janvier 1837 (3). Il suit de là que la possession annale n'est pas nécessaire, (*spoliatus ante omnia restituendus*). C. C. C. 19 août 1839 (4); voyez aussi les arrêts ci-dessus. Troplong, *Prescription,* t. I, n° 305; — Henrion de Pansey, chap. LII; — Merlin, *Répert.,* v° *Réintégrande et complainte* ; — Berriat Saint-Prix, p. 111 et 112 ;—Favard de Langlade, v° *Réintégrande;*—Garnier, *Traité des actions possessoires,* p. 50. L'action en réintégrande étant introduite en faveur de l'ordre et de la tranquillité publique, elle peut être intentée par un fermier. C. C. R. R. 10 novembre 1819 (5).

Toutefois les servitudes continues non apparentes, et les servitudes discontinues ne pouvant s'établir que par titres, les actions en réintégrande qui y sont relatives, ne peuvent

---

(1) S., 27-1-73. — (2) D., 35-1-»». — (3) D., 37-1-212. — (4) S., 39-1-641; Gaz. 4 septembre 1839. — (5) S., 20-1-209; J. P., é. c.

être exercées par les fermiers. C. C. R. R. 5 mars 1828 (1).

Dans aucun cas une servitude discontinue non apparente ne peut donner lieu à une action en réintégrande. Même arrêt.

Cette action est de la compétence du juge de paix, et la faculté d'interjeter appel se règle d'après la quotité des réparations et des dommages et intérèts demandés. C. C. R. R. 10 novembre 1819 (2). — C. C. R. R. 5 mars 1828 (3).

(c) La contrainte par corps peut être prononcée pour ces dommages et intérèts, lors même qu'ils seraient inférieurs à 300 fr., par dérogation à l'art. 126, C. procéd. C. C. R. R. 4 février 1809 (4).

Toutefois les femmes ne peuvent pas être condamnées par corps pour cause de réintégrande. C. C. C. 20 mai 1818 (5). Toull., t. XII, p. 167, nº 126 ;—Poncet, *Traité des actions*, p. 98, nº 62 ; — Henrion de Pansey, *Compét. des juges de paix*, chap. LII, p. 504 ;—Merlin, *Répert.*, vº *Réintégrande et complainte;*—Favard de Langlade, *Répert.*, vº *Complainte*, sect. 2 ;—Berriat Saint-Prix, *Cours de procéd. civ.*, p. 3.

(d) L'exercice récursoire de la contrainte par corps ne peut être invoqué par le consignataire public, contre un tiers qui serait parvenu à se faire remettre indûment un dépôt de cette nature et par le fait duquel il se trouve exposé à cette contrainte. Nancy, 18 mai 1827 (6).

Cette disposition de l'article s'applique aux gardiens établis en vertu des art. 596 et suivants, 603-821-823-830 et 934 nº 9, C. proc., en matière de saisie-exécution, saisie-brandon, saisie-gagerie, saisie-revendication et inventaire, pour-

---

(1) S., 28-1-355.—(2) S., 20 1-209. —(3) S., 28-1-355.—(4) S., 19-1-379.— (5) S., 18-1-335; D., 8-1-341; J. P., é. c. — (6) S., 27-2-230; D., 27-2-199.

vu que dans ce dernier cas, le gardien soit nommé par le président du tribunal.

(e) La femme établie gardienne des objets saisis, aux termes de l'art. 598 C. procéd., ne peut être contrainte par corps à la représentation des objets confiés à sa garde. Les dispositions limitatives de l'art. 2066 sont générales et absolues, elles ne souffrent aucune exception en matière civile. Paris, 14 août 1829 (1). On pourrait cependant exercer la contrainte par corps, si, au lieu de saisir la juridiction civile, on s'adressait à la juridiction correctionnelle aux termes des art. 408 et 52, C. pénal. (Voyez page 31, ci-après.)

Le directeur d'une maison de santé qui a accepté des mains de la justice la garde d'un détenu, doit être considéré comme gardien judiciaire, et doit être condamné par corps, en cas d'évasion, au payement des causes de l'incarcération. Paris, *Gaz.* du 16 août 1833. — *Gaz.* du 13 octobre 1833. Le tribunal peut cependant réduire et arbitrer les dommages et intérêts, en raison de l'insolvabilité du débiteur. Paris, 5 juillet 1820 (2).

(f) Une stipulation expresse n'est pas nécessaire pour les cautions judiciaires comme pour les cautions des contraignables par corps; la contrainte par corps est de droit à leur égard. Turin, 28 mai 1806 (3). — Thomine Desmazures; — Carré, *Lois de la procéd.*, t. II, p. 320; — voyez en sens contraire, Delvincourt, t. III, p. 137, n° 5, et p. 185, n° 2; — Pigeau, t. 1, p. 511, et t. II, p. 296; — Favard, *Répert.*, t. I, p. 426.

La contrainte par corps a lieu aussi de droit contre les

---

(1) S., 30-2-11. — (2) J. P., é. c. — (3) D., 7-2-28.

cautions en matière de deniers et effets mobiliers publics, d'après les art. 8 et suiv. de la loi du 17 avril 1832. ·

La procédure à suivre pour la réception des cautions, est tracée par les art. 517 et suiv. du Code de procédure civile.

(*g*) Voyez art. 839, C. procéd.

(*h*) Un notaire doit être condamné par corps à la restitution du prix d'une vente consentie dans son étude, qu'il a reçu pour le compte de son client. Bourges, 11 décembre 1839 (1). Il doit être également condamné par corps à la restitution d'un prix de vente déposé dans son étude pour être distribué aux créanciers hypothécaires du vendeur, et qu'il aurait distribué aux créanciers chirographaires de ce dernier. C. C. R. R. Amiens, 20 juillet 1821 (2).

Ces dispositions ne sont point applicables à l'avoué, qui n'agit qu'en qualité de mandataire. C. C. C. Guadeloupe, 1er février 1820 (3). La contrainte par corps peut être prononcée dans ce cas pour une somme de 300 fr. C. C. R. R. 4 février 1819 (4).

A l'égard de la question grave de la responsabilité des notaires, il faut distinguer si les fonds ont été confiés au notaire pour qu'il en fasse le placement, ou s'ils lui ont été déposés à propos d'un placement déterminé dont l'acte doit être passé dans son étude, pour qu'il les remette à l'emprunteur ou au vendeur, après l'accomplissement des formalités hypothécaires.

Dans le premier cas, le notaire, en acceptant ce dépôt et en se chargeant d'en faire le placement, agit tout à fait en dehors de ses fonctions. Son rôle se borne à celui d'un simple

---

(1) D., 40-2-206. — (2) S., 22-1-333; D., 22-1-219; J. P., é. c. — (3) S., 20-1-347; J. P., é. c. — (4) J. P., é. c.

mandataire; et si la confiance que l'on a eue en lui a été déterminée par sa position de notaire, on ne peut pas dire
qu'elle ait été commandée par les fonctions publiques dont il
est revêtu. Il répond, mais seulement comme tout mandataire, des fautes qu'il commet dans l'exercice de son mandat
(1991—1992, C. civ.); s'il remet les fonds à l'emprunteur ou
au vendeur sans avoir préalablement régularisé les garanties
convenues ou d'usage, la qualité de notaire ne suffit pas pour
lui faire encourir une responsabilité comme officier public;
elle peut seulement être une raison d'appliquer avec plus de
rigueur la responsabilité qu'il encourt comme mandataire.
Paris, 9 juillet 1836, *Gaz.* du 10 juillet. Lorsque le notaire,
au lieu de faire emploi des fonds, les détourne de leur destination et les dissipe à son profit, la responsabilité se compli-
que, mais sans changer pour cela de nature de manière à
pouvoir être considérée comme une suite de ses fonctions.
Il a seulement à répondre des obligations qu'il a contractées
à la fois et comme mandataire et comme dépositaire. La cour
de Lyon a fait, selon nous, une fausse application des principes, en jugeant le contraire par son arrêt du 3 février 1830.
La qualité de dépositaire n'a rien d'aggravant aux yeux de la
loi civile lorsque, comme dans cette circonstance, le dépôt
est volontaire. Les obligations et la resposabilité des dépositaires volontaires ont été tracées par les art. 1921 et suiv. du
Code civil, sans que la contrainte par corps y soit énoncée,
et le § 1er du présent article n'a attaché cette voie d'exécution qu'au cas de dépôt nécessaire. Toutefois, la loi pénale
sévit avec rigueur contre les dépositaires infidèles, lors même
que le dépôt est volontaire (408, C. pén.), et aux termes
de l'art. 402, l'exercice de la contrainte par corps étant de
droit pour les restitutions à faire par suite de délits, le client

peut obtenir, en ayant recours à la juridiction correctionnelle, ce moyen coercitif que lui refuse la loi civile. Mais
cette action peut être compromise, notamment lorsque la
juridiction civile a été primitivement saisie, ou lorsqu'il s'est
écoulé un laps de trois ans (637 — 638. C. instr. crim.) ;
pourrait-on alors invoquer devant les juges civils l'application des dispositions de l'art. 52, C. pén. ? Plusieurs arrêts de
Paris avaient jugé l'affirmative (Paris, 6 janvier 1832, 16 novembre 1833) (1), et les partisans de cette opinion invoquaient
encore un arrêt de cassation du 6 septembre 1813 (2). Mais
la cour de cassation, après s'être prononcée en termes ambigus
sur cette question, a nettement posé depuis, par son arrêt du
18 novembre 1834 (3), qui a cassé l'arrêt de Paris du 6 janvier 1832, la délimitation de la juridiction correctionnelle et
de la juridiction civile, en déclarant qu'un tribunal civil ne peut
emprunter au Code pénal des dispositions pour les appliquer.
Cet arrêt nous semble devoir fixer à l'avenir la jurisprudence.
Sans doute, un tribunal civil est compétent pour apprécier
le préjudice qui peut résulter d'un fait, mais il n'a pas le
pouvoir d'imprimer à ce fait dont il constate l'existence, le
caractère de délit nécessaire pour le faire tomber sous l'application de la loi pénale. Pour qu'un tribunal civil puisse considérer
les dommages-intérêts ou les restitutions auxquels il condamne
une partie, comme procédant d'un délit et devant donner
lieu à l'exercice de la contrainte par corps, il est nécessaire
qu'il y ait eu préalablement condamnation au criminel. C. C.
C. 27 juin 1812 (4). C'est parce qu'il y a indépendance complète entre la juridiction civile et la juridiction criminelle,

---

(1) S., 34-2-18; D., 32-2-121. — (2) J. P., é. c. — (3) S., 34-1-777; D.,
35-1-10. — (4) S., 13-1-63; J. P., é. c.

sous le double rapport de l'appréciation des faits et de l'application de la loi, qu'une jurisprudence constante, détachant le fait de l'intention, autorise les tribunaux civils et les tribunaux criminels eux-mêmes à statuer à fins civiles sur des faits et des actes précédemment appréciés au criminel, sans avoir aucunement égard à la décision qui a été rendue sur ce point, alors même que l'accusé a été acquitté ou absous. La cour d'assises de Douai a fait, par un arrêt du 29 juillet 1839 (1), une éclatante application de ce principe, que le fait doit être préalablement qualifié délit par la juridiction criminelle pour avoir ce caractère : après le verdict du jury qui a déclaré une femme non coupable de complicité de banqueroute frauduleuse, elle l'a condamnée à 30,000 fr, de dommages-intérêts, mais en prenant les lois civiles pour base de sa décision, et par conséquent en refusant la contrainte par corps.

Dans le second cas, c'est-à-dire lorsque le dépôt est fait par suite d'un placement spécifié et d'actes signés, et qu'il ne s'agit que de l'accomplissement des formalités qui doivent garantir ce placement, encore bien qu'il soit peut-être vrai de dire que les notaires n'aient été institués qu'à l'effet de donner l'authenticité et la force exécutoire aux actes, un usage nécessaire a prorogé leur intervention entre les parties contractantes, en les constituant dépositaires jusqu'à l'accomplissement des formalités à remplir pour que l'acte auquel ils ont concouru soit parfait, et rattachant cette qualité à leurs fonctions. Cette position de dépositaire est tellement forcée, et s'identifie tellement avec les fonctions de notaires, que s'ils s'y refusaient et si les parties étaient obligées de recourir à

---

(1) D., 40-2-34; J. P., 39-2-466; Gaz, 3 août 1839,

un autre moyen pour régulariser leurs garanties, les incon-
vénients et les dangers qui en résulteraient, les feraient
renoncer à ce genre d'opérations. C'est dans cet esprit qu'il
faut entendre les termes du §. 7 de cet article, — Paris,
5 mars 1836, *Gaz.* du 16 mars, sans distinguer entre les
fonds qu'ils reçoivent pour leurs clients, et ceux qu'ils
reçoivent de leurs clients. Douai, 29 mai 1839 (1). — C.
C. 20 juin 1821. — Lyon, 3 février 1830. — Paris, 26 juin
1835. — Paris, 31 juillet 1835. Voyez cependant en sens
contraire, C. C. 18 novembre 1834 (2).

Il ne faudrait pas toutefois aller jusqu'à prétendre que cette
prorogation de fonctions embrasse pour les notaires l'obligation d'accomplir eux-mêmes, sous peine de faits de charge ou
de responsabilité notariale, les formalités hypothécaires ou
de purge ; leur ministère ici devient libre ; ces formalités
peuvent être remplies par toutes personnes, et par les parties
elles-mêmes. La circonstance que c'est le notaire qui s'en
est chargé, n'a ajouté à la sécurité des parties, qu'en raison
de la confiance toute personnelle que l'on a en lui, mais que
l'on pourrait avoir aussi bien en une autre personne. En
remplissant ces formalités, le notaire ne fait donc qu'accomplir un mandat dont il répond dans les limites ordinaires du
droit, et qui entraîne une responsabilité dont la gravité et
les conséquences sont abandonnées à l'appréciation du juge
par les art. 1992, C. civ., et 126, C. procéd.

(*C. civ.*, 2061.) Ceux qui, par jugement rendu au
pétitoire et passé en force de chose jugée, ont été

---

(1) Gaz. 4 juin 1839. — (2) S., 34-1-777; D., 35-1-10.

condamnés à désemparer un fonds et qui refusent d'obéir, peuvent, par un second jugement, être contraints par corps, quinzaine après la signification du premier jugement à personne ou à domicile. Si le fonds ou l'héritage est éloigné de plus de cinq myriamètres du domicile de la partie condamnée, il sera ajouté au délai de quinzaine un jour par cinq myriamètres.

(*C. civ.*, 2062.) La contrainte par corps ne peut être ordonnée contre les fermiers pour le payement des fermages des biens ruraux, si elle n'a été stipulée (*a*) formellement dans l'acte de bail. Néanmoins, les fermiers et les colons partiaires peuvent être contraints par corps, faute par eux de représenter à la fin du bail le cheptel de bétail, les semences et les instruments aratoires qui leur ont été confiés, à moins qu'ils ne justifient que le déficit de ces objets ne procède point de leur fait (*b*).

(*a*) La réserve par le bailleur, de faire prononcer la contrainte par corps contre le fermier, ne prouve pas suffisamment que ce dernier se soit soumis à cette voie d'exécution. Rouen, 23 mars 1824 (1).

(*b*) Voyez art. 2067 du même Code.

(*C. proc.*, 191.) Si, après l'expiration du délai fixé (*pour la communication des pièces dans une instance*),

---

(1) J. P., é. c.

l'avoué n'a pas rétabli les pièces, il sera, sur simple requête et même sur simple mémoire de la partie, rendu ordonnance portant qu'il sera contraint à ladite remise incontinent et par corps, même à payer trois francs de dommages-intérêts à l'autre partie, par chaque jour de retard, du jour de la signification de ladite ordonnance, qu'il ne pourra répéter contre son constituant.

(*C. proc.*, 201.) Si les pièces de comparaison (*nécessaires pour une vérification d'écritures*) sont entre les mains de dépositaires publics ou autres, le juge commissaire ordonnera qu'aux jours et heures par lui indiqués, les détenteurs desdites pièces les apporteront au lieu où se fera la vérification, à peine contre les dépositaires publics d'être contraints par corps (*a*), *et les autres par les voies ordinaires, sauf même à prononcer contre ces derniers la contrainte par corps s'il y échet.*

(*a*) La disposition de cet article n'est que l'application du principe posé dans l'article 2060, n° 6 du Code civil.

(*C. proc.*, 221.) En cas qu'il y ait minute de la pièce arguée de faux (*en matière de faux incident civil*), il sera ordonné, s'il y a lieu, par le juge commissaire, sur la requête du demandeur, que le défendeur sera tenu, dans le temps qui lui sera prescrit, de faire apporter ladite minute au greffe, et que les dépositaires d'icelle y seront contraints, les fonctionnaires publics par corps (*a*), *et ceux qui ne le sont pas par voie de saisie, amende, et même par corps s'il y échet.*

(*a*) Cette disposition n'est encore que l'application du principe posé dans le n° 6 de l'article 2060 du Code civil.

(*C. proc.*, 603.) Le gardien (*en cas de saisie-exécution*) ne peut se servir des choses saisies, les louer ou prêter, à peine de privation des frais de garde, et de dommages-intérêts, au payement desquels il sera contraignable par corps.

Voyez art. 2060, n° 4, C. civ.

(*C. proc.*, 604.) Si les objets saisis ont produit quelques profits ou revenus, il est tenu d'en compter, même par corps.

Pour la représentation des objets, voyez article 2060, n° 3, C. civ.

(*C. proc.*, 690.) Le saisi (*en cas de saisie immobilière*) ne pourra faire aucune coupe de bois ni dégradation, à peine de dommages et intérêts auxquels il sera condamné par corps; *il pourra même être poursuivi par voie criminelle, suivant la gravité des circonstances.*

(*C. proc.*, 714.) Le jugement d'adjudication (*des biens immeubles*) *ne sera autre que la copie du cahier des charges, rédigé ainsi qu'il est dit dans l'art.*

4

697, *et* sera revêtu de l'intitulé des jugements, et du mandement qui les termine, avec injonction à la partie saisie de délaisser la possession aussitôt la signification du jugement, sous peine d'y être contrainte par corps.

(*C. proc.*, 744.) Le fol enchérisseur (*a*) est tenu par corps de la différence de son prix (*b*) d'avec celui de la revente sur folle enchère, *sans pouvoir réclamer l'excédant s'il y en a. Cet excédant sera payé aux créanciers ou, si les créanciers sont désintéressés, à la partie saisie.*

(*a*) On appelle fol enchérisseur celui qui enchérit follement un immeuble vendu en justice et s'en rend adjudicataire sans être en mesure d'exécuter les clauses de l'adjudication.

Le principe de la poursuite par voie de folle enchère est écrit dans l'article 737 du Code de procéd.

Il y a lieu d'appliquer les règles de la folle enchère et par suite de prononcer la contrainte par corps, lorsqu'il s'agit de la vente des biens dépendant d'une succession bénéficiaire, dans les formes prescrites par les articles 955 et suiv. du Code de procéd. Rouen, 26 mai 1826 (1).

Comme aussi lorsque la vente a eu lieu par suite de faillite, Rouen, 31 mai 1820 (2), ou sur licitation, Paris, 16 février 1816 (3). — Rouen, 8 décembre 1825 (4). La cour de cassation a décidé que dans ce dernier cas il n'y a pas d'ailleurs à distinguer si c'est un cohéritier qui s'est rendu adjudicataire (dans l'espèce c'était encore un autre cohéritier qui s'était

_____

(1) S., 26-2-308. — (2) J. P., é. c. — (3) J. P., é. c. — (4) J. P., é. c.

rendu premier acquéreur), par suite de la revente sur folle enchère. C. C. C. Bordeaux, 17 décembre 1833 (1). La cour de
Bordeaux a jugé au contraire, les 15 mars (2) et 15 mai (3)
1833, et 22 mars 1834 (4), que l'on ne peut pas poursuivre par
voie de folle enchère, lorsque c'est un cohéritier qui s'est
rendu adjudicataire.

Nous adopterions plus volontiers la manière de décider de
la cour de Bordeaux. L'adjudication étant dans ce cas simplement déclarative et non pas attributive de propriété, aux
termes de l'art. 883 du Code civil, le montant de l'adjudication ne peut pas être considéré comme un prix, mais seulement comme une estimation de l'immeuble. C'est ainsi que les
cohéritiers n'ont pas entre eux de privilége de vendeur;
mais que l'art. 2106 du Code civil a créé un privilége spécial
qui exclut toute idée de vente et de prix; c'est encore ainsi
qu'une jurisprudence constante refuse entre cohéritiers l'exercice de l'action résolutoire.

La poursuite par voie de folle enchère est autorisée non-
seulement lorsque l'adjudicataire ne satisfait pas aux conditions qui doivent être exécutées avant la délivrance du jugement d'adjudication, mais encore après la délivrance de ce
jugement, à défaut de payement du prix. Lyon, 26 novembre 1823 (5). — Poitiers, 4 décembre 1823 (6). — Riom,
5 avril 1824 (7). — Bourges, 5 janvier 1822 (8). — Amiens,
13 avril 1821 (9). — Poitiers, 20 juin 1821 (10). Paris, 16
février 1816 (11). — Rouen, 8 décembre 1825 (12). La cour

---

(1) S., 34-1-5; D., 34-1-46; Gaz. 16 janvier 1834. — (2) S., 34-2-22;
D., 33-2-165. — (3) D., 33-2-182. — (4) D., 34-2-159. — (5) J. P., é. c. —
(6) J. P., é. c. — (7) J. P, é, c. — (8) J. P., é. c. — (9) J. P., é. c. —
(10) J. P., é. c. — (11) J. P., é. c. — (12) J. P., é. c.

de Bruxelles a décidé le contraire, les 14 juillet 1810 (1) et 19 décembre 1823 (2).

Le créancier ne perd pas le droit de poursuivre par voie de folle enchère, quoique l'acquéreur ait revendu l'immeuble à la charge par l'acquéreur de payer les bordereaux de collocation. Paris, 8 janvier 1836 (3).

Le droit de poursuivre la revente par voie de folle enchère, n'est pas personnel, il suit la créance comme accessoire entre les mains du cessionnaire. Bordeaux, 25 juillet 1838 (4). Il existe un arrêt en sens contraire, rendu par la cour de Paris le 30 juillet 1816 (5).

On ne pourrait stipuler dans le cahier des charges d'une vente volontaire, que l'immeuble sera revendu par voie de folle enchère, en cas d'inexécution des clauses de l'adjudication. Paris, jugem. 29 janvier 1825; *Gaz.* du 19 février 1835.

La contrainte par corps doit être prononcée contre le fol enchérisseur, quoique la revente, au lieu d'être poursuivie par voie de folle enchère, l'ait été par voie de saisie immobilière convertie ensuite en vente sur publications judiciaires. Paris, 6 février 1835 (6).

Lorsqu'une première revente sur folle enchère est suivie de plusieurs autres, chaque fol enchérisseur est tenu par corps au payement de la différence entre leur adjudication respective et la revente finale, encore bien qu'une adjudication intermédiaire ait produit un prix supérieur. C. C. C. Paris, 25 février 1835 (7).

(*b*) Le fol enchérisseur est également tenu par corps des intérêts de son prix. Riom, 12 juillet 1838 (8).

___

(1) S., 11-2-41. — (2) J. P., é. c. — (3) Gaz. 19 février 1836. — (4) D., 38-2 221; J. P., 38-2-440. — (5) J. P., é. c. — (6) Gaz. 19 avril 1835. — (7) D., 35-1-183; Gaz. 7 mars 1835. — (8) S., 39-2-338.

Mais non des frais, loyaux coûts et accessoires de son adjudication. Paris, 20 novembre 1816 (1).

Cet article n'est pas applicable aux femmes, et généralement aux personnes désignées dans les articles 2064 et 2066,
C. C. Lyon, 20 juin 1822 (2).

(*C. proc.*, 712.) Au jour indiqué (*pour la vente,
lorsqu'il y a surenchère après adjudication sur saisie
immobilière*), ne pourront être admis à concourir que
l'adjudicataire et celui qui aura enchéri du quart, lequel, en cas de folle enchère, sera tenu par corps de
la différence de son prix d'avec celui de la vente.

Les principes et les règles en matière de surenchère, dans
le cas dont il est ici question, sont écrits dans les art. 710
et 711 du même Code.

(*C. proc.*, 839.) Le notaire ou autre dépositaire
qui refusera de délivrer expédition ou copie d'un
acte aux parties intéressées (*a*) en nom direct, héritiers ou ayants droit, y sera condamné, et par corps,
sur assignation à bref délai (*b*) donnée en vertu de
permission du président (*c*) du tribunal de première
instance, sans préliminaire de conciliation.

(*a*) Voyez art. 126.
(*b*) Voyez art. 795.
(*c*) Voyez art. 780.

(*L.* 17 *av*, 1832, 8.) Sont soumis à la contrainte

---

(1) S., 17-2-368. — (2) S., 23-2-55; D., 23-2-157; J. P., é. c.

par corps, pour raison du reliquat de leurs comptes,
déficit ou débet constatés à leur charge et dont ils ont
été déclarés responsables : 1° les comptables de deniers publics ou d'effets mobiliers publics et leurs
cautions (a) ; — 2° leurs agents ou préposés qui ont
personnellement géré ou fait la recette; — 3° toutes
personnes qui ont perçu des deniers publics dont elles
n'ont point effectué le versement ou l'emploi, ou qui,
ayant reçu des effets mobiliers appartenant à l'État,
ne les représentent pas ou ne justifient pas de l'emploi
qui leur avait été prescrit.

(a) Lorsque la caution d'un comptable conteste la validité
de son acte de cautionnement, la contestation doit être portée
devant l'autorité administrative. Ord. cons. d'État, 24 janvier.
1827 (1)

(L. 17 av. 1832, 9.) Sont compris dans les dispositions de l'article précédent les comptables chargés
de la perception des deniers ou de la garde et de
l'emploi des effets mobiliers appartenant aux communes, aux hospices et aux établissements publics,
ainsi que leurs cautions et leurs agents et préposés
ayant personnellement géré ou fait la recette.

(L. 17 av. 1832, 10.) Sont également soumis à la
contrainte par corps : 1° tous les entrepreneurs, fournisseurs, soumissionnaires et traitants qui ont passé

_____

(1) S., 28-2-28.

des marchés ou traités intéressant l'État, les communes, les établissements de bienfaisance et autres établissements publics, et qui sont déclarés débiteurs
par suite de leurs entreprises; 2° leurs cautions,
ainsi que leurs agents et préposés qui ont personnellement géré l'entreprise, et toutes personnes déclarées responsables des mêmes services.

(*L. 17 av.* 1832, 11.) Seront encore soumis à la
contrainte par corps tous redevables débiteurs et
cautions de droits de douanes, d'octrois et autres
contributions indirectes, qui ont obtenu un crédit et
qui n'ont pas acquitté à échéance le montant de leurs
soumissions ou obligations.

(*L. 17 av.* 1832, 12.) La contrainte par corps
pourra être prononcée en vertu des quatre articles
précédents, contre les femmes et les filles. Elle ne
pourra l'être contre les septuagénaires.

Cette dernière disposition est copiée de l'art. 2066, C. civ.

Nota. On pourrait encore faire une sous-distinction entre
la contrainte par corps légale, et la contrainte par corps
conventionnelle, selon qu'elle est prescrite par la loi ou que
les parties ont le droit d'en faire l'objet d'une stipulation ;
mais nous avons craint de nuire au plan de l'ouvrage en mul-
tipliant les divisions. Il suffira d'ailleurs de faire observer
que les seules circonstances dans lesquelles il est permis aux
parties de consentir à leur gré d'engager leur liberté en garantie de l'exécution d'une convention, sont spécifiées dans les

articles 2060, n° 5, et 2062 du Code civil, et qu'à l'exception de ces deux cas, les tribunaux ne peuvent prononcer la contrainte par corps qu'en vertu d'un texte formel de loi.

§ II. *De la contrainte par corps potestative.*

(126-127-201-213-221-534, C. procéd.)

SOMMAIRE.

Dommages et intérêts, 126-127.
Apport de pièces de comparaison pour les vérifications d'écriture, 201.
Dénégation d'écriture, 213.
Apport de pièces de comparaison lorsqu'il y a poursuite en faux incident civil, 221.
Reddition de compte, 534.

(*C. proc.*, 126.) La contrainte par corps ne sera prononcée que dans les cas prévus par la loi. Il est néanmoins laissé à la prudence des juges de la prononcer : 1° pour dommages et intérêts en matière civile au-dessus de la somme de 300 fr. (*a*) ; 2° pour reliquats de comptes de tutelle (*b*), curatelle, d'administration de corps et communauté' établissements publics ou de toute autre administration confiée par justice, et pour toute restitution à faire par suite desdits comptes.

(*a*) Les dommages et intérêts pour lesquels la loi permet aux tribunaux d'accorder l'exercice de la contrainte par corps ne doivent pas être confondus avec la restitution d'une somme indûment reçue. Ils ne peuvent s'entendre que des indemnités qui accompagnent la restitution ; autrement, ce serait prononcer indirectement la contrainte par corps hors

des cas déterminés par la loi. Nancy, 18 mai 1827. (1) —
Orléans, 16 mars 1839 (2).—Paris, 24 juin 1837.—Caen,
12 mai 1820 (3).

Ces principes s'appliquent également à toutes restitutions
d'objets remis volontairement à titre de dépôt, de prêt ou autrement.

La cour de Colmar a jugé en sens contraire le 7 av. 1821 (4);
mais cet arrêt est motivé sur des principes du droit romain
qui n'ont pas été admis dans notre législation. La question
nous paraît au reste tranchée par les termes explicites des
articles 1630 et 1149 du C. civ. L'article 1630 distingue formellement la restitution des fruits, les frais et les dommages
et intérêts, et l'article 1149 ne contrarie en rien cette classi-
fication. Il résulte, au contraire, du texte de ce dernier article et des termes des articles 1147, 1148 et suiv. du
C. civ., que les dommages et intérêts sont distincts de l'obligation en elle-même (Caen, 23 février 1825) (5), et qu'ils ne
se confondent avec elle que lorsque cette obligation consis-
tant à faire ou à donner, l'inexécution cause un préjudice
qui se résout en dommages et intérêts (1142-1146, C. civ.),
ou lorsqu'il y a délit ou quasi-délit (1382 et suiv. C. civ.).
C. C. A. A. 22 juin 1837 (6). — Caen, 15 novembre 1824 (7).

La contrainte par corps ne doit pas être prononcée pour
les dépens en matière civile, lors même qu'on les qualifie-
rait de dommages et intérêts. Toulouse, 20 fév. 2832 (8).
Voyez art 2063, C. civ. — Merlin, *Répert.* v° *Contr. par
corps ;* Carré, *Quest. sur la procéd.*

---

(1) S., 27-2-230; D., 27-2-199. — (2) D., 39-2-259; J. P., 39-1-648; Gaz.
2 avril 1839. — (3) J. P., é. c. — (4) S., 21-2-239. — (5) S., 26-2-285 ;
D., 26-2-213; J. P., é. c. — (6) S., 37-1-981; D., 37-1-395; J. P., 40-1-507.
(7) J. P., é. c. — (8) S., 32-2-389; D., 32-2-139.

On ne peut condamner pour une somme moindre de 300 fr., sous prétexte qu'il y a eu dol ou fraude. C. C. C. 30 décembre 1828 (1).

Lorsque plusieurs personnes sont comprises dans une même condamnation, sans qu'il y ait solidarité; si par suite de la division entre elles du montant de la condamnation, chacune est redevable d'une somme moindre que 300 fr., la contrainte par corps ne doit pas être prononcée. C. C. C. 3 décembre 1827 (2).

Ce chiffre de 300 fr. a été aussi fixé comme minimum pour l'exercice de la contrainte par corps par les art. 2065, C. civ. et 13 de la loi du 17 avril 1832, dans les autres cas où la contrainte par corps peut être prononcée en matière civile entre nationaux et contre les étrangers domiciliés en France. A l'égard des étrangers non domiciliés en France, l'art. 14 de cette dernière loi a réduit le chiffre à 50 fr.

Un notaire peut être condamné par corps à payer, à titre de dommages et intérêts, le montant d'une obligation passée dans son étude à défaut par lui d'en fournir une expédition (20 et 68 de la loi du 25 vent. an XI; — 839, C. procéd.). Riom, 28 fév. 1825 (3).

La contrainte par corps peut être prononcée pour dommages et intérêts par les tribunaux de commerce. C. C. R. R. 2 août 1827 (4). — C. C. R. R. 26 juillet 1836 (5).

(b) Lorsqu'une femme convole en secondes noces sans convoquer un conseil de famille qui soit appelé à décider si la tutelle des enfants issus de son premier mariage lui sera conservée, la contrainte par corps peut être prononcée

---

(1) S., 29-1-156; D., 29-1-84. — (2) S., 28-1-161. — (3) S., 25-2-389.— (4) S., 28-1-18. — (5) D., 36-1-30.

contre le second mari pour reliquat de compte de tutelle
(395, C. civ. C. C. R. 12 août 1828 (1).

La contrainte par corps peut même être prononcée contre
le second mari avant la reddition du compte pour la restitution des capitaux qu'il a touchés, Bastia, 31 août 1826 (2).

Mais la contrainte par corps ne doit pas être prononcée
contre la mère (2066, C. civ.). Même arrêt.

La cour de Limoges a jugé le 13 juin 1822 (3) que lorsque le tuteur, à défaut de rendre son compte, est condamné
au payement d'une somme arbitrée par le tribunal; il n'y a pas
lieu de lui appliquer la contrainte par corps', parce que l'art.
534, C. procéd., dispose qu'après l'expiration du délai accordé par le tribunal pour la reddition de son compte, le
comptable « y sera contraint par saisie et vente de ses biens,
« jusqu'à concurrence d'une somme que le tribunal arbi-
« trera. » Le principe qui sert de base à cette décision nous
paraît erroné. L'art. 534, applicable à tous les cas où il y
a lieu à reddition de compte, ne déroge pas à ce qui est réglé
par le présent article, pour le cas spécial et particulier d'un
compte de tutelle. L'intention de la loi de ne pas affranchir
dans ce cas le tuteur, de la contrainte par corps, se révèle
d'ailleurs par la disposition finale de cet article 534, qui donne
aux tribunaux un pouvoir discrétionnaire pour accorder cette
voie d'exécution, quelle que soit la nature du compte à
rendre. Le principe émis par la cour, s'il pouvait être consacré, serait le triomphe de la mauvaise foi. L'on voudrait à
tort, établir une distinction entre le reliquat du compte et la
somme arbitrée par le tribunal; il n'y a là qu'une seule et
même nature de condamnation. La somme arbitrée par le

---

(1) S., 29-1-42. — (2) S., 28-2-56; J. P., é. c. — (3) J. P., é. c.

tribunal est calculée d'après les éléments qui lui sont fournis
et est réputée tenir lieu du reliquat du compte. Loin que la
contrainte par corps ne puisse pas être prononcée dans le
cas dont il s'agit, les tribunaux ne sauraient user avec plus de
convenance du pouvoir qui leur est conféré par la loi

Cet article n'est pas applicable aux femmes et ne déroge pas
aux dispositions prohibitives de l'art. 2066, C. civ. C. C. C.
Rouen, 17 janvier 1832 (1). — Paris, 26 février 1829 (2).
C. C. C. Paris, 26 décembre 1827 (3). — C. C. C. 20 mai
1818 (4). — C. C. C. Caen, 6 octobre 1813 (5).

(*C. proc.*, 127.) Pourront les juges, dans les cas
énoncés en l'article précédent, ordonner qu'il sera
sursis à l'exécution de la contrainte par corps pendant
le temps qu'ils fixeront, après lequel elle sera exécutée sans nouveau jugement. Ce sursis ne pourra
être accordé que par le jugement qui statuera sur la
contestation et qui énoncera les motifs de délai.

(*C. proc.*, 201.) Si les pièces de comparaison (*nécessaires pour une vérification d'écritures*) sont entre
les mains de dépositaires publics ou autres, le juge
commissaire ordonnera, qu'aux jour et heure par
lui indiqués, les détenteurs desdites pièces les apporteront, au lieu où se fera la vérification, à peine contre les dépositaires publics d'être contraints par corps,
et les autres par les voies ordinaires, sauf même à

---

(1) S., 32-1-687; D., 32-1-79. — (2) S., 29-2-136; D., 29-2-135.) — (3) S.,
28-1-166. — (4) S., 18-1-335; D., 18-1-341. — (5) S., 13-1-466; D., 13-1-
538; J. P., é. c.

prononcer contre ces derniers la contrainte par corps s'il y échet.

(*C. proc.*, 213.) S'il est prouvé que la pièce est écrite ou signée par celui qui l'a déniée, il sera condamné à 150 fr. d'amende envers le domaine, outre les dépens, dommages et intérêts de la partie, et pourra être condamné par corps même pour le principal.

(*C. proc.*, 221.) En cas qu'il y ait minute de la pièce arguée de faux (*en matière de faux incident civil*), il sera ordonné, s'il y a lieu, par le juge commissaire, sur la requête des demandeurs, que le défendeur sera tenu, dans le temps qui lui sera prescrit, de faire apporter ladite minute au greffe, et que les dépositaires d'icelle y seront contraints, les fonctionnaires publics par corps et ceux qui ne le sont pas par voie de saisie, amende, et même par corps s'il y échet.

(*C. proc.*, 534.) Le rendant (*compte, lorsqu'il y aura lieu à reddition de compte*) présentera et affirmera son compte en personne ou par procureur spécial dans le délai fixé et au jour indiqué par le juge commissaire, les oyants présents ou appelés à personne ou domicile s'ils n'ont avoué, et par acte d'avoué s'ils en ont constitué. Le délai passé, le rendant y sera contraint par saisie et vente de ses biens jusqu'à concurrence d'une somme que le tribunal arbi-

5

trera ; il pourra même y être contraint par corps si le tribunal l'estime convenable.

SECTION III.

Dispositions exceptionnelles en raison de la qualité ou de l'âge de la personne.

(2064-2066, C. civ. ; 19, L. 17 av. 1832.)

SOMMAIRE.

Mineurs, 2064.

Age. — Femmes et filles, 2066.

Mari et épouse; ascendants, descendants, frères ou sœurs, ou alliés au même degré, 19, L. 17 av. 1832.

(*C. civ.*, 2064.) Dans tous les cas ci-dessus énoncés, la contrainte par corps ne peut être prononcée contre les mineurs.

Voyez ce qui est dit pour la contrainte par corps en matière de commerce, art. 2 de la loi du 17 avril 1832.

(*C. civ.*, 2066.) Elle ne peut être prononcée contre les septuagénaires (*a*), les femmes et les filles, que dans le cas de stellionat (*b*). Il suffit que la soixante-dixième année soit commencée, pour jouir de la faveur accordée aux septuagénaires. La contrainte par corps pour cause de stellionat, pendant le mariage, n'a lieu contre les femmes mariées que lorsqu'elles sont séparées de biens ou lorsqu'elles ont des biens dont elles se sont réservé la libre administration, et à raison des engagements qui concernent ces biens.

Les femmes qui, étant en communauté, se seraient obligées conjointement ou solidairement avec leur mari, ne pourront être réputées stellionataires à raison de ces contrats.

(a) Cette disposition a été reproduite dans les articles 4-12 et 18 de la loi du 17 avril 1832, et se trouve ainsi généralisée. Elle a été aussi introduite avec modification dans l'art. 40 de la même loi qui règle la contrainte par corps en matière criminelle.

Un acte de notoriété ne suffirait pas pour établir l'âge, si le détenu ne prouvait pas que les registres de l'état civil de l'époque n'existent pas. Paris, jugem., 6 mai 1834; *Gaz.* du 7 mai.

(b) Cette prohibition est d'ordre public et peut être invoquée pour la première fois devant la cour de cassation, sans qu'on puisse opposer comme fin de non recevoir le silence gardé à cet égard en première instance devant la cour royale. C. C., 17 janvier 1832 (1).

Le cas de stellionat est le seul pour lequel la contrainte par corps puisse être prononcée contre ces personnes en matière civile. Lyon, 20 juin 1822 (2).

Néanmoins, les femmes et les filles sont encore soumises à la contrainte par corps en matière de deniers et effets mobiliers publics, aux termes de l'art. 12 de la loi du 27 avril 1832, et en matière de commerce, comme nous l'avons vu plus haut.

(*L.* 17 *av.* 1832, 19.) La contrainte par corps n'est jamais prononcée contre le débiteur au profit 1° de

_____

(1) S., 32-1-687; D., 31-1-79. — (2) S., 23-2-55; D., 23-2-157; J. P., é. c.

son mari ni de sa femme ; 2° de ses ascendants, descendants, frères ou sœurs, ou alliés au même degré (a). — Les individus mentionnés dans les deux
paragraphes ci-dessus, contre lesquels il serait intervenu des jugements de condamnation par corps,
ne pourront être arrêtés en vertu desdits jugements;
s'ils sont détenus, leur élargissement aura lieu immédiatement après la promulgation de la présente loi.

(a) Il en est de même, quoique celui des deux époux qui
a causé l'alliance soit mort sans laisser d'enfant. Paris, trib.
comm., 11 juin 1833, *Gaz.* du 12 juin.

Ces dispositions ne peuvent pas être opposées à des tiers
porteurs. Bourges, 8 mai 1837 (1).—Paris, 1er avril 1840 (2).

SECTION IV.

Dispositions réglementaires.

(2063-2070, C. civ.)

(*C. civ.*, 2063.) Hors les cas déterminés par les articles précédents ou qui pourraient l'être à l'avenir
par une loi formelle (a), il est défendu à tous juges
de prononcer la contrainte par corps, à tous notaires
et greffiers de recevoir des actes dans lesquels elle serait stipulée, et à tous français de consentir pareils
actes, encore qu'ils eussent été passés en pays étran-

(1) S., 37-2-398; D., 37-2 156; J. P., 37-2-400. — (2) J. P., 40-1-687.

ger, le tout à peine de nullité, dépens, dommages et
intérêts.

(*a*) Depuis la promulgation du Code civil, sont intervenus
le Code de procédure civile et la loi du 17 avril 1832, qui ont
déterminé de nouveaux cas de contrainte par corps. Leurs
dispositions à cet égard ont été rapportées plus haut à leur
place.

Peut-on acquiescer à un jugement qui prononce la contrainte par corps? Voyez art. 2067, C. civ.

(*C. civ.*, 2070.) Il n'est point dérogé aux lois particulières qui autorisent la contrainte par corps dans
les matières de commerce, ni aux lois de police correctionnelle, ni à celles qui concernent l'administration des deniers publics.

CHAPITRE II.

DE LA CONTRAINTE PAR CORPS CONTRE LES ÉTRANGERS.

(14-15-16-18-19-20, L. 17 av. 1832.)

SOMMAIRE.

Minimum de la dette pour qu'il y ait lieu à contrainte par corps, et ce
    qu'il faut entendre par l'expression *étrangers*, 14.
Arrestation provisoire, 15-16.
Exception en faveur de certaines personnes, 18-19.
Des jugements en dernier ressort, 20.

(*L. 17 av.* 1832, 14.) Tout jugement qui interviendra au profit d'un français contre un étranger (*a*)
non domicilié (*b*) en France, emportera la contrainte

par corps, à moins que la somme principale de la
condamnation ne soit inférieure à 50 fr., sans distinction entre les dettes civiles et les dettes commerciales (c).

(a) Lors même qu'il serait mineur. *Gaz.* des 19 et 20 octobre 1837.

Quid à l'égard des femmes? Voyez art. 18.

(b) La loi n'entend parler que du domicile établi conformément à l'art. 13, C. civ. Un domicile de fait ne suffirait pas
pour que l'étranger échappât à l'application de cette disposition de la loi. Un étranger quoique domicilié en France,
y ayant un commerce et payant patente, ne devrait pas jouir
du bénéfice de cette loi, s'il n'a pas été autorisé par le gouvernement à y établir son domicile. Paris, 21 avril 1838 (1).
— Paris, jugement, 4 décembre 1835, *Gaz.* du 5 décembre.

Réciproquement, il ne suffirait pas qu'un étranger eût
été autorisé par ordonnance royale, à établir son domicile
en France, s'il ne justifiait pas avoir exécuté cette ordonnance, en y prenant réellement et sérieusement un domicile pour y jouir des droits civils. Ce domicile de fait peut
seul offrir la garantie que l'étranger ne disparaîtra pas d'un
moment à l'autre sans laisser après lui aucune trace de son
séjour. Douai, 9 décembre 1829 (2). — Paris, jugem.,
Gaz. du 30 août 1838. Le fait du domicile peut résulter
des circonstances, lors même que le débiteur aurait toujours
demeuré dans un hôtel garni. Paris, 30 novembre 1838 (3).

La reconnaissance par le créancier, que son débiteur étran-

----

(1) S., 39-2-71; D., 38-2-137; J. P., 38-1-634; Gaz. 2 mai 1838. — (2) S.,
32-2-648; D., 32-2-56. — (3) Gaz. 9 janvier 1839.

ger est domicilié en France, peut être opposée comme fin
de non recevoir à la demande d'une condamnation par
corps.

Il ne faut pas confondre l'autorisation accordée à un réfugié
de résider en France, avec l'autorisation d'y établir son domicile. Paris, jugem., 27 février 1836, *Gaz.* du 28 février.

L'étranger condamné par corps à raison de cette seule
qualité, peut être déchargé en appel de cette contrainte, si
dans l'intervalle il obtient une ordonnance qui l'autorise à
établir son domicile en France. Paris, 25 avril 1834 (1). —
Paris, 2 mai 1834 (2).

(c) Tout jugement de condamnation contre un étranger,
emporte de plein droit la contrainte par corps, sans qu'il soit
besoin que cette voie d'exécution y soit nommément autorisée.
Il suffit que le jugement porte qu'il sera contraint par toutes
voies de droit. Le créancier n'a alors qu'à présenter requète
pour obtenir la nomination d'un huissier, aux termes de
de l'art. 780, C. procéd. Bordeaux, 16 février 1830 (3).

Mais le français cessionnaire d'un engagement contracté
entre étrangers, ne peut obtenir la contrainte par corps; il
faut que la dette soit contractée directement par l'étranger au
profit du français. Paris, 27 mars 1835 (4).

A moins que le titre ne soit une lettre de change ou un
billet à ordre, il n'est pas nécessaire qu'il ait été souscrit directement par l'étranger au profit d'un français; la contrainte par corps doit être prononcée, encore bien que le titre
ait été souscrit entre étrangers et qu'il ne soit devenu que plus

---

(1) Gaz. 29 juin 1834. — (2) S., 34-2-494; D., 34-2-202; Gaz. 15 mai
1834. — (3) S., 30-2-212; D., D., 30-2-130. — (4) S. 35-2-218; D., 35-2-
85; Gaz. 29 mars 1835.

tard la propriété du français. La lettre de change et le billet
à ordre sont des engagements cosmopolites, qui par leur caractère et leur forme, obligent directement les personnes qui
y figurent, non-seulement envers ceux au profit de qui elles
ont contracté, mais encore envers ceux qui acquièrent la
propriété de ces valeurs par un endossement régulier. Celui
qui contracte des engagements sous cette forme, doit s'attendre à se trouver débiteur d'individus qui lui sont incon-
nus et dont il ignore même le pays, et il se soumet par cela
même, à la législation de tous les pays où doit se trouver le
porteur. C. C. R. 25 septembre 1829(1). — Caen, 12 janvier 1832 (2).—Paris, 29 novembre 1831 (3).—C. C. R. R.
Paris, 26 janvier 1833 (4).—Paris, 6 décembre 1836 (5). —
Douai, 7 mai 1828 (6). — Bruxelles, 14 novembre 1818 (7).
—Voy. cependant en sens contraire : Douai, 27 février 1828 (8).
—Aix, 25 août 1828 (9). (Dans ce dernier cas, l'endossement était postérieur à un jugement de condamnation.) Le
tribunal doit toutefois prendre en considération l'intention qui
a présidé à la transmission des valeurs, et refuser la contrainte par corps, si cette transmission n'a eu lieu que pour
créer au profit d'un français, un titre en fraude à la loi. C'est
dans ce cas qu'il faut entendre quelques décisions que l'on
présente comme ayant consacré l'opinion contraire. Voyez
Gaz. du 7 juin 1837. — Douai, 27 février 1828.— Aix,
25 août 1828. — Paris, 27 mai 1830 (10).

D'après la jurisprudence constante de la cour de cassation,

---

(1) S., 30-1-152 ; D., 29-1-364. — (2) S., 32-2-202 ; D., 32-2-55. —
(3) S., 32-2-54 ; D., 32-2-53 ; J. P., 32-1-5. — (4) S., 33-1-100 ; D., 33-1-54 ;
Gaz. 1er février 1833. — (5) D , 37-2-51 ; J. P., 37 2-184. — (6) S., 29-2-
79 ; D., 29-2-123. — (7) J. P., é. c. — (8) S., 28-2-284. — (9) S., 29-2-80.
— (10) S., 31-2-54.

il n'y a pas de distinction à faire pour le cas où l'endossement est postérieur à l'échéance. Voyez *Gaz.* du 13 avril 1836. — Paris, 15 février 1838 (1). — C. C. R. R. Paris, 26 janvier 1833 (2).

(*L. 17 av.* 1832, 15.) Avant le jugement de condamnation, mais après l'échéance ou l'exigibilité de la dette (*a*), le président du tribunal de première instance dans l'arrondissement duquel se trouvera (*b*) l'étranger non domicilié (*c*), pourra, s'il y a de suffisants motifs (*d*), ordonner son arrestation provisoire sur la requête du créancier français (*e*). Dans ce cas, le créancier sera tenu de se pourvoir en condamnation dans la huitaine (*f*) de l'arrestation du débiteur, faute de quoi, celui-ci pourra demander son élargissement. La mise en liberté sera prononcée par ordonnance de référé, sur une assignation donnée au créancier par l'huissier que le président aura commis dans l'ordonnance même qui autorisait l'arrestation, et, à défaut de cet huissier, par tel autre qui sera commis spécialement.

(*a*) Il n'importe qu'elle ait été contractée en pays étranger. C. C. R. R. Rouen, 12 juin 1817 (3).

L'expression *dette* ne peut s'appliquer à un dépôt dont l'acte n'est ni reconnu ni exécutoire. C. C. R. R. Pau, 22 avril 1818 (4).

---

(1) D., 38-2-27; J. P., 38-1-447; Gaz. 21 février 1838. — (12) S., 33-1-100; D., 33-1-54; Gaz. 1er février 1833. — (3) S., 18-1-318; D., 18-1-333; J. P., é. c. — (4) S., 19-1-194; D., 19-1-105; J. P., é. c.

(*b*) Il ne faut pas entendre que l'étranger doit se trouver dans l'arrondissement, au moment où l'ordonnance est rendue, mais seulement qu'il ne peut être arrêté en vertu de cette ordonnance, que dans l'étendue de l'arrondissement. C. C. R. R. Poitiers, 27 novembre 1839 (1).

(*c*) Pour l'explication de cette expression, voy. art. 14.

(*d*) Il n'est pas nécessaire que le titre dont le français est porteur, soit incontesté, ni même incontestable, pour que le président permette l'arrestation provisoire. Cette disposition qui concerne les étrangers, est une mesure de police et de sûreté qui protége l'intérêt national contre les débiteurs étrangers; elle accorde au président un pouvoir discrétionnaire. C. C. R. Rouen, 25 septembre 1829 (2).

Il n'est pas nécessaire non plus que la dette soit liquide, il suffit qu'elle soit certaine et exigible. C. C. R. Poitiers, 27 novembre 1839 (3).

Ainsi le président peut ordonner l'arrestation provisoire, quoique le billet à ordre ou la lettre de change qui forment le titre, soient transmis par un endossement en blanc; cet endossement constitue un titre apparent qui donne de suffisants motifs pour autoriser cette mesure provisoire. Paris, 29 novembre 1831 (4).

Il en est de même d'un endossement postérieur au protêt. *Gaz.* du 21 juin 1837. La jurisprudence est, au reste, fixée sur la validité de ces endossements.

Le président peut aussi ordonner l'arrestation provisoire d'un mineur. Bordeaux, 23 décembre 1828 (5), notamment

---

(1) D., 40-1-30; J. P., 40 1-150. — (2) S., 30-1-152, D., 29-1-364. — (3) D., 40-1-30; J. P., 40 1-150. — (4) S., 32-2 54; D., 32-2-53. — (5) S., 29-2-152; D., 29-2-170;

pour frais de nourriture, d'entretien ou d'éducation. Paris, 19 mai 1830 (1).

L'étranger ne peut faire valoir en référé devant le président, des moyens du fond, comme la prescription. C. C. R. R. Rouen, 12 juin 1817 (2).

Aussi les décisions rendues par le président sur cette arrestation provisoire, ne peuvent être opposées dans la discussion du fond, comme ayant autorité de la chose jugée. Au principal, les parties rentrent dans le droit de proposer tous leurs moyens, et de donner aux moyens déjà produits, tous les développements dont ils sont susceptibles. Rouen, 27 août 1817 (3).

(e) Il n'est pas exigé que le créancier français ait un domicile en France, pour jouir du bénéfice de cette disposition. C. C. 26 janvier 1836 (4). — Paris, 18 avril 1836 (5).

Un étranger autorisé à établir son domicile en France, ne peut se prévaloir de ces dispositions introduites exclusivement en faveur des français. Douai, 7 mai 1828 (6).

Un créancier étranger ne pourrait non plus s'en prévaloir, sous prétexte qu'il est gérant d'une société dans laquelle sont intéressés des commanditaires français. Paris, jugem., 17 octobre 1835, *Gaz.* du 18 octobre.

Mais un français peut obtenir de faire arrêter provisoirement un étranger, au nom d'une maison de commerce dans laquelle il est associé, quoiqu'il y ait des étrangers au nombre des intéressés. C. C. R. R. Poitiers, 27 novembre 1839 (7).

---

(1) S., 30-2-222; D., 30-2-198. — (5) S., 18-1-318; D., 18-1-333; J. P., c. c. — (3) S., 18-2-6. — (4) S... — (5) Gaz. 2 mai 1836. — (6) S., 29-2-79; D., 29-2-123. (7) D., 40-1-30; J. P., 40-1-150.

Le président peut autoriser de la même manière, les recommandations. Nancy, 22 juin 1813 (1).

L'ordonnance que rend le président pour autoriser l'arrestation provisoire, ne doit pas être déférée au tribunal de première instance. Elle ne peut être attaquée que par la voie de l'appel. C. C. R. 25 septembre 1829 (2). — Paris, 18 avril 1836 (3).

Le délai pour interjeter appel de cette ordonnance est de trois mois, et non pas seulement de quinze jours, ainsi qu'il est dit en l'art. 809, C. procéd., pour les ordonnances de référé. Caen, 12 janvier 1832 (4). — C. C. R. R. Pau, 22 avril 1818 (5).

Mais si on ne peut déférer à la censure du tribunal, la mesure autorisée par le président, on peut introduire contre les effets de cette mesure, une action principale, en faisant valoir des moyens du fond ou même des moyens de forme. C'est là une demande nouvelle, qui laisse subsister l'ordonnance du président et en règle seulement les effets. C. C. C. Bordeaux, 2 mai 1837 (6).

Nous ne sommes pas d'accord avec les arrêtistes sur les principes qui sont consacrés par cet arrêt. On lui fait décider que l'ordonnance du président doit être attaquée devant les juges de première instance. Voici, quant à nous, ce qui a été résolu. L'étranger arrêté provisoirement a traduit son créancier devant le tribunal civil pour qu'il soit statué, non pas sur le mérite de l'ordonnance, mais sur le fond même de la prétention de ce dernier. Le tribunal a accueilli cette demande

---

(1) S., 16-2-95; J. P., é. c. — (2) S., 30-1-152; D., 29-1-364. — (3) Gaz. 2 mai 1836. — (4) S., 32-2-202; D., 32-2-55. — (5) S., 19-1-194, D., 19-1-105; J. P., é. c. — (6) S., 37-1-510; D., 37-1-391; Gaz. 4 mai 1837.

et a déclaré nul l'emprisonnement. La cour de Bordeaux confondant le fond avec le provisoire, a réformé le jugement, en se fondant sur ce qu'il avait statué sur une ordonnance du président qui échappait à sa juridiction : intervint alors la cour de cassation, qui restituant aux faits leur caractère, a distingué la décision sur le fond, de la mesure provisoire, et qui laissant de côté l'ordonnance du président, a replacé les parties pour la question en litige, celle du fond, sous la protection des deux degrés de juridition, dont le système de la cour de Bordeaux avait pour résultat de les priver. Nous avons peut-être eu tort de dire que la cour de cassation a laissé de côté l'ordonnance du président ; elle semble avoir déclaré, en effet, que cette ordonnance ne doit pas être attaquée par la voie de l'appel, parce que l'art. 443, C. procéd. ne parle que des jugements, et qu'elle est dépourvue des éléments constitutifs des jugements. Mais la cour n'était pas appelée à se prononcer sur cette question *in terminis* ; aussi ne pensons-nous pas que l'on doive se prévaloir de ses termes, comme d'une décision.

(*f*) Le jour de l'arrestation ne doit pas être compris dans les huit jours. Paris, jugem. Aubrey C. Fercoq ; *Gaz.* du 30 septembre 1833. — Dall. Pér., 1834, 3-99.

Il a été jugé par la cour de cassation (R. R. Pau, 22 avril 1818) (1), sous l'empire de la loi du 10 septembre 1807, qu'il y avait nécessité d'appeler le défendeur en conciliation devant le juge de paix. Cette doctrine, qui aurait pu être controversée alors, ne saurait être admise aujourd'hui. La loi, en exigeant que l'incarcérateur assigne en condamnation

---

(1) S., 19-1-194; D., 19-1 105; J. P . é. c.

dans la huitaine, dispense évidemment du préliminaire de conciliation.

Lorsque le créancier n'a pas assigné en condamnation dans la huitaine, c'est devant le tribunal civil que l'étranger incarcéré doit demander son élargissement, alors même que la créance serait commerciale. *Gaz.* du 10 novembre 1838.

(*L.* 17 *av.* 1832, 16.) L'arrestation provisoire n'aura pas lieu ou cessera, si l'étranger justifie qu'il possède sur le territoire français un établissement de commerce ou des immeubles, le tout d'une valeur suffisante pour assurer le payement de la dette, ou s'il fournit pour caution une personne domiciliée en France et reconnue solvable.

(*L.* 17 *av.* 1832, 18.) Le débiteur étranger condamné pour dette commerciale jouira du bénéfice des art. 4 et 6 de la présente loi. En conséquence, la contrainte par corps ne sera point prononcée contre lui, ou elle cessera, dès qu'il aura commencé sa soixante et dixième année. Il en sera de même à l'égard de l'étranger condamné pour dette civile, le cas de stellionat excepté. — La contrainte par corps ne sera point prononcée contre les étrangers pour dettes civiles (*a*), sauf aussi le cas de stellionat, conformément au premier paragraphe de l'art. 2066 du Code civil, qui leur est déclaré applicable.

(*a*) Elle ne sera pas non plus prononcée contre elles, pour le payement de lettres de change, l'art. 113 du Code de comm.,

déclarant que les signatures de femmes et de filles apposées
sur des lettres de change, ne valent à leur égard que comme
simples promesses. *Gaz.* du 8 juillet 1837.—Paris, 12 juillet
1837 (1).

(*L. 17 av.* 1832, 19.) La contrainte par corps n'est
jamais prononcée contre le débiteur, au profit : 1° de
son mari ni de sa femme; 2° de ses ascendants, descendants, frères ou sœurs, ou alliés au même degré.
Les individus mentionnés dans les deux paragraphes
ci-dessus, contre lesquels il serait intervenu des jugements de condamnation par corps, ne pourront être
arrêtés en vertu desdits jugements ; s'ils sont détenus,
leur élargissement aura lieu immédiatement après la
promulgation de la présente loi.

Voir le commentaire de cet article à la page 52.

(*L. 17 av.* 1832, 20.) Dans les affaires où les tribunaux civils ou de commerce statuent en dernier ressort, la disposition de leur jugement, relative à la
contrainte par corps, sera sujette à l'appel : cet appel ne sera pas suspensif.

Voir le commentaire de cet article, à la page 15.

---

(1) J. P., é. c.

CHAPITRE III.

DE LA CONTRAINTE PAR CORPS EN MATIÈRE DE COMMERCE.

(1-2-3-4-19-20, L. 17 av. 1832; 209, C. comm.)

SOMMAIRE.

Minimum de la dette pour que la contrainte par corps soit prononcée, et ce qu'il faut entendre par l'expression *commerce*, 1.
Exception en faveur de certaines personnes, 2-3-4-19.
Des jugements en dernier ressort, 20.
Disposition spéciale pour l'adjudication des navires, 209, C. comm.

(*L. 17 av.* 1832, 1.) La contrainte par corps sera prononcée, sauf les exceptions et les modifications ci-après, contre toute personne condamnée pour dette commerciale (*a*) au payement d'une somme principale de 200 fr. et au-dessus (*b*).

(*a*) Ce qu'il faut entendre par dette commerciale se trouve spécifié dans les art 631-632-633 et 634 du Code de commerce. Les bornes étroites que nous nous sommes imposées pour ce manuel ne nous permettent pas d'analyser ici tous les arrêts rendus en interprétation de ces quatre articles. Ils trouveront leur place dans un ouvrage spécial. Nous nous bornerons, quant à présent, à mentionner ceux qui résolvent quelques-unes des questions les plus importantes et qni se présentent le plus souvent.

Ne doivent pas être rangés dans la classe des commerçants :
1° Un débitant de tabac (Paris, trib. comm., *Gaz.* du 19 février 1836), lors même qu'il vend des pipes et des briquets.

Bruxelles, 5 mai 1813 (1). — Bruxelles, 6 mars 1813 (2).

2° Un pépiniériste. Colmar, 17 juin 1809 (3).

3° Le directeur d'une compagnie d'assurances mutuelles ; il ne doit pas être considéré non plus comme un agent d'affaires. Rouen , 9 octobre 1820 (4). — Douai, 4 décembre 1820 (5).

4° Un meunier. Colmar, 23 mars 1814 (6).

5° Une personne qui tient une maison de tolérance. *Gaz.* du 6 avril 1834. Paris, trib. comm., Mallet C. Gentilhomme. — *Gaz.* du 24 mai 1834, Paris, trib. comm., Buneaux C. Maury. Le tribunal a varié sur cette question (*Gaz.* du 1er janvier 1835, Robillon, C. Mirix), mais la première manière de décider nous paraît préférable sous tous les rapports.

6° Un maître de pension. Il ne fait pas non plus des actes de commerce en achetant les fournitures nécessaires à son établissement. Paris, 21 avril 1838 (7). — *Gaz.* du 22 septembre 1838, Paris, trib. comm. — Paris, 16 décembre 1837 (8). — C. C. C. Paris, 23 novembre 1827 (9). — Douai, 14 février 1827 (10). — Paris, 19 mars 1814 (11).

Mais on doit réputer commerçants : 1° Un facteur à la halle aux charbons. Paris, 9 avril 1825 (12).

2° Un agent de remplacement militaire. Colmar, 25 février 1839 (13).

3° Un cultivateur qui achète habituellement des bestiaux

---

(1) S., 14-2-190; J. P., é. c. — (2) S., 14-2-191; J. P., é. c. — (3) S., 14-2-370. — (4) S., 22-2-225; J. P., é. c. — (5) S., 21-2-250; J. P., é. c.— (6) S., 16-2-92 ; J. P., é. c. — (7) S., 39-2-71 ; D., 38-2-137 ; J. P., 38-1-634 ; Gaz. 2 mai 1838. — (8) J. P., 38-1-132. — (9) S., 28-1-188. — (10) S., 28-2-79. — (11) S., 16-2-85 ; J. P., é. c. — (12) J. P., é. c.— (13) D., 39-2-176.

pour les revendre. Amiens, 19 avril 1837. *Gaz.* du 23 juillet.
— Rouen, 14 janvier 1840 (1). — Le contraire a été jugé
par la cour de Bourges, le 22 novembre 1836 (2).

4° Un entrepreneur du services des pompes funèbres.
C. G. R. R. Rouen, 9 janvier 1810 (3).

L'état de faillite ne fait pas perdre nécessairement la qualité de commerçant. En conséquence, les engagements contractés par le failli durant sa faillite peuvent être commerciaux
et entraîner la contrainte par corps. Agen, 28 mai 1811 (4).
— Liège, 4 avril 1813 (5).

Les engagements de toute nature contractés par un commerçant sont présumés avoir été contractés à raison de son
commerce, toutes les fois qu'une autre cause n'y est pas
exprimée, ou que le contraire n'est pas prouvé. Rouen,
10 mai 1813 (6). — Paris, 10 mars 1814 (7), et ils entraînent par suite la contrainte par corps. — L'expression de
billets, insérée dans l'art. 638 du Code de commerce, est énon-
ciative et non limitative. C. C. R. R. Bordeaux, 6 juillet
1836 (8). Elle s'applique aux lettres de change réputées
simples promesses. C. C. R. R. Caen, 31 décembre 1839 (9).
Aux engagements qui ne sont pas à ordre. Paris, 6 décembre
1814 (10). — Amiens, 4 avril 1826. — Bourges, 29 mai
1824 (11). Aux contrats notariés. Douai, 27 février 1825 (12).
— Paris, 6 août 1829 (13). — Grenoble, 17 juin 1826 (14).
Et même aux engagements verbaux. Douai, 11 juillet
1821 (15). — Bourges, 29 mai 1824 (16).

---

(1) D., 40-2-158. — (2) D., 40-2-173. — (3) S., 10-1-125. — (4) J. P., é.
c. — (5) S., 14-2-183 ; D., 22-2-140. — (6) S., 14-2-176; J. P., é. c. —
(7) S., 16-2-128; J. P., é. c. — (8) Gaz. 10 juillet 1836. — (9) J. P., 40-1-
48. — (10) S., 16-2-54; J. P., é. c. — (11) S., 25-2-147 ; J. P., é. c. —
(12) S., 26-2-150. — (13) S., 29-2-316. — (14) S., 28-2-139 ; D., 29-2-92. —
(15) S., 26-2-150; J. P., é. c. — (16) S., 25-2-147 ; J. P., é. c.

Toutefois, les engagements souscrits par un négociant ne sont présumés relatifs à son commerce, qu'autant qu'il y est énoncé que la valeur a été fournie en marchandises ou en argent. Lorsqu'il y est dit seulement que la valeur a été fournie, sans en préciser la nature, ces engagements ne prennent pas le caractère commercial, ils restent de simples engagements civils, qui ne donnent pas lieu à une condamnation par corps. C. C. C. 28 novembre 1831. — Caen, 31 janvier 1826. — Toulouse, 2 mai 1826. — Liège, 4 avril 1813 (1).

Il a été jugé par la cour de Paris, le 28 juin 1813 (2), que la qualité de commerçant, prise dans un billet à ordre, rendait non recevable à repousser cette qualité. Ce serait créer un moyen trop facile d'éluder les dispositions prohibitives de l'art. 2063, C. civ. C'est en vain que l'on invoque la bonne foi des tiers : la réponse à cette objection est écrite dans l'art 112, C. comm., qui admet à prouver la supposition, soit de nom, soit de qualité, soit de domicile, soit de lieu. Bruxelles, 28 août 1811 (3). Il a même été jugé, par cet arrêt, que la preuve de l'inexactitude de cette qualité pouvait être faite par témoins.

Par contre, il y a lieu d'appliquer les lois commerciales à celui qui est négociant, quoi qu'il ait pris dans l'obligation une qualité étrangère au commerce, par exemple celle d'huissier. Nancy, 5 janvier 1838 (4).

Les tribunaux français sont compétents pour connaître des opérations commerciales entre étrangers résidant en France. Paris, 10 novembre 1825 (5). — C. C. C. Paris, 26 novembre 1826. — Rennes, 28 décembre 1820 (6). — Metz, 27

---

(1) S., 14-2-183. — (2) J. P., é. c. — (3) S., 12-2-168. — (4) D., 39-2-156. — (5) S., 26-2-282; J. P., é. c. — (6) J. P., é. c.

avril 1818. Et la contrainte par corps peut être prononcée
entre eux à raison de ces opérations. *Gaz.* du 18 septembre
1836. — Paris, 30 avril 1840 (1).

La contrainte par corps peut être prononcée entre associés.
C. C. R. Grenoble, 22 mars 1813 (2).—Paris, 8 août 1825 (3).
— Toulouse, 17 mai 1825 (4). — C. C. C. Toulouse, 5 novembre 1811 (5). — Paris, 20 mars 1812 (6). — Grenoble,
8 mars 1824 (7). — Lyon, 28 décembre 1826 (8). — C. C.
R. 22 janvier 1834 (9). — Colmar, 31 mars 1813 (10). Les
dispositions de l'art. 19 de la présente loi ne permettent plus
d'ailleurs d'élever aujourd'hui la prétention contraire.

Les administrateurs, mandataires ou agents d'une compagnie anonyme ne peuvent être condamnés par corps au
payement des sommes dues par la compagnie. C. C. C.
23 mai 1826 (11).

L'achat d'un fonds de commerce constitue-t-il un acte de
commerce? Cette question est une de celles qui sont le plus
controversées. L'affirmative a été admise par les arrêts ci-
après : Paris, 11 août 1829 (12).—Paris, 15 juillet 1831 (13).
— C. C. R. Toulouse, 7 juin 1837 (14). — Paris, 7 juin
1832. — Paris, 12 septembre 1838 (15). La négative a été
aussi consacrée par plusieurs autres : Paris, 2 mars 1839 (16).
— Paris, 12 mars 1829 (17). — Paris, 23 avril 1828 (18).
— Rouen, 6 février 1840 (19). — Paris, 18 août 1834 (20).

---

(1) J. P., 40-1-686. — (2) D., 13-1-233; J. P., é. c. — (3) S., 26-2-23;
J. P., é. c. — (4) S., 25-2-420; J. P., é. c. — (5) D., 12-1-40; J. P., é. c.
— (6) S., 12-2-322; J. P., é. c. — (7) J. P., é. c. — (8) S., 28-2-128; J. P.,
é. c. — (9) S., 34-1-104. — (10) J. P., é. c. — (11) S., 26-1-400; D., 26-1-
281 ; J. P., é. c. — (12) S., 29-2-329. — (13) D., 32-2-12. — (14) S., 38-
1-78. — (15) Gaz. 13 septembre 1838. — (16) J. P., 39-1-304. — (17) S.,
29-2-164. — (18) S., 28-2-188. — (19) J. P., 40-1-451. — (20) S., 34-2-
616.

Parmi ces arrêts, plusieurs établissent, avec raison selon nous, une distinction entre le cas où le fonds consiste presque exclusivement dans des marchandises, et le cas où la vente a pour objet principal une clientelle, les marchandises devant être alors considérées seulement comme un accessoire dans le prix.

Doivent être considérés comme actes de commerce : 1° L'entreprise du nettoiement d'une ville. Turin, 26 février 1814 (1).

2° La cession par un associé à son coassocié, des droits actifs et passifs dans la liquidation à faire de la société qui a existé entre eux. Paris, 21 juillet 1836 (2). — C. C. R. R. Paris, 1837 (3).

La lettre de change est un acte de commerce, lors même qu'il serait prouvé qu'elle fait novation à une créance originairement civile. Colmar, 22 décembre 1815 (4).

L'énonciation valeur en marchandises, dans un billet à ordre, ne prouve pas que le signataire, non négociant, ait fait un acte de commerce. Angers, 11 juin 1824 (5).

Un billet payable dans un lieu autre que celui dans lequel il a été souscrit et où les fonds ont été remis, quoiqu'il ne soit pas rigoureusement une lettre de change, contient remise de place en place, et constitue un effet de commerce dont les souscripteurs et endosseur sont soumis à la contrainte par corps. Bourges, 4 décembre 1829 (6). — Lyon, 8 août 1827 (7). — Bruxelles, 17 février 1807 (8). — C. C. 1er mai 1809 (9). — Lyon, 30 août 1838 (10). — Bourges,

---

(1) J. P., é. c. — (2) Gaz. 30 septembre 1836. — (3) S., 37-1-1022. — (4) S., 16-2-68. — (5) S., 24-2-207; J. P., é. c. — (6) S., 30-2-84. — (7) S., 27-2-258. — (8) S., 7-2-702. — (9) S., 9-1-174. — (10) S., 39-2-292; D., 39-2-203.

19 mars 1839 (1). — Lyon, 16 août 1837 (2). Telle est
aussi la jurisprudence du tribunal de commerce de la Seine.
Le contraire a été jugé par les arrêts suivants : Lyon, 21
juin 1824. — Colmar, 14 janvier 1817 (3). — Bordeaux,
21 janvier 1836 (4). — Toulouse, 4 juillet 1835 (5). —
Limoges, 20 juillet 1837 (6). — Grenoble, 3 février 1836 (7).
— Colmar, 15 janvier 1838 (8). — Douai, 8 mars 1839 (9).
— Paris, 18 mai 1836 (10).

Il suffit qu'un billet à ordre soit souscrit à l'occasion d'un
acte de commerce, pour que le donneur d'aval soit contraignable par corps. (Le trésor public, C. Barbier. *Gaz.* du 19
juin 1833.) Grenoble, 24 janvier 1829 (11). — Bruxelles,
17 mars 1812 (12). — Paris, 6 juin 1839 (13).

L'aval peut d'ailleurs être donné par un endossement causé
valeur en garantie. Paris, jugem. 20 février 1834, *Gaz.* du
7 mars 1834.

Lorsque l'aval est donné par un acte séparé, il n'est pas
nécessaire qu'il spécifie exactement la valeur garantie ; il peut
être donné pour sommes prêtées ou qui pourront être prêtées par billets, lettres de change ou comptes courants, jusqu'à concurrence d'une somme de ……… C. C. Montpellier,
24 juin 1816 (14). Il a été, toutefois, jugé par la cour de
Paris le 12 avril 1834 (15), que l'on ne doit pas considérer
comme un aval, l'ouverture d'un crédit avec garantie chez un

---

(1) S., 39-2-464; D., 39-2-234. — (2) S., 38-2-296; D., 38-2-47; J. P.,
38-1-214. — (3) S., 18-2-125; J. P., é. c. — (4) D., 37-2-52. — (5) D., 36-
2-7. — (6) D., 39-2-277 ; J. P., 38-1-35. — (7) D., 37-2-51 ; J. P., 37-2-176.
— (8) D., 39-2-151. — (9) D., 40-2-28. — (10) Gaz. 10 octobre 1836. —
(11) S., 29-2-235 ; D., 29-2-113. — (12) S., 14-2-369; J. P., é. c. —
(13) Gaz. 31 juillet 1839. — (14) S... — (15) S., 34-2-296; D., 35-2-178.

banquier, dont on doit faire usage en traites, parce qu'aux termes de l'art. 142, C. comm., il faut que les lettres de change existent au moment de la garantie, et que par suite il n'y a pas lieu de prononcer la contrainte par corps.

Mais l'acte de cautionnement d'un engagement commercial contracté sous toute autre forme que celle d'une lettre de change ou d'un billet à ordre, n'entraîne pas la contrainte par corps. C. C. C. 21 juillet 1824 (1).—Paris, 12 avril 1834 (2). — C. C. C. Rouen, 20 août 1833 (3). — Poitiers, 29 juillet 1824 (4). L'opinion contraire a prévalu à la chambre des requêtes, le 23 juillet 1833 (5). Cependant, à défaut de texte précis qui autorise dans ce cas la contrainte par corps, nous pensons qu'il faut se renfermer dans les dispositions de l'art. 2060, C. civ., qui exige que la caution se soit soumise expressément à cette voie de contrainte.

Plusieurs arrêts ont déclaré que les acteurs sont justiciables du tribunal de commerce, et qu'ils peuvent être condamnés par corps à raison des engagements qu'ils contractent avec le directeur du théâtre. Paris, les 5 mai 1808 (6) — 21 mars 1816 (7) — 11 juillet 1825 (8) — 1er juillet 1832 — 24 janvier 1834 (9) — 27 juin 1840 (10). Cette doctrine ne nous paraît pas à l'abri de la critique. Les acteurs concourent, il est vrai, à l'exploitation du théâtre; mais ils y concourent en qualité de subordonnés et d'employés moyennant salaires ou appointements, et non en qualité d'associés : ils sont exploités avec le théâtre par le directeur, plutôt qu'ils n'exploi-

---

(1) S., 26-1-73 ; J. P., é. c. — (2) S., 34-2-296; D., 35-2-178. — (3) S., 33-1-743; D., 33-1-343. — (4) J. P., é. c. — (5) S., 33-1-877; Gaz. 4 septembre 1833 ; D., 33-1-314. — (6) J. P., é. c. — (7) J. P., é. c. — (8) S., 26-2-96; D., 25-2-218; J. P., é. c. — (9) S., 34-2-345; D., 34-2-102. — (10) J. P., 40-0-000.

tent le théâtre concurremment avec lui. Les directeurs de
théâtres doivent donc être traduits par eux devant le tribunal
de commerce; mais il ne saurait y avoir réciprocité. Ces
principes ont été consacrés par la cour de cassation, le 30
avril 1832 (1). Voyez aussi Pardessus, *Cours de droit
comm.*, t. I, n° 46; Vincens, *Législ. comm.*, t. I, p. 135;
Dall. alph., t. II, p. 93, t. III, p. 322, n° 5, p. 744, n° 13;
Bioche et Goujet, v° *Acte de comm.*, n° 132; Vivien et
Blanc, *Traité de la législ. des théât.*, n° 312; Favard,
v° *Trib. de comm.*

La contrainte par corps ne peut être prononcée pour dépens en matière de commerce. C. C. C. Aix, 14 novembre
1809 (2). — C. C. C. 14 avril 1817 (3). — C. C. C. 4 janvier
1825 (4). — C. C. E. 30 décembre 1828 (5).

Le failli doit être condamné par corps au payement des dividendes stipulés par son concordat. Bordeaux, 6 décembre
1837 (6). Il devrait en être autrement s'il avait été affranchi
de la contrainte par corps par son concordat. Les créanciers
pourraient cependant rentrer dans l'exercice de leurs droits
et actions, et notamment de cette voie de contrainte, en faisant
résilier le traité conclu avec leur débiteur pour cause d'inexécution. C. C. C. Agen, 9 décembre 1812 (7). — C. C. C.
Agen, 8 janvier 1814 (8).

La contrainte par corps ne doit pas être appliquée à un
failli concordataire, au profit de son syndic, pour les avances
qu'il a faites pendant sa gestion. Bordeaux, 8 janvier 1833 (9).

---

(1) y. P., é. c. — (2) S., 10-1-64. — (3) S., 17-1-225 ; D., 17-1-309; J.
P., é. c. — (4) S., 25-1-206 ; D., 25-1-12; J. P., J. P., é. c. — (5) S., 29-
1-156 ; D., 29-1-84. — (6) S., 39-2-134 ; D., 39-1-103. — (7) S., 13-1-181 ;
J. P., é. c. — (8) S., 14-1-142 ; J. P., é. c. — (9) D., 33-2-98.

Lorsqu'il y a plusieurs co-débiteurs solidaires, celui qui a acquitté la dette a, contre les autres co-débiteurs, la même voie de contrainte qui était exercée contre lui. **C. C. R. R.** Colmar 17 avril 1833 (1).

Il faut un pouvoir conçu en termes précis et positifs pour qu'un mandataire puisse soumettre son mandant à la contrainte par corps, en signant en son nom des lettres de change. Aix, 10 juin 1833 (2).

La contrainte par corps peut être prononcée contre un capitaine de navire pour indemnités dues à un passager à cause de relâche. Poitiers, 30 avril 1828 (3).

Il n'y a pas lieu de prononcer la contrainte par corps pour les honoraires du rapport d'un expert arbitre nommé par le tribunal de commerce. Paris, 12 juillet 1826 (4).

La contrainte par corps ne peut être prononcée que par le jugement de condamnation; elle ne peut l'être par un jugement postérieur. Paris, 22 octobre 1815 (5). — Rennes, 12 décembre 1816 (6). — Paris, 24 décembre 1839 (7).

(b) Lorsque la condamnation est prononcée en deniers ou quittances, la quotité de ce qui est dû restant incertaine et indéterminée, la contrainte par corps ne doit pas être accordée. Paris, 9 novembre 1837 (8).

La contrainte par corps doit être prononcée quoique la créance résulte de plusieurs titres réunis; Amiens, 16 décembre 1835 (9). — Grenoble, 26 juillet 1828; alors même que ces titres auraient été souscrits au profit de personnes

---

(1) S., 33-1-386. — (2) S., 33-2-643. — (3) S., 28-2-228. — (4) S., 27-2-129; D., 27-2-130. — (5) J. P., é. c. — (6) J. P., é. c. — (7) D., 40-2-83; J. P., 40-1-64. — (8) Gaz. 10 novembre 1837. — (9) S., 37-2-68; D., 37-2-114.

différentes, et qu'ils ne seraient devenus que plus tard la propriété du poursuivant. Bordeaux, 3 août 1836 (1).

On peut exercer la contrainte par corps pour une somme moindre que 200 fr., en vertu de condamnations prononcées antérieurement à la promulgation de la présente loi. Paris, 18 avril 1834 (2). — Paris, 25 avril 1834 (3).

On peut également l'exercer en vertu de condamnations prononcées sous l'empire de la présente loi, quoiqu'il ne soit plus dû qu'une somme inférieure à 200 francs, par suite d'à-compte payés. Paris, jugem., *Gaz.* du 8 septembre 1839.

(*L.* 17 *av.* 1832, 2.) Ne sont pas soumis à la contrainte par corps en matière de commerce : 1° les femmes et les filles non légalement réputées marchandes publiques (*a*) ; 2° les mineurs non commerçants, ou qui ne sont point réputés majeurs, pour fait de leur commerce ; 3° les veuves et héritiers des justiciables des tribunaux de commerce assignés devant ces tribunaux en reprise d'instance ou par action nouvelle en raison de leur qualité.

(*a*) Les conditions pour qu'une femme soit réputée marchande publique sont énoncées dans les articles 4 et 5 C. com., et 220 C. C.

L'art. 4 du Code de commerce, qui refuse à la femme mariée la qualité de commerçante si elle agit sans le consentement de son mari, ne dispense pas de se conformer aux prescrip-

---

(1) D., 37-2-115. — (2) S., 34-2-375. — (3) S., 34-2-494.

tions de l'art. 2 du même code, qui exige en outre, si elle est mineure, qu'elle ait préalablement été autorisée par son père, ou par sa mère en cas de décès, interdiction ou absence du père, ou à défaut du père et de la mère, par une délibération du conseil de famille, homologuée par le tribunal civil, et qui exige en outre que cet acte d'autorisation soit enregistré et affiché au tribunal de commerce du lieu où la mineure veut établir son domicile. Toulouse, 26 mai 1821 (1).

Le mari, obligé à raison des dettes contractées par sa femme qui fait un commerce, lorsqu'il y a communauté entre eux (5 C. com.), n'est pas contraignable par corps. Paris, 7 août 1832 (2). — Lyon, 26 juin 1822 (3).

(*L.* 17 *av.* 1832, 3.) Les condamnations prononcées par les tribunaux de commerce contre des individus non négociants, pour signatures apposées soit à des lettres de change réputées simples promesses, aux termes de l'art. 112 du Code de commerce, soit à des billets à ordre, n'emportent point la contrainte par corps, à moins que ces signatures et engagements n'aient eu pour cause des opérations de commerce, trafic, change, banque ou courtage.

(*L.* 17 *av.* 1832, 4.) La contrainte par corps en matière de commerce ne pourra être prononcée contre les débiteurs qui auront commencé leur soixante et dixième année.

---

(1) S., 22-2 36; J. P., é. c. — (2) S., 33-2-52. — (3) S., 23-2-288 ; J. P., é. c.

Les art. 2066 C. C., 12 et 18 de la présente loi, contiennent des dispositions parcilles pour les dettes civiles et à l'égard des étrangers. Cette disposition a aussi été étendue, mais modifiée, aux condamnations en matières criminelle, correctionnelle et de police, par l'art. 40 de la même loi.

Pour le cas où les débiteurs ont atteint leur soixante-dixième année depuis la condamnation, voyez art. 6 et 18 de la présente loi.

(*L. 17 av.* 1832, 19.) La contrainte par corps n'est jamais prononcée contre le débiteur au profit, 1° de son mari ni de sa femme; 2° de ses ascendants, descendants, frères ou sœurs, ou alliés au même degré. — Les individus mentionnés dans les deux paragraphes ci-dessus, contre lesquels il serait intervenu des jugements de condamnation par corps, ne pourront être arrêtés en vertu desdits jugements; s'ils sont détenus, leur élargissement aura lieu immédiatement après la promulgation de la présente loi.

Voir le commentaire de cet article, page 51.

(*L. 17 av.* 1832, 20.) Dans les affaires où les tribunaux civils ou de commerce statuent en dernier ressort, la disposition de leur jugement relative à la contrainte par corps sera sujette à l'appel; cet appel ne sera pas suspensif.

Voir le commentaire de cet article, page 15.

(*C. comm.*, 209.) Les adjudicataires des navires de

tout tonnage seront tenus de payer le prix de leur adjudication dans le délai de vingt-quatre heures, ou de le consigner sans frais au greffe du tribunal de commerce, à peine d'y être contraints par corps. A défaut de payement ou de consignation, le bâtiment sera remis en vente, et adjugé trois jours après une nouvelle publication et affiche unique, à la folle enchère des adjudicataires, qui seront également contraints par corps pour le payement du déficit, des dommages, des intérêts et des frais.

CHAPITRE IV.

DE LA CONTRAINTE PAR CORPS EN MATIÈRE CRIMINELLE, CORRECTIONNELLE ET DE POLICE.

(52-467-469-46, C. pén.; 80-120-157-171-355-356-452-454-456, C. inst. crim.; 39-40-41-19, L. 17, av. 1832; 211, C. forest.; 77, L. pêche fluv.)

SOMMAIRE.

Code pénal.

Condamnations qui entraînent la contrainte par corps en matière de crimes et de délits, 52.

Condamnations qui entraînent la contrainte par corps en matière de contraventions, 467-469.

Cautions des personnes mises sous la surveillance de la police et qui ont obtenu leur liberté sous caution, 46.

Code d'instruction criminelle.

Cautions des prévenus mis en liberté provisoire, 120.

Témoins cités en justice et non comparants, 80-157-171-355-356.

Apport des pièces de comparaison pour instruire les plaintes en faux, 452-454-456.

7.

Loi du 17 avril 1832. (Nota.)

Fixation de la durée de l'emprisonnement pour les condamnations au-dessous de 300 fr. prononcées au profit de particuliers, 39.

Fixation de la durée de l'emprisonnement pour les condamnations au-dessus de 300 fr., soit au profit de l'état, soit au profit de particuliers, 40.

Personnes contre lesquelles la contrainte par corps ne peut pas être prononcée, 4119.

Code forestier.

Condamnations qui entraînent la contrainte par corps en matière de délits forestiers, 211.

Loi sur la pêche fluviale.

Condamnations qui entraînent la contrainte par corps en matière de délits concernant la pêche fluviale, 77.

(*C. pén.*, 52.) L'exécution des condamnations à l'amende, aux restitutions, aux dommages-intérêts et aux frais (*pour crimes et délits*), pourra être poursuivie par la voie de la contrainte par corps (*a*).

(*a*) Cet article ne peut être invoqué que lorsque les réparations accordées sont la conséquence d'une condamnation prononcée par un tribunal criminel. Mais quand le fait qui est reconnu avoir causé le préjudice est dépouillé du caractère criminel, les réparations civiles auxquelles il peut donner lieu rentrent dans la classe des dommages-intérêts qui sont adjugés en matière civile, et ne peuvent, quel que soit le tribunal qui les prononce, entraîner la contrainte par corps que dans les cas spécifiés par la loi civile. Douai, 29 juillet 1839 (1).

Lorsque, sur la demande d'un accusé acquitté, une cour d'assises déclare que la dénonciation était calomnieuse, la cour

(1) D. 40-2-34 ; J. P., 39-2-466 ; Gaz. 2 août 1839.

doit être considérée comme ayant statué en matière criminelle, et les exceptions spécifiées dans l'art. 2066 C. C. ne
peuvent pas être invoquées. C. C. R., 31 mai 1816 (1).

La contrainte par corps a lieu de plein droit en vertu des
condamnations prononcées en matière criminelle. Caen, 23
février 1825 (2).—C. C., 14 juillet 1827 (3). Elle est une suite
nécessaire de la condamnation, sans qu'il soit besoin de la
prononcer. C. C. C. Colmar, 14 février 1832 (4).— Caen, 15
avril 1812 (5).—Bordeaux, 15 novembre 1828 (6). Elle peut
être exercée contre les femmes, C. C. R. Montpellier, 31 mai
1816 (7), alors même qu'elles sont mariées sous le régime
de la communauté. Douai, 7 juin 1837 (8). Les plaignants
comme les accusés sont également soumis à cette disposition ;
la loi ne distingue pas. Bordeaux, 15 novembre 1828 (9).

La lecture à l'audience, et l'insertion du texte de la loi dans
l'arrêt, ne sont exigées qu'à l'égard des dispositions pénales,
et non à l'égard des lois qui autorisent la contrainte par corps.
C. C. R., 3 décembre 1836 (10).

(*C. pén.*, 467.) La contrainte par corps a lieu
pour le payement de l'amende (*par suite de contra-
vention de police*); *néanmoins le condamné ne pourra
être, pour cet objet, détenu plus de quinze jours, s'il
justifie de son insolvabilité.*

La dernière disposition de cet article se trouve abrogée
par les art. 35 et suiv. de la loi du 17 avril 1832.

---

(1) S., 16-1-171; D., 16-1-513 ; J. P., é. c.—(2) S., 26-2-285; D., 26-2-
213; J. P., é. c. — (3) S., 27-1-532; D., 27-1-304.— (4) D., 32-1-102. —
(5) S., 12-2-334; J. P., é. c. — (6) S., 29-2-117; D., 29-2-145. — (7) S.,
16-1-171; D., 16-1-513; J. P., é. c. — (8) S., 38-2-528; D., 39-2-12. —
(9) S., 29-2-117; D., 29-2-145. —(10) D., 37-1-473; J. P., 38-1-37.

(*C. pen.*, 469.) Les restitutions, indemnités et frais entraîneront la contrainte par corps, *et le condamné gardera prison jusqu'à parfait payement. Néanmoins, si ces condamnations sont prononcées au profit de l'État, les condamnés pourront jouir de la faculté accordée par l'article 467, dans le cas d'insolvabilité prévu par cet article.*

Les dispositions de cet article, autres que celle qui prononce la contrainte par corps, se trouvent abrogées par les art. 35 et suiv. de la loi du 17 avril 1832.

(*C. pén.*, 46.) Lorsque la personne mise sous la surveillance spéciale du gouvernement, et ayant obtenu sa liberté sous caution, aura été condamnée par un arrêt ou jugement devenu irrévocable pour un ou plusieurs crimes, ou pour un ou plusieurs délits commis dans l'intervalle déterminé par l'acte de cautionnement, les cautions seront contraintes, même par corps, au payement des sommes portées dans cet acte. Les sommes recouvrées seront affectées de préférence aux restitutions, aux dommages-intérêts et frais adjugés aux parties lésées par ces crimes ou ces délits.

(*C. inst. crim.*, 80.) Toute personne citée pour être entendue en témoignage (*en matière criminelle*), sera tenue de comparaître et de satisfaire à la citation; sinon elle pourra y être contrainte par le juge d'instruction, qui à cet effet, sur les conclusions du procu-

reur du roi, sans autre formalité ni délai, et sans
appel, prononcera une amende qui n'excédera pas
cent francs, et pourra ordonner que la personne citée
sera contrainte par corps à venir donner son témoignage.

(*C. inst. crim.*, 120.) La caution admise (*lorsqu'il
y a lieu d'accorder la liberté provisoire sous caution*)
fera sa soumission, soit au greffe du tribunal, soit
devant notaires, de payer entre les mains du receveur de l'enregistrement le montant du cautionnement en cas que le prévenu soit constitué en défaut de se représenter ; cette soumission entraînera
la contrainte par corps contre la caution ; une expédition en forme exécutoire en sera remise à la partie
civile avant que le prévenu soit mis en liberté provisoire.

(*C. inst. crim.*, 157.) Les témoins qui ne satisfe-
ront point à la citation (*devant le juge de paix tenant
l'audience du tribunal de police*) pourront y être contraints par le tribunal, qui, à cet effet, et sur la réquisition du ministère public, prononcera, dans la même
audience, sur le premier défaut l'amende, et en cas
d'un second défaut, la contrainte par corps.

(*C. inst. crim.*, 171.) Le maire (*lorsqu'il tiendra
l'audience du tribunal de police*) donnera son audience dans la maison commune ; il entendra publi-
quement les parties et les témoins. Seront au surplus

observées les dispositions des art...., 157,.... concernant l'instruction et les jugements au tribunal du juge de paix.

(*C. inst. crim.*, 355.) Si, à raison de la non-comparution d'un témoin (*dans les causes soumises au jury*), l'affaire est renvoyée à la session suivante, tous les frais de citation, actes, voyages de témoins et autres ayant pour objet de faire juger l'affaire, seront à la charge de ce témoin, et il y sera contraint même par corps, sur la réquisition du procureur-général, par l'arrêt qui renverra les débats à la session suivante; le même arrêt ordonnera de plus que ce témoin sera amené par la force publique devant la cour pour y être entendu; et néanmoins dans tous les cas le témoin qui ne comparaîtra pas ou qui refuserait de prêter serment, soit de faire sa déposition, sera condamné à la peine portée en l'art. 80.

(*C. inst. crim.*, 356.) La voie de l'opposition sera ouverte contre ces condamnations dans les dix jours de la signification qui en aura été faite au témoin condamné ou à son domicile, outre un jour par cinq myriamètres, et l'opposition sera reçue s'il prouve qu'il a été légitimement empêché, ou que l'amende contre lui prononcée doit être modérée.

(*C. inst. crim.*, 452.) Tout dépositaire public ou particulier de pièces arguées de faux est tenu, sous peine d'y être contraint par corps, de les remettre sur l'ordonnance donnée par l'officier du ministère public ou par le juge d'instruction. Cette ordonnance et l'acte de dépôt lui serviront de décharge envers tous ceux qui auront intérêt à la pièce.

(*C. inst. crim.*, 454.) Tous dépositaires pourront être contraints, même par corps, à fournir les pièces de comparaison qui sont en leur possession ; l'ordonnance par écrit et l'acte de dépôt leur serviront de décharge envers ceux qui pourraient avoir intérêt à ces pièces.

(*C. inst. crim.*, 456.) Les écritures privées peuvent aussi être produites pour pièces de comparaison et être admises à ce titre si les parties intéressées les reconnaissent. Néanmoins les particuliers qui, même de leur aveu, en sont possesseurs, ne peuvent être immédiatement contraints à les remettre ; mais si, après avoir été cités devant le tribunal pour faire cette remise ou déduire les motifs de leur refus, ils succombent, l'arrêt ou le jugement pourra ordonner qu'ils y seront contraints par corps.

Nota. Lorsque les condamnations pécuniaires au-dessous de 300 fr., pour crimes, délits et contraventions, sont prononcées au profit de particuliers, la durée de la contrainte doit, aux termes de l'art. 39 de la loi du 17 avril 1832, être déterminée par le jugement de condamnation dans les limites de six mois à cinq ans.

D'après l'art. 40 de la même loi, la durée de la contrainte par corps doit être fixée dans les limites d'un an à dix ans

pour les condamnations pécuniaires au-dessus de 300 fr.,
soit au profit de l'État, soit au profit de particuliers.

Enfin, l'art. 41 rend applicable aux condamnations criminelles, correctionnelles et de police, l'art. 19 de la même
loi, qui est ainsi conçu : « La contrainte par corps n'est ja-
« mais prononcée contre le débiteur au profit, 1° de son
« mari ni de sa femme ; 2° de ses ascendants, descendants,
« frères ou sœurs, ou alliés au même degré. Les individus
« mentionnés dans les deux paragraphes ci-dessus, contre
« lesquels il serait intervenu des jugements de condamnation
« par corps, ne pourront être arrêtés en vertu desdits juge-
« ments : s'ils sont détenus, leur élargissement aura lieu im-
« médiatement après la promulgation de la présente loi. »

Voy. dans la seconde partie de l'ouvrage le commentaire
de ces articles. On y verra aussi la durée de l'emprisonnement pour les condamnations au profit de l'État à des sommes inférieures à 300 fr.

(*C. for.*, 211; *L. pêche fluv.*) L'exercice de la contrainte par corps a été autorisé pour l'exécution des
condamnations prononcées en matière de délits forestiers, par l'art. 211 du Code forestier, et pour l'exécution des condamnations prononcées en matière de délits concernant la pêche fluviale, par l'article 77 de
la loi sur la pêche fluviale.

Voy. dans la seconde partie de l'ouvrage le texte de ces
articles. On y verra également la durée de l'emprisonnement
pour les condamnations auxquelles ils peuvent donner lieu.

DEUXIÈME PARTIE.

DE L'EMPRISONNEMENT.

TITRE I.

DE L'EMPRISONNEMENT EN MATIÈRE CIVILE ET COMMERCIALE.

CHAPITRE I.

DISPOSITIONS GÉNÉRALES.

(2067-2068, C. civ.; 552, C. proc.; 20, L. 17 av. 1832; 2069, C. civ.)

SOMMAIRE:

Titre en vertu duquel la contrainte par corps peut être exercée, 2067-2068, C. civ.; 552, C. proc.
Faculté d'appeler des jugements en dernier ressort, 20, L. 17 av. 1832.
Concours de l'emprisonnement et de l'exécution sur les biens, 2069, C. civ.
Institution des gardes du commerce, 625, C. comm.

(*C. civ.*, 2067.) La contrainte par corps, dans les cas même où elle est autorisée, ne peut être appliquée qu'en vertu d'un jugement.

Voir le commentaire de cet article, page 1.

(*C. civ.*, 2068.) L'appel ne suspend pas la contrainte par corps prononcée par un jugement exécutoire en donnant caution.

8

On ne peut mettre à exécution, en ce qui concerne la
contrainte par corps, un jugement exécutoire par provision, sans donner caution. Cet article n'a pas été abrogé
par l'article 135 du Code de procédure civile. Rennes, 6
avril 1835 (1). — Pau, 24 juillet 1823 (2).

Lorsque le tribunal n'a pas subordonné l'exécution provisoire à un cautionnement préalable, la partie poursuivie peut
demander des défenses à la cour, en vertu de l'art. 459 du
Code de procédure. Arrêt de Rennes, ci-dessus.

Voyez art. 20 de la loi du 17 avril 1832.

(*C. proc.*, 552.) La contrainte par corps pour objet susceptible de liquidation ne pourra être exécutée
qu'après que la liquidation aura été faite en argent.

(*L. 17 av.* 1832, 20.) Dans les affaires où les tribunaux civils ou de commerce statuent en dernier
ressort, la disposition de leur jugement relative à la
contrainte par corps sera sujette à l'appel ; cet appel
ne sera pas suspensif.

Voir le commentaire de cet article, page 15.

(*C. civ.*, 2069.) L'exercice de la contrainte par
corps n'empêche ni ne suspend les poursuites et les
exécutions sur les biens.

(*C. comm.*, 625.) Il sera établi, pour la ville de
Paris seulement, des gardes du commerce pour l'exé-

_____

(1) D., 35.2 192. — (2) J. P., é. c.

cution des jugements emportant la contrainte par corps ; la forme de leur organisation et leurs attributions seront déterminées par un règlement particulier.

Les gardes du commerce ont été institués par un décret du 14 mars 1808 , dont le texte est à la fin de cet ouvrage.

CHAPITRE II.

DE L'ARRESTATION.

§ 1. *Procédure à observer pour arriver à l'arrestation.*

(780-784, C. procéd.)

SOMMAIRE.

Commandement, 780.
Péremption du commandement, 784.

(*C. proc.*, 780.) Aucune contrainte par corps ne pourra être mise à exécution qu'un jour (*a*) après la signification avec commandement du jugement qui l'a prononcée (*b*). Cette signification sera faite par un huissier commis par ledit jugement (*c*), ou par le président (*d*) du tribunal de première instance du lieu où se trouve le débiteur. La signification contiendra aussi élection de domicile dans la commune où siége le tribunal qui a rendu ce jugement (*e*), si le créancier n'y demeure pas.

(*a*) Le jour doit être franc ; il ne suffirait pas d'attendre vingt-quatre heures. A quelque heure que le commandement ait été signifié, l'on ne peut jamais procéder à l'arrestation que le surlendemain. Rouen, 17 juin 1818 (1). C'est par erreur que la même cour a motivé un arrêt du 27 juillet 1813 (2), sur le défaut d'indication de l'heure dans le commandement.

Si avant la péremption de ce commandement (784, C. procéd.), le créancier en signifie un second, il n'est pas obligé d'attendre, pour faire faire l'arrestation, le délai d'un jour à partir de cette seconde signification. Il peut faire arrêter son débiteur le jour même. Bruxelles, 29 juin 1808 (3).

(b) Les copies tenant lieu d'original aux parties qui les reçoivent, les irrégularités qui s'y trouvent suffisent pour en faire prononcer la nullité, encore bien qu'elles ne soient pas reproduites dans l'original. Paris, 17 décembre 1817 (4).

Les actes du ministère des huissiers sont nuls s'ils n'ont pas été enregistrés. (34, L. du 22 frim. an VII.) C. C., 1er février 1816 (5). — C. C., 16 janvier 1824 (6). — Toulouse, 21 mai 1824 (7).

Aux termes de l'art. 2067 C. C., la contrainte par corps ne peut être appliquée qu'en vertu d'un jugement, ainsi que nous l'avons vu dans le chapitre précédent.

Les actes de procédure et d'exécution qui ont été faits en vertu d'un jugement par défaut, ne doivent pas être nécessairement recommencés après un jugement de débouté d'opposition. Il suffit de faire signifier le jugement de débouté pour pouvoir suivre sur cette exécution, lors même qu'il s'agit

---

(1) S., 19-2-136; D., 18-2-29; J. P., é. c. — (2) S., 14-2-155; J. P., é. c. — (3) S., 11-2-468; D., 9-2-77. — (4) S., 18-2-227. — (5) S., 17-1-67.— (6) S., 24-1-229; J. P., é. c. — (7) S., 26-2-210; D., 26-2-46; J. P., é. c.

d'exercer la contrainte par corps. L'opposition au jugement par défaut suspend seulement l'exécution au point où elle avait été amenée, et le jugement de débouté, en levant cette suspension, rend toute leur force au jugement par défaut et aux actes légaux dont il a été suivi. Rouen, 9 janvier 1826 (1). —C. C., 9 mai 1823 (2). — Aix, 9 novembre 1822 (3). La cour de Caen et celle de Limoges ont décidé au contraire, avec raison selon nous, que l'on ne pouvait pas suivre sur la signification avec commandement d'un jugement par défaut; qu'il fallait réitérer cette signification avec celle du jugement de débouté, parce que ces deux jugements se tiennent et s'identifient de manière à ne former qu'un seul et même titre. Caen, 14 décembre 1824 (4). — Limoges, 26 mai 1823 (5). — Coin de Lisle, *Traité de la contrainte par corps.* — Bioche et Goujet, *Dict. de Proc.,* v° *Contrainte par corps.*

Il n'est pas nécessaire de réitérer le commandement après un arrêt qui déclare l'appel non recevable, comme formé tardivement. On peut exercer la contrainte par corps par suite du commandement précédemment signifié, sans qu'il y ait lieu d'observer aucun nouveau délai. Bruxelles, 22 juillet 1819 (6).

Il n'est pas non plus nécessaire de réitérer, après le jugement qui a statué sur l'opposition à l'ordonnance d'exequatur, le commandement signifié antérieurement. Paris, 14 novembre 1825 (7).

Il a cependant été jugé par la même cour, le 30 novembre 1836 (8), que le jugement qui rejette une opposition à une

---

ʃ (1) S., 27-2-30. — (2) S., 23-1-347; J. P., é. c. — (3) J. P., é. c. — (4) J. P., é. c. — (5) S., 23-2-272; D., 23-2-72; J. P., é. c. — (6) J. P., é. c. — (7) J. P., é. c. — (8) S., 37-2-40; D., 37-2-56.

ordonnance d'exequatur fait partie du titre et doit être signifié avec la sentence en tête du commandement.

La même cour a encore jugé, le 17 septembre 1829 (1), qu'il n'y a pas obligation de signifier l'acte d'acquiescement en même temps que le jugement, lors même que le jugement, étant rendu depuis plus de six mois, serait périmé si n'était l'acquiescement du débiteur. Cette dernière question ne présente pas d'intérêt, car la jurisprudence considère comme nul l'acte d'acquiescement en ce qui concerne la contrainte par corps. Voyez art. 2067 C. C.

Lorsqu'une ordonnance de référé a ordonné la discontinuation des poursuites, un commandement signifié ultérieurement, mais avant que la reprise des poursuites ait été autorisée, ne peut servir de base à l'exercice de la contrainte par corps. C. C. C. Metz, 16 décembre 1839 (2). — Nancy, 29 mai 1840 (3).

La signification du jugement est nulle si elle ne contient pas la copie entière du jugement, et cette nullité entraîne celle de l'emprisonnement. Nîmes, 22 mars 1813 (4).

Cette signification est également nulle si elle est illisible. Paris, jugem. 16 octobre 1839. *Gaz.*, 17 octobre 1839.

La signification du jugement qui doit être faite avec commandement, ne dispense pas de la signification ordinaire, qui doit précéder l'exécution de tout jugement. Nancy, 23 juillet 1813 (5).

Il n'est pas nécessaire d'ailleurs que la signification du jugement et le commandement prescrit par cet article soient faits par un seul et même acte. Limoges, 18 janvier 1811 (6).

---

(1) S., 30 2-41 ; D., 30-2-26. — (2) D., 40-1-64 ; J. P., 39-2-630. — (3) S., 40-2-187. — (4) S., 14-2-278 ; J. P., é. c. — (5) J. P., é. c. — (6) S., 15-2-190.

Le défaut de mention, dans le commandement, de la somme pour laquelle la condamnation a été prononcée, ne rend pas nulle cette signification. Paris, jugem. *Gaz.*, 5 janvier 1839, 1839.

Cette signification peut être faite au parquet du procureur du roi, si le domicile du débiteur est inconnu. Metz, 30 décembre 1817 (1).

(*c*) Les tribunaux de commerce peuvent, comme les tribunaux civils, commettre par leur jugement un huissier pour signifier la contrainte. Toulouse, 28 juillet 1824 (2).—Lyon, 22 août 1826 (3). — Aix, 23 août 1826 (4). — Lyon, 23 mai 1827 (5). — Douai, 19 février 1828 (6). — Douai, 23 novembre 1839 (7). Le contraire avait été jugé par la cour de Toulouse le 21 mai 1824 (8). Toutefois la cour manifesta dans son arrêt même des doutes sur la solution de la question, et elle accueillit avec empressement un autre moyen de nullité, tiré du défaut d'enregistrement de l'écrou, pour prononcer l'élargissement du détenu. La cour de Lyon avait aussi adopté cette dernière opinion par son arrêt du 10 avril 1826 (9). Mais il est à remarquer que l'arrêt du 22 août de la même année, qui décide, au contraire, que les tribunaux de commerce ont le droit de commettre un huissier pour signifier le jugement, a été rendu par la même chambre, sous la présidence du même magistrat; nous devons faire observer cependant que le jugement qui lui était déféré dans ce dernier cas émanait d'un tribunal civil jugeant commercialement, et que

---

(1) J. P., é. c. — (2) S., 26-2-210; D., 26-2-47; J. P., é. c. — (3) S., 27-2-23; D., 27-2-26; J. P., é. c. — (4) S., 27-2-78; D., 27-2-145. — (5) S., 27-2-168; D., 27-2-145. — (6) S., 28-2-105. — (7) D., 40-2-115. — (8) S., 26-2-210; D., 26-2-46; J. P., é. c. — (9) S., 26-2-211; D., 26-2-189.

la cour a en quelque sorte éludé la question, en basant sa décision sur ce que l'attribution des affaires commerciales aux tribunaux civils ne les dépouillait pas de leur caractère et de leurs fonctions. Ce motif, qui nous paraît, au reste, contraire à la non-dépendance des juridictions, pourrait faire supposer que la cour aurait décidé différemment si le jugement avait été l'œuvre d'un tribunal consulaire.

Nous ne voyons pas, quant à nous, pourquoi les tribunaux de commerce seraient privés de ce droit de nomination. Il n'y a rien là qui touche à l'exécution du jugement. On ne peut dire qu'un tribunal statue sur l'exécution de son jugement, que lorsqu'une difficulté est née entre les parties après le jugement rendu et que le tribunal est appelé à prononcer de nouveau, ou lorsqu'il prescrit, par une décision anticipée, un acte qui ne peut être fait qu'en vertu d'un jugement. Rien de semblable ne se rencontre dans le committitur d'un huissier. Ce n'est qu'une disposition conforme aux prescriptions de la loi, pour régulariser la procédure, dans la prévision d'un mode d'exécution. La généralité des termes de l'art· 780 ne nous semble, d'ailleurs, permettre aucune espèce de distinction.

Voyez cependant, à l'appui de l'opinion contraire, Orléans, 26 décembre 1810 (1); — Carré, *Lois de la procéd.*, t. III, p. 60 ; — Favard, *Nouveau répert.*, v° *Contrainte par corps* ; — Delaporte, t. II, p. 352.

Les tribunaux peuvent commettre un huissier immatriculé hors de leur arrondissement. Douai, 19 février 1828 (2).

L'huissier commis qui a fait des significations nulles, peut les recommencer sans qu'il ait besoin d'obtenir une nou-

_____

(1) S., 15-2-208. — (2) S., 28-2-105.

velle commission. C. C. C. Bordeaux, 26 novembre 1810 (1).

Lorsque c'est un magistrat autre que le président qui signe l'ordonnance de committitur, il y a obligation de mentionner l'empêchement du président. Le requérant ne doit pas pouvoir s'adresser au juge de son choix ; il y aurait quelque chose qui, sans que nous ayons la pensée de supposer le caractère du magistrat compromis, altérerait la spontanéité et en quelque sorte l'indépendance de l'acte judiciaire ; ce serait d'ailleurs une atteinte portée à la hiérarchie. Dans les circonstances ordinaires, l'inobservation de cette formalité ne pourrait pas être invoquée comme un moyen de nullité, parce que la loi n'y a pas attaché cette pénalité. Toulouse, 13 juillet 1827 (2). Mais en matière d'emprisonnement, où toutes les prescriptions sont rigoureuses, la nullité résulte, indépendamment de toute considération, de la prescription même de la loi. Toulouse, 1er septembre 1824 (3).

. Les ordonnances de commission d'huissier doivent être signées par le président et par le greffier, qui doit en rester dépositaire. L'usage dans lequel on est de remettre aux mains des parties les ordonnances signées seulement par le président est, selon nous, un abus contraire à la dignité du juge, ainsi qu'à l'esprit et au texte même de l'art. 1040 du C. de procéd. Le greffier doit assister le juge dans tous ses actes, et conserver les minutes. Le juge peut seulement, pour sauver aux parties les lenteurs de l'expédition, autoriser par une disposition l'exécution de l'ordonnance sur la minute, mais à la charge de la rétablir au greffe aussitôt après. L'absence du greffier ne nous paraît excusable que lorsque l'ordonnance n'est pas signée au lieu où siége le tribunal, parce

---

(1) S., 12-1-183. — (2) S., 27-2-260. — (3) S., 25-2-158 ; D., 25-2-133 ; J. P., é. c.

qu'il y a urgence. Riom , 3 août 1837 (1). — Nîmes, 4 mai
1824 (2). — Toulouse, 17 juin 1822 (3). — Toulouse, 13
janvier 1823 (4). Encore faut-il que l'urgence soit constatée
dans l'ordonnance (811 procéd.). Toulouse, 13 juillet
1827 (5).—1er septembre 1824 (6), et 13 janvier 1823 (7). Or
une ordonnance qui commet un huissier pour la signification d'une contrainte, n'a pas le caractère d'urgence voulu
par la loi. Toulouse, 17 juin 1822 (8).

   Cette ordonnance n'a pas besoin d'être revêtue de la forme
exécutoire. Montpellier, 22 août 1827 (9). On pourrait citer
pour l'opinion contraire un arrêt de Toulouse du 30 mars
1824 (10).

   Il faut entendre par les expressions de l'article que l'huissier doit être désigné par le président du tribunal du lieu où
se trouve le débiteur au moment où l'ordonnance est signée,
et non par celui du lieu de son domicile. Toulouse, 28 juillet 1828 (11). La même cour a mis depuis cette restriction, qu'il fallait que le débiteur y résidât depuis un temps
moral ; qu'il ne suffisait pas qu'il y fût instantanément.
Arrêt du 11 août 1828 (12). Il a été jugé par la cour
d'Aix, le 25 juin 1825 (13), que cette nomination devait
être faite par le président du tribunal du lieu de la capture ; mais la cour nous paraît avoir ajouté en cela aux
dispositions de la loi.

   (e) L'élection de domicile ne pourrait pas être faite dans la
commune où siége le tribunal qui doit connaître de l'exécution. Montpellier, 22 août 1827 (14).

---

(1) S., 38-2-116 ; D., 38-2-101 ; J. P., 38-2-329. — (2) J. P., é. c. —
(3) J. P., é. c. — (4) J. P., é. c. — (5) S., 27-2-260. — (6) S., 25-2-158;
D., 25-2-133 ; J. P., é. c. — (7) J. P., é. c. — (8) J. P., é. c. — (9) S.,
28-2-40. — (10) J. P., é. c. — (11) S., 28-2-350 ; D., 29-2-27. (12) — S.,
30-2-103; D., 30-2-142. — (13) J. P., é. c. — (14) S., 28-2-40.

Lorsque le jugement est exécutoire par provision, l'appel est recevable jusqu'à l'expiration des trois mois à partir de la signification du jugement, quoique le débiteur ait été emprisonné dans l'intervalle, sans qu'il ait formulé aucune protestation ni réserve. C. C. C. 19 avril 1830 (1).

Il en est de même lorsque l'emprisonnement a eu lieu en vertu d'un jugement qui a prononcé l'exécution provisoire hors des cas prévus par la loi, quoique le débiteur puisse, dans ce cas, obtenir des défenses à la cour. Même arrêt.

L'arrestation est nulle si elle a été faite en vertu d'un jugement exécutoire nonobstant appel, mais à la charge de donner caution, sans avoir été précédée de la sommation prescrite par l'art. 440 C. procéd. à l'effet de mettre la partie en demeure de prendre connaissance des titres fournis par la caution. Paris, 20 octobre 1813 (2).

L'apposition du sceau du tribunal sur les expéditions des jugements n'est pas une formalité substantielle dont l'inobservation puisse empêcher l'exécution du jugement. Lyon, 7 mai 1825 (3). Le contraire a été jugé par la cour de Rouen, le 4 février 1819 (4). Ce dernier arrêt est motivé sur les dispositions de l'acte du gouvernement du 21 pluviôse an XII.

Les décisions judiciaires peuvent être mises à exécution en vertu de la formule en vigueur à l'époque où la décision a été rendue, quoique une nouvelle formule ait été décrétée depuis. Riom, 25 novembre 1830 (5). Voyez *Circul. du min. de la just. du* 20 décembre 1830.

Le tribunal de Bordeaux a prononcé la nullité d'un empri-

---

(1) S., 30-1-198. — (2) S., 14-2-129; J. P., é. c. — (3) S., 25-2-300. — (4) S., 19-2-212; D., 19-2-32; J. P., é. c. — (5) S., 33-2-479; D., 33-2-215.

sonnement fait en vertu de la grosse d'un jugement qui portait pour intitulé « ... *A tous présents et à venir, salut* », en décidant que l'intitulé devait être « ... *A tous ceux qui ces présentes verront*, aux termes des art. 545 et 546 du C. procéd. et du sénatus-cons. du 28 floréal an XII. *Gaz.* du 2 février 1834.

Il a été jugé par la cour de Paris, les 17 septembre 1829 (1) et 12 mars 1839 (2), que l'emprisonnement est nul s'il est fait à la requête d'un créancier qui aurait cédé sa créance, lors même que le cessionnaire n'aurait pas fait notifier son transport. Cet arrêt est en contradiction, quant à ses motifs du moins, avec un autre arrêt rendu par la même cour le 15 octobre 1829 (3), par lequel elle a déclaré valables des consignations d'aliments faites au nom d'un créancier qui avait aussi cédé précédemment sa créance par un transport non encore signifié (voyez aussi *Gaz.* du 18 septembre 1836). Dans le premier cas, la cour n'a plus vu dans l'incarcérateur un créancier, mais seulement un prête-nom ; dans le second cas, au contraire, la cour a déclaré que le cédant était resté créancier vis-à-vis du débiteur jusqu'à la signification du transport.

Nous ne pensons pas que les arrêts des 17 septembre 1829 et 12 mars 1839 doivent faire jurisprudence. Le débiteur ne change pas de créancier tant qu'un transport ne lui a pas été notifié. En effet, aux termes de l'art. 1689 C. C., jusqu'à la signification du transport, la mutation de propriété ne s'opère qu'entre le cédant et le cessionnaire. Le sens de cet article se trouve suffisamment expliqué par l'art. 1691, qui

---

(1) S., 30-2-41 ; D., 30-2-26. — (2) D., 39-2-87 ; J. P., 39-1-276 ; Gaz. 27 mars 1839. — (3) S., 30-2-30.

déclare valable les payements faits au titulaire jusqu'au moment où cette signification lui est faite; et par l'art. 1295, qui prescrit la compensation jusqu'à la signification du transport que l'une des parties fait à un tiers de ses droits. La cour de Paris a même décidé, le 28 février 1825, que le cessionnaire d'une créance sur son propre créancier ne pouvait acquérir le bénéfice de la compensation que par la notification du transport; d'où la conséquence que le cédant conserve sa qualité de créancier, et que cette signification seule la lui fait perdre pour en investir le cessionnaire. Nous serions disposé à penser, quoique la cour ne se soit pas expliquée à cet égard, que dans la cause jugée par l'arrêt du 17 novembre, elle a pu être impressionnée d'une manière fâcheuse par des circonstances particulières.

Quel que soit l'intérêt qu'inspire la position d'un détenu, un accord entre le cédant et le cessionnaire de la créance ne nous paraîtrait pas suffisant pour faire fléchir les principes, à moins que le détenu ne prouve qu'il avait des exceptions à faire valoir vis-à-vis du cessionnaire déguisé, à moins qu'il n'y ait dol; comme, par exemple, dans la cause d'entre Fonade et Artigues, jugée par la cour de Toulouse le 14 décembre 1813 (1), dans laquelle la cour, en annulant l'emprisonnement de Fonade à la requête d'Artigues, a annulé en même temps et comme conséquence la recommandation faite à la requête d'un nommé Caston, parce que ce dernier agissait pour le compte d'Artigues, à qui il avait cédé sa créance en demeurant son prête-nom. En effet, c'est un point de jurisprudence constant, que la simulation dans les actes ne les rend nuls qu'autant qu'elle

---

(1) S., 25-2-413.

fait fraude à la loi : *Si dolus probatur, cessat lex.* La validité
des poursuites exercées à la requête d'un prête-nom a même
été consacrée par la cour de cassation les 15 juin (1) et
7 avril 1813 (2). Les faits relatifs à l'arrêt de 1839 présentaient,
au reste, cette circonstance particulière, que le créancier ori-
ginaire protestait contre le consentement qu'il était censé
avoir donné à l'arrestation du débiteur ; la question se trou-
vait donc modifiée.

Le cessionnaire est-il obligé, avant de faire arrêter le débiteur, de réitérer en son nom personnel la signification du
commandement tendant à la contrainte par corps ? La cour
de Paris a jugé l'affirmative le 30 janvier 1833 (3). Elle a
motivé sa décision sur ce que le débiteur poursuivi devait
connaître d'une manière certaine et jusqu'au moment de son
incarcération, vis-à-vis de quelle personne il peut valablement
se libérer, et éviter ainsi la mise à exécution de la contrainte
par corps. Ce motif ne nous paraît pas concluant : le cessionnaire est saisi de la créance vis-à-vis du débiteur comme vis-à-
vis des tiers, dans l'état où elle se trouve par la signification
du transport ou son acceptation par le débiteur, et dès ce
moment ce dernier sait qu'il ne peut se libérer qu'entre les
mains du cessionnaire. Le commandement n'ajoute rien,
sous ce rapport, à l'effet de la signification. Ce serait à tort que
l'on prétendrait que le commandement a un effet personnel,
et que le cessionnaire doit faire savoir au débiteur qu'il est,
comme son cédant, dans l'intention d'exercer contre lui la
contrainte par corps ; car il faudrait aller alors jusqu'à dire
que le cessionnaire d'une créance pour laquelle le débiteur

---

(1) S., 13-1-376 ; J. P., é. c. — (2) S., 13-1-374 ; J. P., é. c. — (3) S.,
34-2-22 ; D., 38-2-199 ; Gaz. 10 février 1833.

est incarcéré, doit réitérer l'écrou pour l'avertir qu'il est,
comme son cédant, dans l'intention de le maintenir en prison.
Rien dans la loi ne nous paraît autoriser une pareille interprétation. Le commandement qui précède l'arrestation est,
comme tous les autres actes qui précèdent l'exécution, et
comme les actes d'exécution eux-mêmes, un accessoire de
la créance et l'accomplissement d'un droit qui passe du
cédant au cessionnaire par l'effet de la notification. Il ne
s'agit pas ici d'un simple objet de forme, pour lesquels les tribunaux, toujours favorables aux détenus, multiplient autant
que possible les causes de nullité ; il s'agit de l'application d'un
principe auquel nous ne connaissons pas d'exception. La
cour de Paris a jugé dans ce sens, dans une cause entre le
souscripteur d'un effet de commerce et l'endosseur qui
l'avait remboursé. Parmentier contre Marchand. *Gaz.* du
11 juillet 1834.

Lorsqu'il y a condamnation solidaire contre plusieurs personnes qui ont des recours à exercer les unes envers les
autres, par exemple contre les souscripteur et endosseurs
d'un effet de commerce, il est nécessaire, pour que l'un des
condamnés puisse, après le remboursement, exercer son recours contre ceux qu'il a fait condamner à le garantir, que
dans les actes de poursuites il fasse mention du remboursement qui a opéré sa subrogation. (159-167 C. comm.; 1251
C. C.) Lyon, 10 avril 1826 (1).

Les dispositions relatives à l'emprisonnement ne s'appliquent pas à la réintégration dans la prison pour dettes, d'un
débiteur évadé. Paris, 11 avril 1839. *Gaz.* 18 mai 1839.

---

(1) S., 26-2-211; D., 26-2-189.

On peut, aux termes de l'art. 1166 C. C., faire arrêter ou recommander le débiteur de son débiteur. Lyon, 8 décembre 1824 (1).

(*C. proc.*, 784.) S'il s'est écoulé une année entière depuis le commandement, il sera fait un nouveau commandement par un huissier commis à cet effet.

Il est nécessaire que ce nouveau commandement contienne la signification du jugement et élection de domicile, comme le prescrit l'art. 780. — 23 avril 1825, Bourges (2). — Coin-Delisle, p. 49, n° 15. — Delaporte, t. II, p. 359. — Bioche et Goujet, v° *Emprisonnement*, n° 149. — En sens contraire. Toulouse, 11 février 1808 (3). — Rennes, 18 août 1810 (4). — Limoges, 18 janvier 1811 (5). — Thomines Desmazures-Favard, v° *Contrainte par corps*, 34, n° 5.

§ II. *Formalités au moment de l'arrestation.*

(556-783-785, C. proc.)

SOMMAIRE.

Pouvoir spécial, 556.
Procès-verbal d'arrestation, 783.
Rébellion du débiteur, 785.

(*C. proc.*, 556.) La remise de l'acte ou du jugement vaudra pouvoir pour toutes exécutions autres que la saisie immobilière et l'emprisonnement, pour lesquels il sera besoin d'un pouvoir spécial.

---

(1) J. P., é. c. — (2) J. P., é. c. — (3) S., 15-2-191. — (4) J. P., é. c. — (5) S., 15-2-190.

Le défaut de pouvoir entraîne la nullité de l'emprisonnement. Lyon, 4 septembre 1810 (1). Le contraire a été jugé par la cour de Riom le 14 octobre 1808 (2), et par la cour de Toulouse le 30 janvier 1812 (3). Mais leur doctrine est condamnée par un arrêt du 6 janvier 1812 (4) de la cour de cassation qui, appelée à statuer sur la nécessité d'un pouvoir, au sujet d'une procédure de saisie immobilière et par conséquent dans une circonstance bien moins favorable, a prononcé, par des considérants énergiques, la nullité des poursuites, en cassant un arrêt de la cour de Caen. Cet arrêt de cassation est d'autant plus remarquable, que les défendeurs se prévalaient des trois arrêts de cours royales des 26 février 1810, Bruxelles; — 9 février 1810, Turin; — 8 germinal an XIII, Paris, qui avaient fixé une jurisprudence jusqu'alors unanime.

La cour de cassation a même consacré le principe, que l'approbation donnée ultérieurement aux poursuites par le créancier ne devait produire aucun effet.

L'huissier n'est pas obligé à peine de nullité d'exhiber, au moment de l'arrestation, le pouvoir dont il doit être muni. Nancy, 22 juin 1813 (5). Mais nul doute que le débiteur n'ait le droit d'exiger cette exhibition devant le juge de référé, où doivent se débattre toutes les questions de procédure et de légalité, et que le juge ne doive imposer à l'huissier l'obligation de montrer ce pouvoir.'

L'arrestation pourrait être déclarée valable, quoique faite avec le pouvoir d'une personne décédée, si l'huissier était

_____

(1) S., 11-2-229. — (2) S., 12-2-193. — (3) J. P., é. c. — (4) S., 12-1-54. — (5) S., 16-2-95; J. P., é. c.

dans l'ignorance du décès de son mandant (562 C. procéd.,
2008 C. C.) Paris, 6 janvier 1826 (1).

La substitution du nom d'un huissier à celui qui était précédemment nommé rend nulle l'arrestation, si ce change-
ment n'a pas été approuvé par le mandant. Rouen, 4 février 1819 (2). La cour a motivé sa décision par cette
considération, que la susbtitution du nom était postérieure à
l'enregistrement, qui, dit-elle, constitue l'authenticité des
actes. Sans nous arrêter à l'appréciation du terme *authenticité*, nous ne pensons pas que l'antériorité de l'enregistrement puisse être considérée comme une cause de nullité.
Nous pensons, au contraire, que l'enregistrement n'est pour
ces sortes d'actes qu'une formalité fiscale, et qu'elle n'est
nullement une condition essentielle de leur validité, sauf à
celui qui en fait usage à encourir une amende, s'il y a lieu.
L'arrêt nous paraît donc mal motivé sous ce rapport.

La cour de Rouen avait d'abord admis la nullité d'un
pouvoir faute d'enregistrement, dans une instance sur une
saisie immobilière (arrêt du 1er juin 1812) (3), et son opinion
a été partagée par la cour de Colmar le 3 juin 1812 (4), et
par la cour d'Orléans le 4 novembre 1812 (5); mais elle est
revenue depuis sur sa jurisprudence, au sujet d'un emprisonnement (arrêt du 18 juin 1812), et le pourvoi formé contre
son arrêt a été rejeté le 24 janvier 1814 (6). Attendu, a dit
la cour de cassation, que la cour de Rouen constate en fait
que le pouvoir existait. C'est qu'en effet le défaut d'enregistrement n'établit qu'une présomption, dont l'appréciation rentre

---

(1) S., 26-2-284. — (2) S., 19-2-222 ; D., 19-2-32 ; J. P., é. c. — (3) S.,
14-2-421. — (4) S., 14-2-421. — (5) J. P., é. c. — (6) S., 14-1-124.

dans le domaine exclusif des cours royales; aussi, pour l'intelligence complète des arrêts des 1er et 3 juin 1812, serait-il nécessaire de connaître, avec plus de détail qu'il n'y en a dans les recueils, les circonstances dans lesquelles ils ont été rendus.

(*C. proc.*, 783.) Le procès-verbal d'emprisonnement contiendra, outre les formalités ordinaires des exploits (*a*) : 1° itératif commandement (*b*); 2° élection de domicile dans la commune où le débiteur sera détenu, si le créancier n'y demeure pas (*c*); l'huissier sera assisté de deux recors (*d*).

(*a*) L'expression *procès-verbal d'emprisonnement* est impropre; il eût été plus convenable d'appeler ce procès-verbal, procès-verbal d'arrestation, et de réserver les termes dont se sert ici la loi pour l'acte qui relate les formalités accomplies au moment de l'incarcération.

Le procès-verbal d'emprisonnement doit contenir, à peine de nullité, les prénoms du créancier et du débiteur. Bordeaux, 20 mars 1820 (1). Cette opinion a été contestée par l'organe du ministère public dans la cause jugée par le tribunal de la Seine le 16 octobre 1839, *Gaz.* du 17.

Le procès-verbal n'est pas nul par cela seul qu'il ne mentionne pas le nom de la rue et le numéro de la maison du débiteur. Bruxelles, 23 août 1823 (2).

Il ne doit pas nécessairement mentionner non plus l'heure de l'arrestation. A défaut de cette mention, le tribunal peut ordonner une enquête. Nîmes, 4 mai 1824 (3).

(*b*) Il n'est pas nécessaire que cet itératif commandement

---

(1) S., 30-2-41; D., 30-2-91. — (2) J. P., é. c. — (3) J. P., é. c.

contienne les mêmes énonciations que le commandement
primitif prescrit par l'art. 780, notamment le chiffre même
des condamnations qui motivent l'arrestation. Il suffit qu'il
y soit fait sommation de payer les causes de ce dernier
commandement. Nancy, 21 août 1838 (1).

(c) Une constitution d'avoué ne tient pas lieu d'élection
de domicile. Lyon, 9 mai 1828 (2).

Cette élection de domicile a pour objet de donner au débiteur la faculté d'y faire toutes les significations utiles à sa
défense dans la procédure suivie à raison de son emprisonnement, même d'y signifier les actes d'appel par dérogation à
l'art. 456 du présent Code, Bordeaux, 1ᵉʳ décembre 1831 (3),
ainsi que la notification de l'arrêt d'admission d'un pourvoi,
C. C. Paris, 14 mars 1821 (4). Dans ce cas la signification
ne doit pas contenir une augmentation du délai à raison de
la distance. Toulouse, 13 janvier 1823 (5).

Elle entraîne la juridiction du tribunal du lieu de la détention pour toutes les contestations auxquelles elle peut
donner naissance (111 C. C.). Agen, 4 décembre 1830 (6).

Mais elle est créée exclusivement dans l'intérêt du détenu;
aucune autre personne ne peut s'en prévaloir, même lorsqu'elle aurait quelque action à exercer à raison de l'emprisonnement. C. C. C. 17 juillet 1810 (7). (Voyez cependant
art. 793, C. procéd.

(d) L'arrestation n'est pas nulle quoique un des recors
soit étranger, si une erreur commune l'a toujours fait considérer comme Français. Grenoble, 9 novembre 1825 (8).

---

(1) S., 38-2-381; D., 38-2-188; J. P., 38-2-412. — (2) S., 28-2-260. —
(3) S., 32-2-350.; D., 32-2-54. — (4) J. P., é. c. — (5) J. P., é. c, —
(6) S., 32-2-43. — (7) S., 10-1-370. — (8) J. P., é. c.

Des gendarmes peuvent être employés comme recors. Nîmes, 12 juillet 1826 (1). Bordeaux, 2 avril 1833 (2).

Il ne suffit pas que les recors signent le procès-verbal d'emprisonnement, il faut qu'il y soit fait mention de leurs noms. La mention qui en serait faite dans le procès-verbal d'écrou ne pourrait dispenser de l'observation de cette formalité dans le procès-verbal d'emprisonnement. Riom, 6 mai 1819 (3).

(e) L'assistance de la force armée, sans qu'il y ait résistance de la part du débiteur, ne peut entraîner la nullité de l'arrestation. Paris, jugement 29 mai 1834. *Gaz.* du 30 mai. — Cette question s'est présentée de nouveau devant le tribunal de la Seine le 16 octobre 1839 (*Gaz.* du 17 octobre); mais elle n'a pas été résolue. Carré professe une opinion contraire, t. 3, p. 208, n° 2665.

— Il a été jugé par la cour de Riom, le 21 septembre 1821 (4), que l'huissier ne pouvait pas commencer le procès-verbal, requérir ensuite le juge de paix, et remettre au lendemain à procéder à l'arrestation; qu'il fallait, à peine de nullité, recommencer, le lendemain avant l'arrestation, toutes les énonciations libellées la veille.

Le procès-verbal d'emprisonnement doit-il être rédigé par un acte séparé, ou peut-il ne faire qu'un même contexte avec le procès-verbal d'écrou? Voyez art. 739.

(*C. proc.*, 785.) En cas de rébellion, l'huissier pourra établir garnison aux portes pour empêcher l'évasion et requérir la force armée (*a*); et le débi-

---

(1) S., 29-2-174; J. P., é. c. — (2) D., 33-2 210. — (3) S., 29-2-36; D., 20-2-50; J. P., é. c. — (4) J.P., é. c.

teur sera poursuivi conformément aux dispositions
du Code d'instruction criminelle (*b*).

(*a*) L'huissier peut établir des gardiens aux portes pour
empêcher l'évasion du débiteur pendant qu'il ira requérir
l'assistance du juge de paix, quoiqu'il n'y ait pas rébellion.
Il ne se rend pas par cela coupable de violation de domicile.
Toulouse, 20 août 1827 (1).

. (*b*) La résistance opposée aux agents de la force publique
pour empêcher l'arrestation, lorsqu'elle est tentée dans les
cas prohibés par la loi et sans le concours des personnes qui
en sont spécialement chargées, 781-783, ne peut être quali-
fiée de rébellion ni punie comme telle. Lyon, 10 juin 1824 (2).
—Rouen, 25 mai 1821 (3.)

§ III. *Modifications apportées à l'exercice de la contrainte par corps.*

. (781-782, C. proc.; 21, L. 17 av. 1832; 1268, C. civ.;
231-455, C. comm.; 28-42, Charte 1830.)

SOMMAIRE.

. (1) S., 29-2-351; D., 29-2-165. — (2) S., 25-2-54; J. P., é. c. — (3) S.,
25-2-38; J. P., é. c.

Faillite, 455-539-540, ibid.
Pairs de France, 28, Charte 1830.
Députés, 42, ibid.
Age. — Détention subie. — Manque d'aliments.

(*C. proc.*, 781.) Le débiteur ne pourra être arrêté :
1° avant le lever et après le coucher du soleil (*a*) ;
2° les jours de fête légale ; 3° dans les édifices consacrés au culte et pendant les exercices religieux seulement ; 4° dans le lieu et pendant la tenue des séances
des autorités constituées (*b*) ; 5° dans une maison
quelconque, même dans son domicile, à moins qu'il
n'eût été ainsi ordonné par le juge de paix du lieu, lequel juge de paix devra, dans ce cas, se transporter
dans la maison avec l'officier ministériel.

(*a*) Ces expressions *le lever et le coucher du soleil* ne
doivent pas être entendues dans le sens de la règle posée
dans l'art. 1037 C. procéd. Il faut s'en référer aux calculs as-
tronomiques. C'est le lever et le coucher réels du soleil qui li-
mitent l'exercice de la contrainte par corps. Bruxelles, 31
août 1810 (1). — Bruxelles, 1er mars 1813 (2).

La loi ne parle que de l'arrestation ; l'incarcération peut,
par conséquent, avoir lieu après le coucher du soleil. Le plus
souvent, d'ailleurs, le retard est occasionné par des démar-
ches faites dans l'intérêt du débiteur. Grenoble, 9 novembre
1825 (3).

(*b*) Le vestibule des tribunaux ne doit pas être considéré
comme un lieu d'asile, où les arrestations soient prohibées ;

---

(1) S., 11-2-78; D., 11-2-99. — (2) S., 14-2-183; J. P., é. c. — (3) J. P.,
é. c.

ce privilége n'est réservé qu'au lieu même où les juges tiennent leur séance. Paris, jugement, *Gaz.* du 21 février 1833. — Paris, jugement, *Gaz.* du 13 octobre 1833.

(c) Dans le mot maison, sont comprises les dépendances décrites dans l'art. 390 C. pénal. Lyon, 10 juin 1824 (1).

L'assistance du juge de paix n'est pas nécessaire lorsque l'arrestation a lieu sur un navire admis à l'entrée dans le port. Un navire ne peut être assimilé à une maison. Corse, 26 août 1826 (2).

(d) Il n'est pas nécessaire que le juge de paix rédige une ordonnance, soit par un acte séparé, soit sur le procès-verbal d'arrestation ; sa présence dans la maison suffit pour autoriser l'arrestation. Lyon, 7 mai 1825 (3). — Colmar, 10 décembre 1819 (4). — Nancy, 12 juin 1813 (5). La cour de Metz semblerait avoir manifesté une opinion contraire dans les motifs d'un arrêt du 9 octobre 1816 (6). Elle a décidé par le même arrêt, que le juge de paix doit signer le procès-verbal d'emprisonnement.

Le juge de paix doit accompagner l'huissier ; il ne suffirait pas qu'il fût appelé et qu'il intervînt après que l'huissier se serait introduit dans la maison ; Paris, 22 juin 1809 (7).

Lorsque le débiteur appréhendé s'évade avant son emprisonnement et qu'il se réfugie dans une maison, la présence du juge de paix est nécessaire pour qu'il soit appréhendé de nouveau dans ce lieu d'asile. Cette fuite rend nécessaire une seconde arrestation, qui ne peut être opérée qu'avec les

---

(1) S., 25-2-54; J. P., é. c. — (2) S., 27-2-201; D., 27-2-79; J. P., é. c. — (3) S., 52-2 300; D., 25-2-179; J. P., é. c. — (4) S., 21-2-22 ; D., 20-2-36; J. P., é. c. — (5) S., 16-2-95; J. P., é. c. — (6) J. P., é. c. — (7) S., 10-2-375; J. P., é. c.

formalités voulues par la loi ; Riom, 22 juin 1837 (1) ; — Riom, 13 juillet 1837 (2).

A plus forte raison, lorsque le débiteur fuyant l'officier ministériel qui s'est présenté dans son domicile avec l'assistance du juge de paix, se réfugie dans la maison voisine, la présence du juge de paix est-elle indispensable pour que l'huissier puisse pénétrer dans cette maison à la poursuite de ce débiteur. Limoges, 27 mars 1828 (3).

L'introduction de l'huissier dans le domicile sans l'assistance du juge de paix constitue le délit de violation de domicile, puni par l'art. 184 C. pénal. Paris, 24 février 1836 ; minist. publ. contre Ancelain, *Gaz.* des 29 janvier et 25 février 1836.

En cas d'absence ou d'empêchement, le juge de paix doit être remplacé par son suppléant. L'absence ou l'empêchement du juge de paix résulte suffisamment du procès-verbal de l'officier ministériel, constatant qu'il s'est transporté chez le suppléant remplissant les fonctions en l'absence du titulaire, et par le transport de ce dernier en la demeure du débiteur. Colmar, 12 mars 1828 (4).

Quid, si l'officier ministériel se fait assister de la force armée, sans qu'il y ait eu résistance de la part du débiteur ? Voyez art. 783.

La présence du créancier à l'arrestation n'est prohibée par aucune loi. Lyon, 7 mai 1825 (5).

Une ordonnance d'extradition met obstacle à l'exercice de la contrainte par corps. Ord. cons. d'État, 7 juillet 1836 (6).

---

(1) S., 38-2-115 ; D., 38-2-100 ; J. P., 38-2-328 ; Gaz. 8 juillet 1837. — (2) S., 38-2-116. — (3) S., 28-2-153. — (4) S., 29-2-334. — (5) S., 25-2-300 ; D., 25-2-179 ; J. P., é. c. — (6) Gaz. 8 juillet 1836.

Les ambassadeurs étrangers, en raison du caractère dont
ils sont revêtus et de l'inviolabilité de leur domicile, ne sont
pas soumis à la contrainte par corps. Paris, 19 mai 1829 (1).

Les militaires sous les drapeaux ne sont pas affranchis de
la contrainte par corps. Loin qu'il existe à cet égard aucune
disposition de loi, l'arrêté des consuls du 7 thermidor an VII
déclare formellement les conscrits soumis à la contrainte par
corps, et l'ordonnance royale du 13 mai 1818 recommande
aux autorités militaires l'obéissance aux ordonnances de
justice, leur fait défense de mettre aucun empêchement à
leur exécution, et leur impose l'obligation d'exécuter leurs
engagements ainsi que les condamnations prononcées contre
eux, à peine de destitution à l'égard des officiers. Paris,
jugement 30 avril 1833, *Gaz.* du 4 mai 1833.—Trib. supér.
d'Alger, 17 août 1836, *Gaz.* du 8 septembre 1836.—Dall.,
1838-3-195.

La cour de Caen a jugé en sens contraire, le 22 juin 1829 (2).
Voyez aussi *Gaz.* du 6 septembre 1837. — Carré et Pigeau.

(*C. proc.*, 782). Le débiteur ne pourra non plus être
arrêté lorsque, appelé comme témoin devant un directeur du jury ou devant un tribunal de première
instance ou une cour royale ou d'assises, il sera porteur d'un sauf-conduit. Le sauf-conduit pourra être
accordé par le directeur du jury, par le président du
tribunal ou de la cour où les témoins devront être
entendus. Les conclusions du ministère public seront
nécessaires. Le sauf-conduit réglera la durée de son

---

(1) S., 29-2-264. — (2) S., 29-2-208; D., 30-2-1.

effet, à peine de nullité. En vertu du sauf-conduit, le débiteur ne pourra être arrêté ni le jour fixé pour sa comparution, ni pendant le temps nécessaire pour aller et pour revenir.

(*L.*, 17 *av.* 1832, 21.) **Dans aucun cas la contrainte par corps ne pourra être exécutée contre le mari et contre la femme simultanément, pour la même dette.**

(**L.**, 1268.) **La cession de biens judiciaire est un bénéfice que la loi accorde au débiteur malheureux et de bonne foi** (*a*), **auquel il est permis, pour avoir la liberté de sa personne, de faire en justice l'abandon de tous ses biens à ses créanciers, nonobstant toute stipulation contraire.**

(*a*) C'est au débiteur qui demande à être admis au bénéfice de cession de biens, à faire la preuve de son malheur et de sa bonne foi. Hors les cas spécifiés aux art. 1945 C. C. et 905 C. procéd., les juges ont un pouvoir discrétionnaire pour apprécier la bonne ou mauvaise foi du débiteur, et pour lui accorder ou lui refuser le bénéfice de la cession de biens. Toulouse, 30 mars 1838 (1).—Paris, 18 août 1824 (2).—Colmar, 13 mai 1821 (3).—Paris, 1er décembre 1812 (4).—Bordeaux, 30 août 1821 (5).—Aix, 30 décembre 1817 (6).—Bruxelles, 19 novembre 1810 (7).—Paris, 8 août 1812 (8).

(1) J. P., 38-2-637. — (2) J. P., é. c. — (3) J. P., é. c. — (4) J. P., é. c. — (5) S., 22-2-60; J. P., é. c. — (6) S., 18-2-356; J. P., é. c. — (7) S., 14-2-110; J. P., é. c. — (8) S., 13-2-57; J. P., é. c.

— Liége, 17 janvier 1809 (1). — Carré, *Quest. de procéd.*, t. II, p. 503.

Un débiteur ne doit pas être déclaré de bonne foi, lorsqu'il s'est fait condamner plusieurs fois pour contrefaçon des mêmes produits. *Gaz.* du 10 juillet 1837.

Voyez art. 905 C. procéd.

(*C. comm.*, 231.) Le capitaine et les gens de l'équipage qui sont à bord, ou qui sur les chaloupes se rendent à bord pour faire voile, ne peuvent être arrêtés pour dettes civiles, si ce n'est à raison de celles qu'ils auront contractées pour le voyage, et même dans ce dernier cas ils ne peuvent être arrêtés s'ils donnent caution.

(*C. comm.*, 455.) Par le jugement qui déclarera la faillite, le tribunal ordonnera l'apposition des scellés et le dépôt de la personne du failli dans la maison d'arrêt pour dettes, ou la garde de sa personne par un officier de police ou de justice, ou par un gendarme. Néanmoins, si le juge commissaire estime que l'actif du failli peut être inventorié en un seul jour, il ne sera pas apposé de scellés, et il devra être immédiatement procédé à l'inventaire. Il ne pourra en cet état être reçu contre le failli d'écrou ou de recommandation pour aucune espèce de dette.

La défense de recevoir contre le failli ni écrou ni recom-

---

(1) S., 10-2-523; J. P., é. c.

mandation pour aucune espèce de dette, comprend les condamnations de toute nature, même celles pour dommages et intérêts résultant d'un délit; Paris, 12 octobre 1837 (1) et 25 novembre 1837 (2); — Angers, 31 juillet 1823 (3); — et celles pour cause de stellionat. Metz, 2 novembre 1837 (4).

On a élevé la prétention que les dispositions de cet article ne sont applicables qu'au cas où on a accordé un sauf-conduit au failli. Cette prétention, accueillie en référé, a été justement rejetée par un arrêt de la cour de Paris, *Gaz.* du 3 janvier 1837.

Le principe qui doit servir de règle dans cette matière, c'est que la déclaration de faillite a pour effet de désarmer les créanciers, afin de procéder sans entraves à la liquidation des droits de chacun d'eux. C'est ce principe qui a servi de texte aux dispositions finales du présent article, ainsi qu'à celles de l'art. 443 du même code, qui interdit aux créanciers individuellement toute action mobilière ou immobilière contre le failli, et toute voie d'exécution sur ses meubles et sur ses immeubles. Le fait seul de la faillite dépouille même le débiteur du droit de disposer (art. 447), sous des peines sévères (art. 585); toute contrainte devient donc inutilement vexatoire.

Les jugements par défaut déclaratifs de faillite ne périment pas, faute d'exécution dans les six mois de leur date. Paris, jugement, *Gaz.* du 23 novembre 1838.

(*C. comm.*, 539.) Si le failli (*après la reddition des comptes des syndics en cas de contrat d'union*) n'est

---

(1) S., 38-2-429; D., 38-2-67; J. P., 37-2-526; Gaz. 13 octobre 1837. —
(2) D., 38-2-68; J. P., 37-2-527. — (3) J. P., é. c. — (4) D., 39-2-22.

pas déclaré excusable (*comme il est dit aux art.* 537 *et* 538), les créanciers rentreront dans l'exercice de leurs actions individuelles, tant contre sa personne que sur ses biens ; s'il est déclaré excusable, il demeurera affranchi de la contrainte par corps à l'égard des créanciers de la faillite, et ne pourra plus être poursuivi par eux que sur ses biens, sauf les exceptions prononcées par les lois spéciales.

(*C. comm.*, 540.) Ne pourront être déclarés excusables les banqueroutiers frauduleux, les stellionataires, les personnes condamnées pour vol, escroquerie ou abus de confiance, les comptables de deniers publics.

(*Charte* 1830, 28.) Aucun pair ne peut être arrêté que de l'autorité de la Chambre.

Les dispositions de cet article sont absolues et s'appliquent aux personnes qui ont été promues à la dignité de pair de France, avant même qu'elles aient prêté serment et qu'elles aient été admises à siéger. Paris, 13 novembre 1831 (1).

Elles s'appliquent aussi à toutes condamnations antérieures à leur nomination. Elles sont inhérentes à la seule qualité de pair de France.

Ce n'est, au reste, qu'à la chambre des pairs qu'appartient le droit d'interpréter cet art. 28 de la charte. Elle seule a

_____

(1) S., 32-2-146.

autorité pour prendre à l'égard de ses membres telles mesures de police intérieure et de considération publique qu'elle
juge convenable. Ce pouvoir d'interprétation a été reconnu
appartenir à la chambre des pairs, par un arrêt de Paris, du
19 juin 1826 (1). Il s'agissait de savoir si un pair de France
pouvait être arrêté pour dettes antérieures à sa nomination ;
la cour a sursis à statuer, et a envoyé devant la chambre des
pairs en interprétation de l'art. 28 de la charte.

La chambre des pairs, saisie d'une demande formée par
les sieurs Sol et Begné, afin d'être autorisés à poursuivre par
corps un pair de France, leur débiteur, avait pris dans sa
séance du 25 août 1822, par forme de déclaration de principe,
la résolution suivante : « La chambre, considérant que,
d'après les art. 34 et 51 de la charte (28 et 42 de la charte
de 1830), et la nature des fonctions de pair, aucune contrainte
par corps ne peut être exercée contre la personne d'un pair
pour dettes purement civiles, passe à l'ordre du jour. »
Mon. du 12 mai 1822. — Sirey, 22-2-70. — *Jour. Pal.*,
t. XVII, pag. 297, dern. édit.

Par ces expressions *purement civiles*, la chambre enten-
dait parler des dettes civiles et commerciales, où il n'entrait
aucun soupçon de dol et de fraude.

Mais le 4 décembre 1830, la chambre prit un nouvel arrêté
par lequel elle rentrait dans la plénitude du pouvoir discrétionnaire, dont elle s'était précédemment dépouillée, pour
accorder ou refuser à son gré l'autorisation, lorsqu'elle serait
demandée. Elle en a fait depuis l'application, en accordant
l'autorisation d'exercer la contrainte par corps contre M. le
vicomte Dubouchage, dans sa séance du 29 janvier 1831.

---

(1) S., 27-2-68; D., 27-2-73; J. P., é. c.

(*Charte* 1830, 42.) Aucune contrainte par corps ne peut être exercée contre un membre de la chambre (*des Députés*) durant la session et dans les six semaines qui l'auront précédée ou suivie.

Voyez *Gaz.* du 9 mars 1836.

§ IV. *Procédure spéciale pour les contestations qui naissent au moment de l'arrestation.*

(786-787, C. proc.; 22, L. 17 av. 1832.)

SOMMAIRE.

Référé, 786.
Refus de l'officier ministériel de conduire le débiteur en référé, 22, L. 17 av. 1832.
Forme de l'ordonnance, 787, C. proc.

(*C. proc.*, 786.) Si le débiteur (*arrêté*) requiert qu'il en soit référé, il sera conduit sur-le-champ (*a*) devant le président (*b*) du tribunal de première instance du lieu où l'arrestation aura été faite, lequel statuera en état de référé (*c*) ; si l'arrestation est faite hors des heures de l'audience, le débiteur sera conduit chez le président.

(*a*) L'art. 22 de la loi du 17 avril 1832 inflige à l'huissier qui refuserait de se conformer à cette prescription, une amende de 1000 fr., sans préjudice des dommages-intérêts. Le refus de l'huissier entraînerait d'ailleurs la nullité de l'emprisonnement, qui peut être prononcée par le président. Douai, 23 novembre 1839 (1). — Bourges, 30 novembre 1821 (2).

_____

(1) D., 40-2-115. — (2) J. P., é. c.

Mais le président n'est pas compétent pour connaître de la demande en dommages intérêts. Arrêt de Douai.

(*b*) En l'absence du président, le débiteur doit être conduit devant un juge, en suivant l'ordre du tableau. Riom, 20 décembre 1815 (1).

(*c*) Il n'est pas nécessaire que la personne condamnée par corps soit arrêtée, pour qu'elle conteste en référé à son créancier le droit d'exercer la contrainte par corps. Elle peut, après la signification du commandement, l'assigner en référé pour voir ordonner qu'il sera sursis aux poursuites, si depuis la condamnation il est survenu de nouveaux faits de nature à paralyser l'usage du titre. Bruxelles, 20 décembre 1810 (2).

Comme aussi le débiteur peut demander à être conduit en référé quoiqu'il soit déjà dans la geôle et entre les deux guichets, tant qu'il n'est pas encore écroué. Toulouse, 30 avril 1825 (3).

Le juge de référé est juge nécessaire de la régularité ou de la nullité des pièces en vertu desquelles se fait l'emprisonnement. Il peut renvoyer les parties à l'audience en état de référé; mais ni lui ni le tribunal, statuant en référé, ne peuvent renvoyer les parties à se pourvoir au principal, sous prétexte qu'il s'agit d'un moyen de nullité. Paris, 17 décembre 1817 (4).

Il a été jugé plusieurs fois, et notamment par la cour de Paris, le 28 juillet 1825 (5), que l'ordonnance de référé était en dernier ressort lorsqu'elle se rattachait à une instance qui, en raison de la somme, ne comportait qu'un degré de juridiction; mais l'art. 20 de la loi du 17 avril 1832 s'oppose-

---

(1) J. P., é. c. — (2) S., 15-2-194. — (3) J. P., é. c. — (4) S., 18-2-227; J. P., é. c. — (5) S., 26-2-34.

rait aujourd'hui à une pareille décision, surtout si l'ordonnance maintenait l'emprisonnement.

Le président ne peut statuer en référé, même en matière d'emprisonnement, sur le mérite d'offres réelles. Paris, Ster, contre les liquid. du compt. d'escompte, *Gaz.* du 30 juin 1834.

Mais il peut statuer sur les difficultés relatives à l'exécution d'un arrêt infirmatif, même lorsque la contrainte par corps est exercée par suite de condamnations prononcées par des tribunaux criminels ou correctionnels. Paris, 12 octobre 1837 (1).

Les conclusions prises par le débiteur en référé ne couvrent pas les nullités qui ont pu être commises dans les formalités relatives à l'arrestation. Metz, 30 décembre 1817 (2). — Rennes, 28 décembre 1814 (3).

(*L.* 17 *av.* 1832, 22.) Tout huissier, garde du commerce ou exécuteur des mandements de justice, qui, lors de l'arrestation d'un débiteur, se refuserait de le conduire en référé devant le président du tribunal de première instance, aux termes de l'art. 786 du Code de procédure civile, sera condamné à mille francs d'amende, sans préjudice des dommages-intérêts.

(*C. proc.*, 787.) L'ordonnance sur référé sera consignée sur le procès-verbal de l'huissier, et sera exécutée sur-le-champ.

---

(1) S., 38-2-429; D., 38-2-67; J. P., 37-2-526; Gaz. 13 octobre 1837. — (2) J. P., é. c. — (3) J. P., é. c.

L'arrêt qui statue sur une ordonnance de référé en matière d'emprisonnement doit être précédé des conclusions du ministère public, même lorsque le débiteur est étranger. C. C. C. Paris, 22 mars 1809.

CHAPITRE III.

DE LA DÉTENTION OU DE L'EMPRISONNEMENT PROPREMENT DIT.

§ 1er. *Lieu de la détention.* (788 C. *proc.*)

(*C. proc.*, 788.) Si le débiteur ne requiert pas qu'il en soit référé, ou si en cas de référé le président ordonne qu'il soit passé outre, le débiteur sera conduit dans la prison du lieu le plus voisin (*a*). L'huissier et tous autres qui conduiraient, recevraient ou retiendraient le débiteur dans un lieu de détention non légalement désigné comme tel, seront poursuivis comme coupables de détention arbitraire (*b*).

L'arrestation ne doit pas être déclarée nulle parce que l'huissier aurait conduit le débiteur dans une prison autre que la plus voisine. Toulouse, 9 janvier 1809 (1).

(*a*) Le débiteur peut obtenir sa translation dans un autre lieu de détention, lorsqu'il y a intérêt pour lui sans qu'il y ait préjudice pour le créancier. Agen, jugem., *Gaz.* du 9 septembre 1836. — Montpellier, 31 juillet 1839 (2). — Paris, 20 janvier 1813 (3). Par exemple, il peut demander à être

(1) S., 9-2-239. — (2) D., 39-2-250; J. P., 39-2-207. — (3) J. P., é. c.

transféré dans la prison du lieu de son domicile, si ce lieu est aussi celui du domicile du créancier. Agen, 4 décembre 1830 (1). — Bordeaux, 5 février 1839 (2). — Agen, 17 novembre 1836 (3).

Mais cette translation ne doit pas être opérée par la gendarmerie ; elle ne doit être confiée qu'à un officier ministériel, qui a seul qualité pour signer le procès-verbal d'écrou. Montpellier, 31 juillet 1839 (4).

Il n'y a pas lieu d'exiger caution pour sûreté de la translation. Bordeaux, 5 février 1839 (5).

Le détenu peut également obtenir d'être transféré dans une maison de santé, malgré l'opposition du créancier, lorsque sa santé est compromise, ou même lorsqu'elle est seulement menacée. Les circonstances qui permettent cette translation sont laissées à l'appréciation des tribunaux. Paris, jugem. 6 avril 1832 (6). — Nîmes, 27 août 1838 (7). Le tribunal a le droit d'y mettre pour condition que le détenu fournira caution solvable pour la représentation de sa personne ; Paris, 4 mai 1812 (8) ; mais il ne peut l'autoriser, même à cette condition, à se retirer dans sa propre maison. Paris, 7 janvier 1814 (9). — Nîmes, 27 août 1838 (10).

(b) Lorsqu'il n'y a pas de prison dans le lieu de l'arrestation, et que l'huissier n'a pas le temps de conduire le prisonnier dans la prison du lieu le plus voisin, il doit se retirer devant l'autorité locale pour se faire désigner un endroit où il puisse le déposer momentanément et le faire garder à

---

(1) S., 32-2-43. — (2) S., 39-2-474 ; D., 39-2-72 ; J. P., 39-2-573. — (3) D., 38-2-187 ; J. P., 37-1-382. — (4) D., 39-2-250 ; J. P., 39-2-207. — (5) S., 39-2-174 ; D., 39-2-72 ; J. P., 39-2-573. — (6) S., 32-2-272 ; D., 32-3-85. — (7) S., 39-2-211. — (8) S., 12-2-339. — (9) S., 14-2-303 ; J. P., é. c. — (10) S., 39-2-211 ; D., 39-2-49 ; J. P., 39-1-119.

vue. Il n'a pas le droit de le conduire dans une maison particulière et de l'y séquestrer, sous prétexte que l'arrestation
a eu lieu trop tard pour qu'il ait eu le temps de le conduire
en prison; Toulouse, 1er septembre 1824 (1); alors même
qu'il n'y aurait pas d'opposition de la part du prisonnier.
Bordeaux, 17 juillet 1811 (2).

Il ne faudrait cependant pas dénaturer l'esprit de la loi
jusqu'à prétendre qu'il y aurait détention arbitraire par cela
seul que l'huissier, en conduisant le détenu du lieu de l'arrestation dans une prison distante de là, se serait arrêté en
route pour faire reposer le cheval; car ce n'aurait pas été à
titre de détention que le débiteur aurait été contraint de sta-
tionner momentanément à l'auberge. Colmar, 10 décembre
1819 (3).

A plus forte raison encore n'y a-t-il pas détention arbitraire lorsque l'huissier, à la demande du débiteur, le conduit
dans une maison particulière pour y proposer un arrange-
ment. Grenoble, 9 novembre 1825 (4).

La translation d'un détenu peut être opérée un jour férié.
Bourges, 26 août 1823 (5).

Le prisonnier pour dettes qui s'évade n'est passible d'aucune peine à raison de ce fait. C. C. R. 24 août 1824 (6). —
C. C. C. 29 septembre 1831 (7). —*Gaz. des* 25 août et 7 septembre 1836.

Il en est de même de celui qui procure au détenu les
moyens de s'évader, autre que les geôliers et préposés des

---

(1) S., 25-2-158; D., 25-2-133; J. P., é. c. — (2) S., 11-2-482; D., 12-2-
78. — (3) S., 21-2-22; D., 20-2-36; J. P., é. c. — (4) J. P., é. c. — (5) J.
P., é. c.—(6) S., 25-1-75; J. P., é. c. —(7) S., 32-1-240.

11

maisons d'arrêt. Lorsqu'il n'y a pas de corps de délit, il ne peut y avoir de complicité.

Mais s'il y a eu effraction, le détenu évadé et ses aides sont passibles des peines portées par la loi pour bris de clôture (456 C. pén.). *Gaz. des* 25 août, 7 et 22 septembre 1836.

§. II. *Formalités au moment de l'incarcération.*

(789-790-791, C. P. C.).

SOMMAIRE.

Procès-verbal d'écrou, 789.
Transcription du jugement sur les registres du greffe, 790.
Consignation d'aliments, 791.

(*C. proc.*, 789.) L'écrou du débiteur énoncera : 1° le jugement ; 2° les noms (*a*) et domicile (*b*) du créancier ; 3° l'élection de domicile, s'il ne demeure pas dans la commune (*c*) ; 4° les noms, demeure et profession du débiteur ; 5° la consignation d'un mois d'aliments au moins ; 6° enfin, mention de la copie qui sera laissée au débiteur, parlant à sa personne, tant du procès-verbal d'emprisonnement que de l'écrou (*d*).

(*a*) Le procès-verbal d'écrou doit mentionner, à peine de nullité, les prénoms du créancier et du débiteur. Bordeaux, 20 mars 1829 (1).

(*b*) L'énonciation du domicile du créancier dans le procès-

---

(1) S., 30-2-41; D., 30-2-91.

verbal d'emprisonnement ne dispense pas de faire cette énonciation dans le procès-verbal d'écrou ; cet acte est nul si ce
domicile n'y est pas indiqué. Aix, 23 août 1826 (1).

(c) Cette élection de domicile est obligatoire nonobstant
celle qui a dû être faite dans le procès-verbal d'emprisonnement, alors même que ces deux procès-verbaux seraient
signifiés au détenu par le même acte. Nîmes, 15 juin
1829 (2).

Une constitution d'avoué ne supplée pas à cette élection de
domicile. Lyon, 9 mai 1828 (3).

(d) Les copies signifiées des procès-verbaux d'emprisonnement et d'écrou doivent, à peine de nullité, être remises
au débiteur détenu, le jour même de son incarcération ;
l'huissier ne pourrait différer au lendemain de les lui remettre
sous prétexte que le temps lui manque pour les terminer.
Corse, 26 août 1826 (4). — Metz, 16 décembre 1839 (5).
— Nancy, 29 mai 1840 (6).

L'omission de la mention qu'il a été laissé copie du procès-
verbal au détenu ne peut être réparée par un acte séparé,
postérieur. Riom, 28 avril 1808 (7).

Il n'est pas nécessaire qu'il soit laissé au détenu copie
séparée du procès-verbal d'emprisonnement et du procès-
verbal d'écrou. Une seule signification suffit, pourvu qu'il y
soit fait mention de toutes les formalités prescrites par l'art.
783 et par le présent article. Paris, 30 janvier 1833 (8). —
Paris, jugem. 29 mai 1834, *Gaz. du* 30 mai. — Paris,

---

(1) S., 27-2-78; D., 27-2-145. — (2) S., 29-2-322 ; D., 29-2-290. —
(3) S., 28-2-260. — (4) S., 27-2-201; D., 27-2-79; J. P., é. c. — (5) D., 40-
1-64; J. P., 39-2-630. — (6) D., 40-2-187. (7) S., 15-2-194. — (8) S., 34-2-
22; D., 38-2-199; Gaz. 10 février 1833.

23 janvier 1808 (1). — Paris, 14 décembre 1807 (2). —
Nancy, 21 août 1838 (3). — Riom, 14 juillet 1819 (4).
L'opinion contraire semble avoir été adoptée par la cour de
Toulouse, le 1er septembre 1824 (5), et par la cour de Riom,
le 6 mai 1819 (6).

Il n'est pas nécessaire non plus que ces deux procès-verbaux soient rédigés en deux originaux séparés ; ils peuvent
être faits l'un à la suite de l'autre, de manière à ne former
qu'un seul contexte. Il suffit, dans ce cas, que les recors signent
le procès-verbal d'écrou. Nancy, 21 août 1838 (7). — Riom,
25 novembre 1830 (8).

Le procès-verbal d'écrou doit être rédigé par l'huissier.
Paris, 23 janvier 1808 (9). — Paris, 14 décembre 1807 (10).
— Besançon, 23 juillet 1812 (11). — Bruxelles, 6 mai 1813 (12).
Il a été jugé, au contraire, qu'il pouvait être rédigé aussi par le
geôlier. Nancy, 21 août 1838 (13). — Toulouse, 1er sep-
tembre 1824 (14). — Toulouse, 11 janvier 1825 (15). —
Paris, 19 mai 1825 (16).

Mais la copie de ce procès-verbal doit, dans tous les cas,
être remise au détenu par l'huissier, qui a seul le droit de
verbaliser pour constater cette remise. Riom, 14 juillet
1819 (17).

Il ne suffit pas qu'il soit constaté par le procès-verbal d'emprisonnement, qu'il en a été laissé copie au détenu ; il faut,

---

(1) S., 14-2-215. — (2) S., 10-2-512. — (3) S., 38-2-381 ; D., 38-2-188 ;
J. P., 32-2-412. — (4) J. P., é. c. — (5) S., 25-2-158 ; D., 25-2-133 ; J. P.,
é. c. — (6) S., 20-2-36 ; D., 20-2-50 ; J. P., é. c. — (7) S., 38-2-381. —
(8) S., 33-2-470 ; D., 33-2-215. — (9) S., 14-2-215. — (10) S., 10-2-512.
— (11) J. P., é. c. — (12) J. P., é. c. — (13) S., 38-2-381. — (14) S., 25-
2-158 ; D., 25-2-133. — (15) S., 25-2-413 ; D., 25-2-134 ; J. P., é. c. —
(16) J. P., é. c. — (17) J. P., é. c.

en outre, qu'il soit fait mention dans l'acte d'écrou de la remise de cette copie. Nîmes, 29 juillet 1829 (1). — Lyon, 10 mai 1832 (2). — Pau, 16 février 1813 (3). — Bruxelles, 6 mai 1813 (4).

Il n'y a pas lieu de rédiger un procès-verbal d'écrou lorsque le prévenu est déposé dans un local provisoire à cause de l'éloignement de la prison dans laquelle il doit être détenu ; il suffit qu'un procès-verbal soit rédigé lorsqu'il sera écroué dans cette prison. Si la translation a lieu un jour férié, le procès-verbal n'en doit pas moins être rédigé ce jour-là. Bourges, 26 août 1823 (5).

(*C. proc.*, 790.) Le gardien ou geôlier transcrira (*a*) sur son registre le jugement qui autorise l'arrestation ; faute par l'huissier de représenter ce jugement, le geôlier refusera de recevoir le débiteur et de l'é-crouer.

(*a*) Il n'est pas prescrit à peine de nullité que ce soit le greffier qui fasse lui-même la transcription ; il suffit qu'il en garantisse l'exactitude par sa signature. Caen, 19 février 1823 (6).

(*b*) Cette transcription ne doit pas nécessairement contenir la clause exécutoire, elle peut ne contenir que ce qui constitue le jugement aux termes de l'art. 141 du présent code. La clause exécutoire n'est nécessaire que pour les actes d'exécution. La loi n'a eu en vue, en ordonnant cette transcription, que de mettre le geôlier à même de savoir ce qu'il doit recevoir, dans le cas où le débiteur voudrait user de la faculté

(1) S., 29-2-323 ; D., 33-2-101. — (2) D., 33-2-75. — (3) J. P., é. c. — (4) J. P., é. c. — (5) J. P., é. c. — (6) J. P., é. c.

qui lui est accordée par les art. 788, 800, §. 2, et 802 du
présent code, et 23 de la loi du 17 avril 1832; et de donner aux
créanciers recommandants le moyen de prendre connaissance
de son contenu. Toulouse, 11 août 1828 (1).

(*C. proc.*, 791.) Le créancier sera tenu de consigner (*a*) les aliments d'avance; *les aliments ne
pourront être retirés lorsqu'il y aura recommandation,
si ce n'est du consentement du recommandant* (*b*).

(*a*) Un décret du 4 mars 1808 porte que le trésor public
n'est pas soumis à la consignation préalable des aliments, et
que les détenus à la requête de l'agent du trésor recevront
la nourriture comme les prisonniers à la requête du ministère
public.

Un pouvoir n'est pas indispensable pour consigner les
aliments; seulement, pour s'assurer que les consignations ne
sont pas faites par des tiers à l'insu du créancier, on est
dans l'usage, à Paris du moins, d'exiger de la part de la personne qui se présente pour consigner, l'exhibition des pièces,
ou au moins de la dernière quittance. En 1834, la chambre
des vacations du tribunal de la Seine consacra par plusieurs
décisions le principe de la nécessité d'un pouvoir écrit, dont
elle mettait la preuve à la charge du créancier. *Gaz.* des 4-
12-13-19 septembre 1834. Mais la même chambre a réformé cette jurisprudence par deux décisions ultérieures
(*Gaz.* des 25 septembre et 2 octobre de la même année); et
la cour de Paris a sanctionné cette dernière opinion par un
arrêt du 1er décembre de la même année (2). Voyez aussi

_____

(1) S., 30-2-103 ; D., 30-2-142. — (2) D., 34-2-170.

Bruxelles, 6 juin 1821 (1). —Limoges, 3 septembre 1835 (2). C'est à tort que l'on invoque à l'appui de l'opinion contraire les termes d'un jugement du tribunal de la Seine, du 28 janvier 1826. Le tribunal a déclaré nuls, il est vrai, les aliments consignés par Maillard, huissier, pendant un an après le décès de l'incarcérateur, parce qu'il n'était pas muni d'un pouvoir des héritiers; mais en se pénétrant bien des faits de la cause tels qu'ils ont dû se passer, on est porté à penser que non-seulement Maillard n'avait pas de pouvoir écrit, mais que même les héritiers n'avaient aucune connaissance des consignations qui avaient été faites, et que c'est cette circonstance qui a déterminé la décision du tribunal. Cette supposition se trouve confirmée par l'arrêt qui a relevé cette particularité que Maillard avait fait en son nom et dans son intérêt personnel les dernières consignations, et l'arrêt s'en est autorisé pour prononcer l'élargissement du détenu. Le rôle de Maillard, dans cette circonstance, présente une position exceptionnelle.

La consignation est valable quoiqu'elle soit faite au nom d'un créancier qui a cédé sa créance par un transport non signifié. Paris, 15 octobre 1829 (3).

(b) Cette dernière disposition est étrangère à la matière traitée dans ce paragraphe; elle trouvera sa place lorsque nous nous occuperons des recommandations.

_____

(1) J. P., é. c. — (2) D., 36-2-89. — (3) S., 30-2-30.

§ III. *Alimentation du détenu.*

791, C. procéd.;-28-29, L. 17 avril 1832.

Époques et mode de consignation des sommes destinées aux aliments,
791, C. proc.; 23, L. 17 av. 1832.
Quotité de la somme, 29, L. 17 av. 1832.

(*C. proc.*, 791.) Le créancier sera tenu de consigner les aliments d'avance. Les aliments ne pourront être retirés lorsqu'il y aura recommandation, si ce n'est du consentement du recommandant.

Le créancier recommandant qui est désintéressé par le détenu n'est pas obligé d'en prévenir le créancier incarcérateur avant de donner mainlevée de l'écrou et de retirer les aliments. L'obligation imposée par cet article à l'incarcérateur n'est pas réciproque à son égard. Colmar, 27 mai 1817 (1). — Paris, 7 janvier 1836 (2). — Paris, jugement, *Gaz.* du 7 avril 1836. — Paris, jugement, *Gaz.* du 8 février 1837. — Paris, jugement, *Gaz.* du 2 mars 1837. — Paris, jugement, *Gaz.* du 17 août 1837.

Il n'est pas non plus obligé de prévenir les autres créanciers recommandants.

Par suite du même principe, la nullité de l'emprisonnement ou de la recommandation entraîne la nullité de la consignation d'aliments, et les aliments consignés pour une arrestation ou une recommandation déclarée nulle ne pro-

_____

(1) S., 18-2-106; D., 17-2-89; J. P., é. e. — (2) D., 36-2-35.

fitent pas aux autres créanciers recommandants ou incarcé-
rateurs. *Gaz.* du 25 septembre 1835. — Paris, jugement
Guibout c. Gouffé, *Gaz.* du 4 octobre 1834. — Paris, jugement 4 décembre 1835, *Gaz.* du 5. — Paris, 24 août
1836, *Gaz.* du 16 septembre.

Toutefois cette nullité ne peut avoir d'effet que pour l'a-
venir ; la somme consignée a dû contribuer jusqu'à la mainlevée de l'écrou à l'alimentation du détenu. Paris, 18 juillet
1838 (1).

Nota. A l'égard de la procédure à suivre pour les contestations qui s'élèvent au moment des recommandations, il
faut s'en référer à ce qui est prescrit pour l'arrestation
par l'art. 793.

(*L. 17 av. 1832, 28.*) Un mois après la promulgation de la présente loi, la somme destinée à pourvoir
aux aliments des détenus pour dettes devra être consignée d'avance (*a*), et pour trente jours au moins (*b*).
Les consignations pour plus de trente jours ne vaudront qu'autant qu'elles seront d'une seconde ou de
plusieurs périodes de trente jours.

(*a*) Voyez art. 791 et 800 C. proc.

(*b*) Les jours doivent se compter de minuit à minuit, et
non pas d'heure à heure ; ainsi, lorsque le détenu a été arrêté
le 20 janvier au matin, la période de trente jours expire le
18 février à minuit, et la consignation d'aliments faite le 19
février n'est pas valable, alors même qu'elle serait faite avant

---

(1) J. P., 38-2-133.

l'heure correspondant à celle de l'arrestation. Paris, 23 mars
1836. — Paris, 6 décembre 1836 (1). — Toulouse, 14
novembre 1839 (2). — Douai, 13 juillet 1820 (3). — Riom,
3 décembre 1821 (4).

Dans la première période doivent être compris les jours
pendant lesquels le débiteur peut rester détenu dans des locaux provisoires à cause de l'éloignement de la prison (788
C. proc.). Cette période commence le jour de l'arrestation.
Bourges, 26 août 1823 (5).

(*L.* 17 *av.* 1832, 29.) A compter du même délai
d'un mois, la somme destinée aux aliments sera de
trente francs à Paris, et de vingt-cinq francs dans les
autres villes, pour chaque période de trente jours.

La somme destinée aux aliments du détenu sera, pour
le délai de trente jours, à la Martinique, à la Guadeloupe et
à Bourbon, de 60 fr.; à Cayenne, de 45 fr. ; au Sénégal et
aux établissements français dans l'Inde, et à Saint-Pierre et
Miquelon, de 30 fr. Art. 2, *Ord. du* 12 juillet 1832.

Le créancier ne peut être tenu dans aucun cas, même
pour cause de maladie du débiteur, de consigner une plus
forte somme. C. C. C. 17 juillet 1810 (6).

---

(1) S., 37-2-51; J. P., 37-2-184. — (2) D., 40-2-82. — (3) J. P., é. c. —
(4) J. P., é. c. — (5) J. P., é. c. — (6) S., 10-1-370.

§. IV. *Durée de la détention.*

(7-13-35-17-18 , L. 17 Av. 1832).

SOMMAIRE.

En matière civile, 7-13.
En matière de commerce, 5.
Pour les étrangers, 17-18.

(*L.* 17 *av.* 1832, 7.) Dans tous les cas où la contrainte par corps a lieu en matière civile ordinaire, la durée en sera fixée par le jugement de condamnation. Elle sera d'un an au moins et de dix ans au plus. Néanmoins s'il s'agit de fermages de biens ruraux, aux cas prévus par l'art. 2062 du Code civil, ou de l'exécution des condamnations intervenues, dans le cas où la contrainte par corps n'est pas obligée et où la loi attribue seulement aux juges la faculté de la prononcer, la durée de la contrainte par corps ne sera que d'un an au moins, et de cinq ans au plus.

(*L.* 17 *av.* 1832, 13.) Dans les cas énoncés dans la présente section, la contrainte par corps n'aura jamais lieu que pour une somme principale excédant trois cents francs ; sa durée sera fixée dans les limites de l'art. 7 de la présente loi, paragraphe premier.

La section de la loi du 17 avril 1832, dont parle cet article, est celle qui est intitulée : *De la contrainte par corps en matière de deniers et effets mobiliers publics.*

(*L.* 17 *av.* 1832, 5.) L'emprisonnement pour dette

commerciale cessera de plein droit après un an lorsque le montant de la condamnation principale (*a*) ne
s'élèvera pas à 500 francs ; — après deux ans , lorsqu'il ne s'élèvera pas à 1,000 francs ;— après trois ans,
lorsqu'il ne s'élèvera pas à 3,000 francs ; — après
quatre ans, lorsqu'il ne s'élèvera pas à 5,000 francs ;
—après cinq ans, lorsqu'il sera de 5,000 francs et au-
dessus.

(*a*) Souvent dans les causes commerciales, lorsqu'il a été
rendu, à des époques rapprochées, plusieurs jugements par
défaut contre la même personne, elle forme opposition à ces
jugements par un seul exploit, et il intervient un jugement
définitif unique qui la déboute de son opposition à ces divers
jugements par défaut. Dans ce cas, la durée de l'emprisonnement doit être calculée d'après la plus forte des condamnations prononcées par chacun de ces jugements par défaut, et
non pas d'après la somme totale de toutes ces condamnations.
Paris, jugem., *Gaz. du* 15 février 1837. On ne doit pas considérer le jugement de débouté comme formant un seul chef
de condamnation. L'opposition n'a pas eu pour effet d'anéan-
tir les jugements par défaut, mais seulement d'en suspendre
l'effet ; car le jugement de débouté ne dit rien autre chose, si
ce n'est que la partie condamnée a eu tort de s'opposer à
l'exécution. Rouen , 9 janvier 1826 (1). — C. C. R. 9 mai
1823 (2). — Limoges , 26 mai 1823 (3). On ne pourrait pas
prétendre que les jugements par défaut ont été anéantis par

(1) S., 27-2-30. — (2) S., 23-1-347; J. P., é. c. — (3) S., 23-2-272; D.,
23-2-72. J. P., é. c.

l'opposition, car on ne pourrait pas obtenir par un jugement de débouté l'exécution provisoire qui n'a pas été prononcée par le jugement par défaut auquel il se rapporterait.
Toulouse, 13 décembre 1810.

Le cours de la détention pour dettes n'est pas interrompu
par la translation du détenu, en vertu d'un mandat de dépôt,
dans une prison criminelle, à la charge des écrous pour
dettes. Paris, 22 décembre 1829 (1). — C. C. R. R. Paris,
20 novembre 1832 (2).

Le créancier consentant à la mise en liberté du détenu
avant le temps fixé par la loi (800 C. proc.), peut, d'accord avec lui, se réserver le droit de le réincarcérer. Mais le
temps que le débiteur a déjà passé en prison doit être compté
pour la durée de l'emprisonnement, et il ne peut être détenu
de nouveau que pour le temps qui reste à courir en raison
du montant des condamnations.

La durée de l'emprisonnement doit être calculée d'après
l'importance de la condamnation, lors même que depuis et
avant l'arrestation la dette se trouverait réduite par suite
de compensation à opérer, ou autrement. Bastia 19 juin
1833 (3).

Les termes de durée fixés par cet article sont applicables
aux dommages-intérêts accordés par les tribunaux de commerce. Il n'y a pas lieu, dans ce cas, de se conformer aux
prescriptions de l'art. 7, qui ne concernent que les matières
civiles. C. C. R. R., 26 juillet 1836 (4).

Il n'y a pas lieu non plus d'abréger la durée de l'emprisonnement fixée par le présent article, parce que le débiteur

---

(1) S., 30-2-65; D., 30-2-59. — (2) S., 33-1-322; D., 33-1-46. — (3) S.,
33-2-620; D., 33-2-169. — (4) D., 36-1-30.

aurait été détenu pendant un certain temps à la requête d'autres créanciers, avant la promulgation de la présente loi. C.
C. R., 2 août 1838 (1).

Il a été jugé par la cour de Paris, le 29 janvier 1835 (2),
que pour les condamnations prononcées avant la promulgation de la présente loi, la durée de l'emprisonnement doit
continuer à être régie par la loi du 15 germinal an VI; mais
la cour de cassation a consacré le principe contraire le 2 août
1838 (3).

(*L.* 17 *av.* 1832, 17.) La contrainte par corps exercée contre un étranger en vertu de jugement pour
dette civile ordinaire ou pour dette commerciale cessera de plein droit après deux ans, lorsque le montant de la condamnation principale ne s'élèvera pas à
500 francs;—après quatre ans, lorsqu'il ne s'élèvera
pas à 1,000 francs; — après six ans, lorsqu'il ne s'élèvera pas à 3,000 francs; — après huit ans, lorsqu'il
ne s'élèvera pas à 5,000 francs;—après dix ans, lorsqu'il sera de 5,000 francs et au-dessus. — S'il s'agit
d'une dette civile pour laquelle un Français serait soumis à la contrainte par corps, les dispositions de
l'art. 7 seront applicables aux étrangers, sans que
toutefois le minimum de la contrainte puisse être au-dessous de deux ans.

Les dispositions de cet article ne sont établies qu'en faveur

---

(1) S., 38-1-727; D., 38-1-167; J. P., 38-2-172. — (2) D., 38-2-147. —
(3) S., 38-1-727; D., 38-1-167; J. P., 38-2-172.

des Français et des étrangers qui sont autorisés à établir leur
domicile en France ; mais elles ne peuvent être invoquées par
un étranger contre un autre étranger ; dans ce cas, les art. 5
et 7 sont seuls applicables. Paris, jugem. 4 décembre 1835.
Kaunitz contre Tempier et Berger, *Gaz. du* 5 décembre.

La circonstance que le débiteur n'a pas opposé au moment
de son arrestation provisoire, en vertu de l'art. 15, que son
créancier est étranger, n'empêche pas qu'il ne puisse se prévaloir de cette qualité pour la fixation de la durée de l'emprisonnement. Cette durée est d'ordre public, et ne peut être
modifiée par une fin de non-recevoir. Paris, 26 décembre
1835 (1).

Le délai court à partir de l'arrestation provisoire. Même
jugement. — Paris, jugem. 4 décembre 1835. — Paris, 26
décembre 1835.

(*L. 17 av.* 1832, 18.) Le débiteur étranger condamné pour dette commerciale, jouira du bénéfice des
art. 4 et 6 de la présente loi. En conséquence, la contrainte par corps ne sera point prononcée contre lui,
ou elle cessera dès qu'il aura commencé sa soixante
et dixième année. Il en sera de même de l'étranger
condamné pour dette civile, le cas de stellionat excepté.

---

(1) D., 36-2-6; Gaz. 28 décembre 1835.

CHAPITRE IV.

DES RECOMMANDATIONS.

(792-793-791, C. proc.).

SOMMAIRE.

Qui a le droit de recommander et dans quel cas? 792.
Formalités prescrites pour les recommandations, 793.
Obligation des recommandants à l'égard de l'incarcérateur, 793-791.
Obligation de l'incarcérateur à l'égard des recommandants, 791.
Obligation des recommandants entre eux, 791, notes.
Procédure à suivre pour les contestations qui s'élèvent au moment des recommandations, 793, notes.

(*C. proc.*, 792.) Le débiteur pourra être recommandé (*a*) par ceux qui auraient le droit d'exercer la contrainte par corps. Celui qui est arrêté comme prévenu d'un délit (*b*) peut aussi être recommandé, et il sera retenu par l'effet de la recommandation, encore que son élargissement ait été prononcé et qu'il ait été acquitté du délit (*c*).

(*a*) Les recommandations faites après que le débiteur a formé sa demande en élargissement, mais avant que le juge ait prononcé, sont valables, lors même que cette demande serait accueillie. C. C. R. R., 2 avril 1822 (1). — Pau, 24 janvier 1834 (2). Selon Pigeau, t. II, p. 282, le débiteur peut être recommandé même jusqu'au moment de son élargissement.

------

(1) J. P., è. c. — (2) S., 34-2-345; D., 34-2-102.

La recommandation d'un débiteur évadé est valable. Il est censé toujours sous la main de la justice; d'ailleurs il ne peut arguer en sa faveur du dol dont il s'est rendu coupable. Paris, jugem., *Gaz.* 13 octobre 1833. Le contraire semblerait résulter des termes d'un arrêt de Paris du 3 juillet 1832 (1); mais la question n'était pas directement soumise à l'appréciation de la cour, ou du moins elle n'était pas débattue entre le créancier et le débiteur.

(*b*) Par l'expression *délit*, il faut entendre aussi bien les crimes que les délits proprement dits. Alby, jug. 10 février 1823 (2).

(*c*) Il est évident qu'en cas de détention, soit à titre de prévention, soit à titre de condamnation, la recommandation ne doit produire d'effet qu'au moment de la libération, de l'acquittement ou de l'expiration de la peine; jusque là, le débiteur reste à la disposition du ministère public, qui peut autoriser son transfert dans une maison de santé sans l'intervention du créancier. *Gaz.* 3 mars 1837.

(*C. proc.*, 793.) Seront observées pour les recommandations, les formalités ci-dessus prescrites pour l'emprisonnement (*a*). Néanmoins l'huissier ne sera pas assisté de recors, et le recommandant sera dispensé de consigner les aliments, s'ils ont été consignés. Le créancier qui a fait emprisonner pourra se pourvoir contre le recommandant devant le tribunal du lieu où le débiteur est détenu, à l'effet de le faire contribuer au payement des aliments par portion égale (*b*).

---

(1) D., 32-2-212. — (2) J. P., é. c.

(*a*) Le détenu a le droit, en cas de recommandation comme en cas d'arrestation, d'invoquer le bénéfice de l'art. 786, et de demander à être conduit devant le président pour faire valoir ses moyens. Paris, 17 septembre 1829 (1).

(*b*) Ces dispositions sont également applicables aux recommandants entre eux. Paris, 28 avril 1836 (2).

Lorsqu'il y a consignation simultanée par l'incarcérateur et des recommandants, ces consignations doivent être consommées par portions égales pour l'alimentation du détenu, sans qu'il soit besoin d'une convention intervenue entre eux pour cela, et nonobstant toute imputation contraire par le greffier. C. C. R. Paris, 18 août 1836 (3). — Paris, 27 février 1837 (4). — Paris, 28 avril 1836 (5). — Paris, 18 juillet 1838 (6).

CHAPITRE V.

DE LA NULLITÉ DE L'EMPRISONNEMENT.

(794-472-795-799-797-796, C. proc.).

SOMMAIRE.

(*C. proc.*, 794.) A défaut d'observation des formalités ci-dessus prescrites, le débiteur pourra (*a*) de-

---

(1) S., 30-2-41; D., 30-2-26. — (2) Gaz. 6 mai 1836. — (3) D., 37-1-133. — (4) Gaz. 10 mars 1837. — (5) Gaz. 6 mai 1836. — (6) J. P., 38-2-133.

mander la nullité de l'emprisonnement (b) , et la demande sera portée au tribunal du lieu où il sera détenu ; si la demande en nullité est fondée sur des moyens du fond , elle sera portée devant le tribunal de l'exécution du jugement (c).

(a) Il ne faut pas entendre par cette expression, que le tribunal a la faculté de prononcer la nullité de l'emprisonnement. Cette nullité doit impérieusement être prononcée, toutes les fois que la demande lui en est faite. Lyon, 9 mai 1828 (1).—Nîmes, 15 juin 1829 (2). La cour de Nîmes avait consigné le principe contraire dans les motifs d'un arrêt du 12 juillet 1826 (3), mais la question qui lui était soumise a été résolue par d'autres motifs. La cour nous paraît, au reste, avoir violé en cela, dans ce dernier arrêt, les principes non pas du droit, mais de la grammaire.

(b) Cette nullité est absolue et permanente ; elle vicie l'emprisonnement, le rend irrégulier, par conséquent illégal, et peut être opposée en tout état de choses, même après un séjour sans réclamation dans la maison de détention, sans qu'il puisse s'élever contre elle d'autre fin de non-recevoir que l'autorité de la chose jugée. Montpellier, 19 juin 1807 (1). —Metz, 30 décembre 1817 (2).—Rennes, 28 décembre 1814 (3).—C. C. C., 19 avril 1830 (4). —Voyez art. 20, L. 17 av. 1832.

(c) Cette compétence exceptionnelle est encore prescrite, pour le cas où l'emprisonnement a lieu en vertu d'un arrêt, par l'art. 472, qui est ainsi conçu : « Si le jugement est con-

(1) S., 28-2-260. — (2) S., 29-2-322 ; D., 29-2-290. — (3) S., 29-2-174 ; D., 29-2-2.

firmé, l'exécution appartiendra au tribunal dont est appel : si le jugement est infirmé, l'exécution entre les mêmes parties appartiendra à la cour royale qui aura prononcé, ou à un autre tribunal qu'elle aura indiqué par le même arrêt, sauf les cas de la demande en nullité d'emprisonnement, en expropriation et autres, dans lesquels la loi attribue juridiction. »

(*C. proc.*, 795.) Dans tous les cas la demande pourra être formée à bref délai (*a*), en vertu de permission de juge, et, l'assignation donnée par huissier commis (*b*) au domicile élu par l'écrou, la cause sera jugée sommairement sur les conclusions du ministère public.

(*a*) En matière d'emprisonnement, lorsque le juge permet d'assigner à jour fixe, il n'y a pas lieu d'avoir égard à l'éloignement du domicile réel du créancier et d'augmenter le délai à raison des distances, comme le prescrit en général l'art. 1033. Bordeaux, 1er décembre 1831 (5).

Il en est de même lorsque le juge se borne à autoriser d'assigner à bref délai sans indiquer un jour fixe : tout ce qui intéresse la liberté nécessite une prompte décision, et l'élection de domicile imposée par les art. 783 et 789, qui est attributive de juridiction, suppose dans la personne chargée de recevoir les actes, un mandat et des instructions qui lui permettent de représenter le créancier et de défendre ses intérêts en son absence (111 C. C.). C. civ. R. R., 9 juin 1830 (6). —C. C. R., Paris, 20 mars 1810 (7).

---

(1) S., 15-2-42. — (2) J. P., é. c. — (3) J. P., é. c. — (4) S., 30-1-198. — (5) S., 32-2-350; D., 32-2-54. — (6) S., 30-1-». — (7) S., 10-1-190.

La cour de Bordeaux a décidé le 31 juillet 1827, par conséquent sous l'empire de la loi du 15 germinal an VI, que le
jugement qui statuait sur la demande en nullité de l'emprisonnement ou en élargissement, était en dernier ressort, lorsque les causes de l'emprisonnement n'avaient elles-mêmes
comporté qu'un degré de juridiction. Mais alors plusieurs
cours refusaient l'appel de la disposition des jugements en
dernier ressort, qui prononçait la contrainte par corps. Que
cette jurisprudence ait été bien ou mal fondée, elle ne doit plus
être suivie aujourd'hui. L'art. 20 de la loi du 17 avril 1832, qui
soumet à l'appel la disposition des jugements en dernier ressort relative à la contrainte par corps, admet, par cela même,
à jouir de la même faveur, toutes les décisions incidentes qui
y sont relatives.

(b) Le tribunal de Paris a jugé dans la cause d'entre
Cooper et Pene (*Gaz.* du 6 janvier 1833), que la désignation
d'un huissier commis pour signifier une assignation à bref
délai doit être considérée comme une condition de l'autorisation qu'il accorde, et que l'assignation est nulle si elle est
signifiée par un autre huissier. Cette décision nous paraît
d'autant plus rigoureuse, qu'il s'agissait d'un détenu qui de-
mandait son élargissement parce que son créancier avait consigné trop tard les aliments.

La cour de Paris s'est prononcée depuis pour l'opinion
contraire dans des circonstances beaucoup moins favorables,
car l'huissier était commis pour satisfaire aux prescriptions
de l'art. 832 du présent Code, dans une procédure de surenchère. La cour a pensé qu'il suffisait que l'assignation fût
parvenue au défendeur. — 8 février 1834 (1).

_____

(1) S., 34-2-380.

Les tribunaux doivent ordonner, dans ce cas, l'exécution provisoire de leurs jugements, même sans assujettir le détenu à donner caution. Rennes, 3 février 1818 (1).

(*C. proc.*, 799.) Si l'emprisonnement est déclaré nul, le créancier pourra être condamné en des dommages-intérêts envers le débiteur.

Lorsque la nullité est prononcée pour vice de forme, il faut en général, pour accorder des dommages-intérêts, qu'elle ait imprimé à l'arrestation un caractère d'illégalité vexatoire, ou qu'elle ait porté préjudice au détenu en paralysant ses moyens de défense ou de libération. Florence, 12 août 1809 (2).

La cour de Montpellier a prononcé des dommages-intérêts pour une arrestation déclarée nulle, comme étant faite en vertu d'une expédition non revêtue de la forme exécutoire. Arrêt du 19 juin 1807 (3).

La cour de Nîmes en a également accordé le 22 mars 1813 (4), pour une arrestation déclarée nulle parce que la signification du jugement ne contenait pas la disposition qui obligeait le créancier à fournir caution.

Des dommages-intérêts ont encore été alloués au débiteur par la cour de Colmar le 20 août 1808 (5), parce qu'il avait été arrêté avant l'expiration du délai fixé par l'art. 780 C. proc.

Dans ce cas, on doit accorder au créancier son recours contre l'huissier qui a opéré l'arrestation. Même arrêt.

_____

(1) J. P., é. c. — (2) S., 12-2-379. — (3) S., 15-2-42. — (4) S., 14-2-272; J. P., é. c. — (5) S., 9-2-166.

La cour de Bruxelles a refusé des dommages-intérêts, en mettant au nombre des motifs de l'arrêt (25 mai 1822) (1), que la violation des formalités voulues n'avait pas été occasionnée par le fait personnel du créancier. Il ne faudrait pas adopter comme principe la conclusion que l'on pourrait en tirer, et croire que la complicité de l'incarcérateur soit nécessaire pour qu'il y ait lieu de le condamner à des dommages-intérêts. Toute participation à l'arrestation lui est interdite ; ce n'est donc jamais que comme responsable des faits de son mandataire, que la loi accorde au débiteur une action contre lui. Les faits de la cause parlaient d'ailleurs assez en faveur du créancier, pour que la cour ne se soit pas déterminée par ce motif.

Les tribunaux n'accordent, au reste, de dommages-intérêts dans cette circonstance, qu'avec beaucoup de réserve. Toulouse, 13 janvier 1823 (2). — Caen, 15 janvier 1823 (3). — Agen, 10 janvier 1811 (4).

(*C. proc.*, 797.) Le débiteur dont l'emprisonnement est déclaré nul ne peut être arrêté pour la même dette qu'un jour au moins après sa sortie.

Lorsque le détenu a fait déclarer nul l'emprisonnement, le créancier qui l'avait fait incarcérer peut le faire recommander un jour après, en vertu de titres différents, s'il est encore retenu en prison par d'autres créanciers recommandants. Toulouse, 11 janvier 1825 (5). — Riom, 3 août 1837 (6).

Nous pensons que le créancier pourrait également recom-

---

(1) J. P., é. c. — (2) J. P., é. c. — (3) J. P., é. c. — (4) J. P., é. c. — (5) S., 25-2-413; D., 25-2-134; J. P., é. c. — (6) S., 38-2-116; D., 38-2-101; J. P., 38-2-329.

mander son débiteur en vertu des mêmes titres ; car ce dernier est censé, vis-à-vis de lui, avoir joui du bénéfice du délai fixé par la loi. MM. Thomine et Desmazures (*Comm. du Code proc.*, t. II, n° 929), — Dalloz aîné (v° *Contrainte par corps*, p. 810, n° 2),—Carré (*Lois de la proc.*, n° 2719), professent la même opinion. Ils vont même jusqu'à dispenser le créancier de tout délai. Nous ne partageons pas leur avis à cet égard ; la protection que le législateur a voulu accorder pendant un temps moral à la liberté qui est rendue au débiteur par l'autorité judiciaire, lui est acquise à l'égard du créancier contradicteur, qu'il soit ou qu'il ne soit pas détenu par d'autres créanciers. Cette circonstance doit être sans influence dans cette question, qui est toute de moralité. D'ailleurs, ce détenu ne peut-il pas, par un accord immédiat avec ses créanciers recommandants, bénéficier de la sanction que la loi a voulu attacher à l'exécution de la décision judiciaire? MM. Demiau, Crouzilhac, p. 484, et Coin Delisle (*Comm. du Code civil*, titre *de la Contrainte par corps*, sur l'art. 2069 C. C.), nous paraissent exagérer, de leur côté, les prérogatives de la liberté individuelle, en refusant absolument au créancier le droit de recommander son débiteur tant qu'il n'est pas sorti de prison. Une telle prescription serait une déchéance temporaire d'un droit acquis au créancier ; elle aurait, sous ce rapport, un caractère de pénalité, qui exigerait qu'elle fût écrite d'une manière impérative dans la loi. La restriction apportée par le présent article à l'exercice de la contrainte par corps, n'est pas une peine que la loi ait voulu infliger au créancier ; elle n'est qu'une mesure de convenance et de protection, à laquelle il est suffisamment satisfait. La seule punition que le créancier puisse encourir par suite de la nullité de l'incarcération consiste dans des dommages-intérêts (797 C. proc.), sauf le cas où le détenu est laissé sans aliments (31, L. du 17 av. 1832). Voyez Paris, Laz-Cano contre Colin, *Gaz.* du 8 avril 1835. — Nancy, 29 mai 1840 (1).

La pensée qui a présidé à la rédaction de cet article ne permet pas de supposer que le créancier puisse simultanément incarcérer et recommander, ou recommander deux fois son débiteur pour le tenir avec plus de certitude sous les verrous, même avec des titres différents. Colmar, 31 août 1810 (2). — Limoges, 26 mai 1823 (3). — Carré, n° 2717. M. Berriat-Saint-Prix professe une opinion contraire.

(*C. proc.*, 796.) La nullité de l'emprisonnement, pour quelque cause qu'elle soit prononcée, n'emporte point la nullité des recommandations.

Cet article n'est pas applicable aux recommandations faites à la requête du créancier incarcérateur. La nullité de l'emprisonnement entraîne, quant à lui, la nullité des recommandations. Limoges, 26 mai 1823 (4). — Colmar, 31 août 1810 (5). — Voyez art. 797.

A plus forte raison, la nullité de l'emprisonnement entraîne-t-elle la nullité des recommandations faites pendant l'instance en nullité de l'emprisonnement, en vertu des mêmes titres qui ont donné lieu à l'arrestation. Nancy, 29 mai 1840 (6).

La cour de Toulouse a déclaré nulle, par un arrêt du 30 novembre 1839 (7), une recommandation faite à la requête d'un créancier incarcérateur après le prononcé d'un

---

(1) D., 40-2-187. — (2) S., 11-2-78; D., 11-2-99; J. P., é. c.— (3) S., 23-2-272; D., 23-2-72; J. P., é. c. — (4) S., 23-2-272; D., 23-2-72. — (5) S., 11-2-78; D., 11-2-99. — (6) D., 40-2-187. — (7) D., 40-2-90; J. P., 40-1-210.

arrêt qui avait annulé l'emprisonnement, mais avant son exécution par la mise en liberté du détenu.

La cour de Rouen a même déclaré nulle la recommandation d'un débiteur faite pendant les vingt-quatre heures d'une détention préventive, parce que l'arrestation avait été le résultat de manœuvres et artifices de la part du créancier, et qu'elle avait été provoquée dans son intérêt. Le pourvoi formé contre cet arrêt a été rejeté le 15 juillet 1819 (1). — Voyez aussi Rouen, 27 juillet 1813 (2).

CHAPITRE VI.

CESSATION DE L'EMPRISONNEMENT.

§ I. — *Causes qui font cesser l'emprisonnement.*

(800-801-798, C. proc.; 23-24-25-26, L. 17 av. 1832; 802, C. proc.; 1427-1558-1270-1945, C. civ.; 905, C. proc.; 541, C. comm.; 803, C. proc.; 30-6-18, L. 17 av. 1832.

SOMMAIRE.

Consentement du créancier, 800, n° 1, 801, C. proc.
Paiement ou consignation de la dette, 800, n° 2, 798, C. proc.; 23-24-25-26, L. 17 av. 1832; 802, C. proc.; 1427-1558, C. civ.
Cession de biens, 800, n° 3, C. proc.; 1270-1945, C. civ.; 905, C. proc.; 541, C. comm.
Manque d'aliments, 800, n° 4, 803, C. proc.; 30, L. 17 av. 1832.
Age, 800, n° 5, C. proc.; 6-18, L. 17 av. 1832.
Terme de la détention. — Faillite. (Nota.)

(*C. proc.*, 800.) Le débiteur légalement incarcéré obtiendra son élargissement, 1° par le consentement

_____

(1) J. P., é. c. — (2) S., 14-2-155; J. P., é. c.

du créancier qui l'a fait incarcérer et des recommandants s'il y en a (a); 2° par le payement ou la consignation des sommes dues tant au créancier qui a fait emprisonner qu'au recommandant, des intérêts échus, des frais liquidés, de ceux d'emprisonnement, et de la restitution des aliments consignés (b); 3° par le bénéfice de cession ; 4° à défaut par les créanciers d'avoir consigné d'avance les aliments (c) ; 5° et enfin, si le débiteur a commencé sa soixante-dixième année, et si dans ce dernier cas il n'est pas stellionataire.

(a) Le créancier peut, en donnant mainlevée de l'écrou, se réserver le droit de réincarcérer son débiteur, en cas d'inexécution des conventions intervenues entre eux. Mais pour que cette réserve puisse constituer un droit, il est nécessaire qu'elle soit acceptée par le débiteur. Paris, 6 juillet 1826 (1). — Paris, jugement, *Gaz.* du 25 août 1836.—Coin-Delisle, *Traité de la contrainte par corps,* p. 108, n° 6. Autrement le créancier pourrait, en coupant par périodes la durée de la détention qui est attachée à son titre, prolonger d'une manière en quelque sorte indéfinie cette durée, et ruiner l'existence de son débiteur par des arrestations inopportunes. Ce serait de sa part un abus vexatoire d'un droit dont la loi ne lui accorde que l'exercice. C'est donc à tort, selon nous, que le tribunal de la Seine a jugé, le 5 août 1837, (*Gaz.* du 16 août), que l'adhésion du débiteur n'est pas nécessaire.

Toutefois, il n'y a pas obligation que cette adhésion soit

(1) S., 27-2-194; J. P., é. c.

expresse et donnée par écrit ; elle peut s'induire des circonstances qui ont accompagné la mainlevée de l'écrou. Paris, 27 mars 1838 (1).

Mais elle doit être évidemment simultanée avec cette mainlevée. Paris, jugement, 9 février 1837 (*Gaz.* du 10 fév.). Le droit d'exercer la contrainte étant épuisé par le consentement à la mise en liberté, l'acquiescement que donnerait ultérieurement le débiteur à l'exercice de la contrainte par corps serait une aliénation volontaire de sa liberté, prohibée par l'art. 2063 C. C. C'est avec raison, par voie de conséquence, que le tribunal a décidé que dans ce cas, quoique le débiteur se soit laissé incarcérer de nouveau sans protestation, il n'en a pas moins le droit de demander son élargissement. L'aliénation volontaire ne peut jamais être opposée comme fin de non-recevoir, en matière de liberté.

(*b*) Cette disposition de l'article a été modifiée et complétée par les art. 23-24-25-26 de la loi du 17 avril 1832.

Lorsqu'un débiteur, emprisonné en vertu d'un jugement exécutoire par provision, consigne les causes de son emprisonnement, il n'y a pas acquiescement et fin de non-recevoir contre l'appel, surtout lorsqu'il déclare consigner comme forcé et contraint, et sous la réserve expresse de tous ses droits et actions. C. C. C. Paris, 13 février 1816 (2).

Si le créancier consigne tardivement les aliments, et si le débiteur n'a pas demandé dans l'intervalle son élargissement, cette consignation ne peut pas être considérée comme un point de départ pour une nouvelle série de périodes. Elle est censée faite à l'époque à laquelle elle aurait dû être faite, et

---

(1) D., 38-2-121 ; J. P., 38-1-525 ; Gaz. 5 avril 1838.— (2) S., 18-1-588.

elle est employée d'abord à payer les aliments du détenu
pendant les jours en retard. La supputation des périodes
ultérieures à partir de la date de cette consignation occa-
sionnerait un défaut d'aliments pour un certain temps, et le
détenu pourrait demander son élargissement. C. C. R.
Paris, 11 juin 1822 (1). — C. C. R. Paris, 7 août 1822 (2).
— C. C. R. Paris, 20 août 1822 (3). Il n'importe, d'ailleurs,
à quelle époque le défaut aurait été créé ; il s'est renouvelé à
chaque période, car les aliments, quoique payables par mois,
doivent être comptés par jours. Douai, 1er septembre 1824 (4).
—Rouen, 7 février 1821 (5). — C. C. C. Paris, 21 novembre 1820 (6). — Toulouse, 16 mars 1818 (7). — Les art. 28
et 29 de la loi du 17 avril 1832 sont encore plus explicites à
cet égard que ne l'était la loi du 15 germinal an VI. Paris,
jugement, *Gaz.* du 9 novembre 1833.

(c) Il a été jugé par la cour de Colmar, le 31 mars 1813 (8),
que l'on était non recevable à exciper en appel d'une cession
de biens, pour faire réformer la disposition d'un jugement
qui a prononcé la contrainte par corps, lorsqu'on n'avait pas
fait valoir ce moyen devant les premiers juges. Mais cette
décision ne nous paraît pas devoir faire jurisprudence.

Pour tout ce qui a rapport à la cession des biens, voyez
art. 898 et suiv. du même code.

(*C. proc.*, 801.) Le consentement à la sortie du
débiteur pourra être donné soit devant notaire, soit
sur le registre d'écrou.

---

(1) S., 23-1-151 ; J. P., é. c. — (2) S., 23-1-151 ; J. P., é. c. — (3) S.,
23-1-152 ; J. P., é. c. — (4) S., 25-2-177 ; J. P., é. c. — (5) S., 21-2-71 ;
J. P., é. c. — (6) S., 21-1-23 ; J. P., é. c. — (7) S., 18-2-254 ; J. P., é. c. —
(8) J. P., é. c.

(*C. proc.*, 798.) Le débiteur sera mis en liberté; en consignant entre les mains du geôlier de la prison les causes de son emprisonnement et les frais de sa capture.

Le détenu ne peut se contenter de déposer des titres de créance contre son créancier, en alléguant la compensation. *Gaz.* du 25 janvier 1835. Il y a, dans ce cas, nécessité d'appeler le créancier incarcérateur ou recommandant, pour faire juger avec lui la compensation; cette question ne peut évidemment être débattue avec le greffier seul.

Cet article a été modifié par les art. 24-25-26 de la loi du 17 avril 1832.

(*L.* 17 *av.* 1832, 23.) Les frais liquidés que le débiteur doit consigner ou payer pour empêcher l'exercice de la contrainte par corps, ou pour obtenir son élargissement, conformément aux art. 798 et 800, paragraphe 2 du Code de procédure, ne seront jamais que les frais de l'instance, ceux de l'expédition et de la signification du jugement et de l'arrêt s'il y a lieu, ceux enfin de l'exécution relative à la contrainte par corps seulement.

Quoique le capital et les intérêts d'une condamnation aient été payés, la contrainte par corps peut être exercée pour les frais. *Gaz.* du 26 septembre 1839. — Paris, 19 septembre 1839 (1).

_____

(1) J. P., 39-2 389.

(*L. 17 av.* 1832, 24.) Le débiteur, si la contrainte par corps n'a pas été prononcée pour dette commerciale, obtiendra son élargissement en payant ou consignant le tiers du principal de la dette et de ses accessoires, et en donnant pour le surplus une caution acceptée par le créancier ou reçue par le tribunal civil dans le ressort duquel le débiteur sera détenu.

(*L. 17 av.* 1832, 25.) La caution sera tenue de s'obliger solidairement avec le débiteur à payer, dans un délai qui ne pourra excéder une année, les deux tiers qui resteront dus.

(*L. 17 av.* 1832, 26.) A l'expiration du délai prescrit par l'article précédent, le créancier, s'il n'est pas intégralement payé, pourra exercer de nouveau la contrainte par corps contre le débiteur principal, sans préjudice de ses droits contre la caution.

(*C. proc.*, 802.) La consignation de la dette sera faite entre les mains du geôlier, sans qu'il soit besoin de la faire ordonner. Si le geôlier refuse, il sera assigné à bref délai devant le tribunal du lieu en vertu de permission; l'assignation sera donnée par huissier commis.

(*C. civ.*, 1427.) La femme ne peut s'obliger ni engager les biens de la communauté, même pour tirer son mari de prison, qu'après y avoir été autorisée par justice.

(*C. civ.*, 1558.) L'immeuble dotal peut encore être aliéné avec permission de justice, et aux enchères, après trois affiches, pour tirer de prison le mari ou la femme, etc...

Cet article n'autorise la justice à permettre l'aliénation d'un bien dotal que pour tirer le mari de prison, et non pour empêcher qu'il soit incarcéré ; ainsi, il ne suffit pas qu'il existe des jugements exécutoires par corps, si ces jugements n'ont pas été suivis de l'incarcération du débiteur. Rouen, 16 janvier 1838 (1). — Caen, 4 juillet 1826 (2). — Voyez Toullier, t. XIV, n° 199 ; — Duranton, t. XV, n° 509 ; — Merlin, *Répert.* v° *Dot*, § VIII ; — Tessier, *Traité de la dot*, t. Ier, p. 419, n° 73.

(*C. civ.*, 1270.) Les créanciers ne peuvent refuser la cession judiciaire, si ce n'est dans les cas exceptés par la loi (*a*). Elle opère la décharge de la contrainte par corps (*b*). *Au surplus, elle ne libère le débiteur que jusqu'à concurrence de la valeur des biens abandonnés, et dans le cas où ils auraient été insuffisants, s'il lui en survient d'autres, il est obligé de les abandonner jusqu'au parfait payement.*

(*a*) Pour les cas dans lesquels les créanciers peuvent refuser la cession de biens, voyez les art. 1268, 1945, C. civ.; — 905, C. proc.; — 541, C. comm.

(*b*) La cession de biens décharge le débiteur de la con-

_____

(1) S., 38-2-103. — (2) J. P., é. c.

trainte par corps, pour quelque cause que ce soit, même pour cause de stellionat. Les faits qui entraînaient la contrainte par corps étaient des exceptions que les créanciers pouvaient opposer à la demande formée par leur débiteur, mais qui se trouvent couvertes par l'autorité de la chose jugée, lorsque la cession est prononcée. Amiens, 23 janvier 1822 (1). — Rouen, 15 avril 1819 (2).

(*C. civ.*, 1945.) Le dépositaire infidèle n'est point admis au bénéfice de cession.

Cette prescription est reproduite dans l'art. 905, C. proc.

Le débiteur constitué gardien judiciaire des objets sur lui saisis, s'il ne les représente pas, doit être réputé dépositaire infidèle, et exclu du droit au bénéfice de cession de biens. Pau, 16 avril 1810 (3).

(*C. proc.*, 905.) Ne pourront être admis au bénéfice de cession, les étrangers, les stellionataires, les banqueroutiers frauduleux (*a*), les personnes condamnées pour cause de vol ou d'escroquerie, ni les personnes comptables, tuteurs, administrateurs et dépositaires (*b*).

(*a*) Le banqueroutier simple peut être admis au bénéfice de cession, s'il administre la preuve de son malheur et de sa bonne foi. Paris, 8 août 1812 (4).

---

(1) S., 24-1-39; J. P., é. c. — (2) S., 20-1-30; J. P., é. c. — (3) S, 11-2-80. — (4) S., 13-2-57; J, P., é. c.

(*b*) L'art. 1945, C. civ., renferme la même prescription à l'égard du dépositaire. — Voyez cet article.

Cette disposition ne peut être invoquée que par la partie lésée. Si cette partie donne son consentement à la cession de biens, les autres créanciers sont non recevables à s'y opposer pour une cause qui lui était personnelle. Turin, 21 décembre 1812 (1). — Montpellier, 21 mai 1827 (2).

Cet article n'est pas limitatif; il y a d'autres cas dans lesquels le débiteur doit être exclu du bénéfice de cession. Mais dans ces autres cas, la question de bonne foi ou de mauvaise foi du débiteur est laissée à la prudence des juges. Paris, 17 janvier 1823 (3). — Voyez 1268 C. C.

Le bénéfice de la cession de biens ne doit pas être refusé, par cela seul que le débiteur s'est livré à des opérations de contrebande. —Caen, 23 janvier 1826 (4).

(*C. comm.*, 541.) Aucun débiteur commerçant ne sera recevable à demander son admission au bénéfice de cession de biens.

(*C. proc.*, 803.) L'élargissement faute de consignation d'aliments sera ordonné sur le certificat de non-consignation délivré par le geôlier et annexé (*a*) à la requête présentée au président du tribunal, sans sommation préalable. Si cependant le créancier en retard de consigner les aliments fait la consignation avant que le débiteur ait formé sa demande en élargissement, cette demande ne sera plus valable (*b*).

---

(1) S.,-16-2-125; J. P., é. c. — (2) S., 28-2-213. — (3) S., 25-2-130; J. P., é. c. — (4) J. P., é. c.

(a) Cette disposition se trouve modifiée par l'art. 30 de la loi du 17 avril 1832.

(b) Le président a le droit d'ordonner l'élargissement, d'après la déclaration du geôlier ; mais il peut aussi renvoyer le détenu à se pourvoir devant le tribunal. Dans ce dernier cas, la demande est réputée formée du moment que le président a signé l'ordonnance qui renvoie à l'audience, et la consignation d'aliments faite postérieurement est tardive. C. C. C. Paris, 27 août 1821 (1).—Douai, 1er septembre 1824 (2). — Paris, 18 juin 1836 (3). — Nancy, 18 mai 1829 (4).

Dans le doute sur la priorité de la demande ou de la consignation, parce que l'heure n'aurait pas été constatée par les deux parties, la demande du détenu doit être accueillie. Toulouse, 15 mars 1828 (5).

L'ordonnance du président qui prononce en référé la mise en liberté du détenu, ne peut être déférée au tribunal civil par voie d'opposition ; elle ne peut être attaquée que par la voie de l'appel. Paris, jugement, *Gaz.* du 1er février 1834.

(L. 17 av. 1832, 30.) En cas d'élargissement faute de consignation d'aliments, il suffira que la requête présentée au président du tribunal civil soit signée par le débiteur détenu et par le gardien de la maison d'arrêt pour dettes, ou même certifié véritable par le gardien, si le détenu ne sait pas signer. — Cette requête sera présentée en duplicata ; l'ordonnance du président, aussi rendue par duplicata, sera exé-

---

(1) S., 22-1-133; J. P., é. c. — (2) S., 25-2-177; J. P., é. c. — (3) D., 36-2-144; Gaz. 28 juin 1836. — (4) S., 29-2-212. — (5) S., 28-2-209.

cutée sur l'une des minutes, qui restera entre les
mains du gardien; l'autre minute sera déposée au
greffe du tribunal et enregistrée gratis.

L'ordonnance du président ne peut être attaquée que par
voie d'appel : l'incompétence du tribunal est *ratione materiæ*,
et peut être proposée, pour la première fois, devant la cour.
Toulouse, 30 novembre 1836 (1).

Cet article a modifié l'art. 800, n° 4, C. proc.

(*L.* 17 *av.* 1832, 6.) Il (*l'emprisonnement*) cessera
également de plein droit le jour où le débiteur aura
commencé sa soixante et dixième année.

Les art. 800, § 5, C. proc., et 18 de la présente loi, contiennent une disposition pareille, le premier pour les dettes
civiles, et le second en ce qui concerne les étrangers. Cette
disposition a aussi été étendue, mais avec modification, aux
condamnations en matière criminelle, correctionnelle et de
police, par l'art. 40 de la présente loi.

(*L.* 17 *av.* 1832, 18.) Le débiteur étranger, condamné pour dette commerciale, jouira du bénéfice
des articles 4 et 6 de la présente loi. En conséquence,
la contrainte par corps ne sera point prononcée contre lui, ou elle cessera dès qu'il aura commencé sa
soixante et dixième année. — Il en sera de même à
l'égard de l'étranger condamné pour dette civile, le
cas de stellionat excepté.

_____

(1) S., 37-2-323; D., 37-2-169,

A toutes ces causes qui font cesser l'emprisonnement, il faut ajouter l'expiration du terme et la déclaration de faillite.

Nous avons vu précédemment comment le terme de l'emprisonnement se trouve fixé.

Quant à la déclaration de faillite, elle fait cesser l'emprisonnement du failli à la requête des créanciers, mais pour le faire maintenir sous une autre forme, que la loi appelle dépôt de la personne du failli. Voyez au surplus, pour ce qui concerne les faillites, ce qui sera dit ci-après, titre III.

§ II. — *Attribution de juridiction et procédure pour les demandes de mise en liberté.*

(805, C. proc.)

(*C. proc.*, 805.) Les demandes en élargissement seront portées au tribunal dans le ressort duquel le débiteur est détenu. Elles seront formées à bref délai au domicile élu par l'écrou (*a*) en vertu de permission du juge sur requête présentée à cet effet; elles seront communiquées au ministère public et jugées sans instruction à la première audience, préférablement à toutes autres causes, sans remise ni tour de rôle (*b*).

(*a*) L'appel de ces jugements peut également être signifié à ce domicile élu. Riom, 31 août 1814 (1).

(*b*) Les tribunaux ne peuvent ordonner l'exécution pro-

(1) J. P., é. c.

visoire d'un jugement qui prononce une mise en liberté.
Riom, 6 août 1821 (1).

Néanmoins, l'âge avancé du détenu et son état de santé
peuvent être des circonstances impérieuses qui autorisent de
prononcer l'exécution provisoire, même nonobstant appel,
sur minute et sans caution. Nîmes, 1er août 1838 (2).

Une demande en élargissement est une action principale
qui ne peut être formée incidemment en appel. Rennes,
20 avril 1818 (3).

L'article 153 du Code de procédure sur les défauts-profit-
joint, n'est pas applicable aux demandes en élargissement.
Il n'y a pas lieu dans ce cas de réassigner les défaillants.
Bourg, jugement, *Gaz.* du 2 avril 1834.

L'appel d'un jugement qui maintient un emprisonnement
peut être interjeté le jour même du jugement; ce n'est pas le cas
d'appliquer l'art. 449 du Code de procédure civile. Bordeaux,
1er décembre 1831 (4). C. C. R. R. Metz, 19 avril 1826 (5).
— Cette décision est conforme à la doctrine de la cour de cassation, qui a décidé, le 19 avril 1826 (6), que l'on peut appeler d'un jugement avant l'expiration du délai de huitaine,
lorsque, contrairement aux prescriptions de l'art. 450 du
même Code, il a été mis à exécution avant l'expiration de ce
délai. En effet, un jugement qui maintient un emprisonnement se trouve exécuté à l'instant même où il est prononcé.

La cour de Cassation n'a pas le pouvoir de prononcer une
mise en liberté. Cette décision rentre exclusivement dans les
attributions des juges du fond. C. C. 15 avril 1829 (7).

---

(1) J. P., é. c. — (2) S., 39-2-99; J. P., 39-1-13. — (3) J. P., é. c. —
(4) S., 32-2-350; D., 32-2-54. — (5) S., 27-1-199; J. P., é. c. — (6) S.,
27-1-199. — (7) S., 29-1-187; D., 29-1-221.

Les tribunaux n'ont pas le droit de suspendre la détention. Ainsi, ils n'ont pas le droit d'accorder au détenu son élargissement provisoire moyennant caution, et même sous la surveillance d'un garde du commerce, pour suivre la rentrée de créances destinées à le libérer. Paris, 26 février 1819 (1).

Ils n'ont pas non plus le droit d'autoriser son extraction pour qu'il assiste à une audience où se débattent des intérêts civils. Paris, 26 mai 1813 (2).

§ III. — *Cas dans lesquels le droit de faire emprisonner son débiteur est épuisé.*

(27-31, L. 17 avril 1832; 804, C. proc.)

SOMMAIRE.

Terme de la détention, 27, L. 17 av. 1832.
Manque d'aliments, 31, L. 17 av. 1832; 804, C. proc.

(*L.* 17 *av.* 1832, 27.) Le débiteur qui aura obtenu son élargissement de plein droit, après l'expiration des délais fixés par les articles 5, 7, 13 et 17 de la présente loi, ne pourra plus être détenu ou arrêté pour dettes contractées antérieurement à son arrestation et échues au moment de son élargissement, à moins que ces dettes n'entraînent par leur nature et leur quotité une contrainte plus longue que celle qu'il aura subie, et qui dans ce dernier cas lui sera toujours comptée pour la durée de la nouvelle incarcération.

---

(1) S., 19-2-195; J. P., é. c. — (2) J. P., é. c.

(*L.* 17 *av.* 1832, 31.) Le débiteur élargi faute de consignation d'aliments ne pourra plus être incarcéré pour la même dette.

Cet article a abrogé implicitement l'article 804 du Code de procédure, qui est ainsi conçu :

(*C. proc.*, 804.) Lorsque l'élargissement aura été ordonné faute de consignation d'aliments, le créancier ne pourra de nouveau faire emprisonner le débiteur qu'en lui remboursant les frais par lui faits pour obtenir son élargissement, ou les consignant à son refus ès-mains du greffier, et en consignant aussi d'avance six mois d'aliments; on ne sera point tenu de recommencer les formalités préalables de l'emprisonnement, s'il a lieu dans l'année du commandement.

TITRE II.

ARRESTATION PROVISOIRE DES ÉTRANGERS.

(15-32-16, L. 17 av. 1832.)

SOMMAIRE.

(*L.* 17 *av.* 1832, 15.) Avant le jugement de condamnation, mais après l'échéance ou l'exigibilité de la dette, le président du tribunal de première instance dans l'arrondissement duquel se trouvera l'étranger non domicilié, pourra, s'il y a de suffisants motifs, ordonner son arrestation provisoire sur la requête du créancier français.

Dans ce cas le créancier sera tenu de se pourvoir en condamnation dans la huitaine de l'arrestation du débiteur, faute de quoi celui-ci pourra demander son élargissement.

La mise en liberté sera prononcée par ordonnance de référé sur une assignation donnée au créancier par l'huissier que le président aura commis dans l'ordonnance même qui autorisait l'arrestation, et à défaut de cet huissier, par tel autre qui sera commis spécialement.

(*L. 17 av.* 1832, 32.) Les dispositions du présent titre (*art.* 19 *et suivants*), et celles du Code de procédure sur l'emprisonnement, auxquelles il n'est pas dérogé par la présente loi, sont applicables à l'exercice de toutes contraintes par corps, soit pour dettes commerciales, soit pour dettes civiles, même pour celles qui sont énoncées à la deuxième section du titre II, (*contrainte par corps en matière de deniers et effets mobiliers publics*), et enfin à la contrainte par corps qui est exercée contre les étrangers. Néanmoins pour le cas d'arrestation provisoire, le créancier ne sera pas tenu de se conformer à l'art. 780 du Code de procé-

14.

dure, qui prescrit une signification et un commandement préalables.

(*L.* 17 *av.* 1832, 16.) L'arrestation provisoire
n'aura pas lieu ou cessera si l'étranger justifie qu'il
possède sur le territoire français un établissement de
commerce ou des immeubles, le tout d'une valeur
suffisante pour assurer le payement de la dette, ou s'il
fournit pour caution une personne domiciliée en
France et reconnue solvable.

TITRE III.

DU DÉPOT DES FAILLIS DANS LES MAISONS D'ARRÊT POUR DETTES.

(455-460-472-473-537-538-539-540, C. comm.)

SOMMAIRE.

Qui ordonne le dépôt, 455.
A la diligence de qui le dépôt a lieu, 460.
Dans quel cas et par qui le sauf-conduit du failli peut être proposé ou
demandé, 472-473.
Par qui et sous quelle condition le sauf-conduit peut être accordé, 472.
Condition pour que le failli soit affranchi par un concordat de la con-
trainte par corps, 537-538-539-540.

(*C. comm.*, 455.) Par le jugement qui déclarera la
faillite, le tribunal ordonnera l'apposition des scellés
et le dépôt de la personne du failli dans la maison d'arrêt pour dettes, où la garde de sa personne
par un officier de police ou de justice, ou par un

gendarme. *Néanmoins si le juge commissaire estime que l'actif du failli peut être inventorié en un seul jour, il ne sera point apposé de scellés et il devra être immédiatement procédé à l'inventaire.* Il ne pourra en cet état être reçu contre le failli d'écrou ou de recommandation pour aucune espèce de dettes.

Le dépôt de la personne du failli ne peut pas être assimilé à l'exécution d'une contrainte par corps. Ainsi le défaut de consignation d'aliments par les syndics ne peut donner lieu à une demande de mise en liberté fondée sur les dispositions des art. 803, C. procéd., et 30 de la loi du 17 avril 1832. Ce n'est que par un sauf-conduit que le failli peut obtenir sa mise en liberté, et pour ses aliments il doit se pourvoir devant le tribunal de commerce en vertu de l'art. 474, C. comm. Paris, jugement, 24 janvier 1833, *Gaz.* du 26 janvier 1833.

Ce dépôt peut avoir lieu quoique le failli ait été condamné à l'emprisonnement comme banqueroutier, et qu'il ait subi sa peine. Paris, 28 juin 1828 (1).

Mais ce dépôt n'est qu'une mesure provisoire qui doit cesser lorsque les créanciers ont pris un parti sur leurs intérêts par un concordat ou un contrat d'union. C. C. C. Paris, 9 mai 1814 (2).

(*C. comm.*, 460.) Les dispositions qui ordonnent ce dépôt de la personne du failli dans une maison d'arrêt pour dettes, ou la garde de sa personne, seront

---

(1) S., 28-2-330; D., 29-2-15. — (2) S., 14-1-245; J. P., é. c.

exécutées à la diligence soit du ministère public, soit du syndic de la faillite.

(*C. comm.*, 472.) Le juge commissaire, d'après l'état apparent des affaires du failli, pourra proposer sa mise en liberté avec sauf-conduit provisoire de sa personne; si le tribunal accorde le sauf-conduit, il pourra obliger le failli à fournir caution de se représenter, sous peine de payement d'une somme que le tribunal arbitrera, et qui sera dévolue à la masse.

Les créanciers peuvent s'opposer à ce que le tribunal accorde un sauf-conduit au failli. Pau, 26 août 1824 (1). — Rouen, 2 avril 1827 (2). — Le contraire a été jugé par la cour de Paris le 10 février 1815 (3), et par la cour de Colmar le 17 janvier 1824 (4). — L'action du créancier doit être dirigée dans ce cas contre le failli, et non pas contre le syndic. Pau, 26 août 1824.

Le sauf-conduit n'a pas seulement pour effet de modifier l'exécution du jugement qui ordonne le dépôt de la personne du failli dans la maison d'arrêt pour dettes, il fait aussi cesser l'emprisonnement à la requête des créanciers qui l'avaient fait incarcérer avant la faillite. Rouen, 26 avril 1824 (5). — Paris, 31 août 1839 (6). — Pau, 26 août 1824 (7). — Paris, 7 décembre 1824 (8). — Montpellier, 7 avril 1825 (9). — Colmar, 17 janvier 1824 (10). — Le contraire a été jugé par

---

(1 J. P., é. c. — (2) S , 27-2-231. — (3) S., 16-2-126; J. P., é. c. — (4) S., 29-2-343; J. P., é. c. — (5) S., 25-2-13; J. P., é. c. — (6) Gaz. 2 août 1839. — (7) J P., é. c. — (8) J. P., é. c. — (9) J. P., é. c. — (10) S., 29-2-343.

la cour de Colmar le 2 août 1823 (1), et par la cour de Riom le 21 janvier 1839 (2).

Les motifs énoncés dans ces arrêts sont, que la loi (455, C. comm.) ne comprend dans ses termes prohibitifs que les écrous et recommandations qui pourraient suivre la faillite, sans s'expliquer sur les écrous et recommandations antérieurs ; que prononcer sur les écrous et recommandations antérieurs à la faillite, ce serait connaître de l'exécution des jugements en vertu desquels ils ont eu lieu ; qu'enfin le tribunal ne peut priver un créancier de l'exercice d'un droit sans qu'il ait été entendu ou appelé.

Il ne nous paraît pas exact de dire que le tribunal, en accordant un sauf-conduit, connaît de l'exécution du jugement qui a servi de base à l'arrestation avant la faillite.

Il ne faut pas confondre dans la catégorie des actes d'exécution l'événement d'une faillite ; c'est là un fait indépendant de la volonté de l'une et de l'autre partie, qui exerce sans doute de l'influence sur le mode d'exécution du jugement, mais qui ne ressort pas directement de cette exécution. Or, le tribunal de commerce, en accordant un sauf-conduit, ne fait qu'apprécier un fait dont les conséquences ont été livrées par la loi à son appréciation (635, C. comm.), et la mainlevée de l'écrou et des recommandations n'est que la conséquence du sauf-conduit. L'influence de la faillite ne s'étend-elle pas d'ailleurs à tous les rapports avec le failli ? Chacune des dispositions de la loi sur les faillites n'est-elle pas une dérogation à l'exercice des droits des créanciers ? quelle différence prétend-on donc établir entre les écrous et les recommandations antérieurs à la faillite, et ceux qui lui sont

(1) S., 23-2-247. — (2) Gaz. 9 mars 1839.

postérieurs? Si l'on admet l'intervention du tribunal dans ce dernier cas, pourquoi la rejeter dans le premier? c'est évidemment créer un privilége contraire à l'esprit de la loi. Il faudrait pousser alors la conséquence jusqu'à dire que ce privilége doit priver le créancier du droit d'avoir voix délibérative au concordat. C'est en vain que le créancier se plaint de ne pas être appelé lorsque le tribunal délivre le sauf-conduit, l'appréciation des circonstances qui peuvent autoriser cette mesure rentre dans le pouvoir discrétionnaire du tribunal, et le droit qu'il tient de la loi est inhérent à l'état de faillite. D'ailleurs, jusqu'à quand devrait durer l'emprisonnement dans le système de ces deux arrêts? La cour de Colmar a cru répondre à cette objection en renvoyant le failli à se pourvoir devant le tribunal civil s'il peut se placer dans l'un des cas spécifiés dans l'art. 800, C. proc. C'est ici que se révèle toute l'inconséquence de ce système, car c'est prononcer implicitement que sous le bon plaisir du créancier le failli attendra sa rédemption du temps, en cas de contrat d'union, et qu'en cas de concordat, le créancier incarcérateur aura la faveur de pouvoir exiger, au détriment des autres, le payement intégral de sa créance. N'est-il pas à craindre, en outre, que cette détention vexatoire ait pour résultat d'amener le failli à commettre, pendant le cours de la faillite, des détournements pour racheter sa liberté (443-446-455 547 et 585, C. comm.)? Le créancier ne manque pas de faire valoir que le moyen coercitif de la contrainte par corps lui offre une éventualité de payement, dans la sollicitude de la famille et des amis de son débiteur; mais c'est de sa part un calcul anormal qui ne peut avoir cours aux yeux de la justice, car elle ne connaît d'obligation de payement que de la part du débiteur. Les art. 35 et 39 de la loi du 17 avril 1832 protesteraient, au besoin, contre toute supposition de complicité du législateur dans une spéculation de cette. nature. Voyez consultation délibérée par MM. Pardessus et Lamy, le 7 janvier 1815. Sirey, 15-2-36.

L'opinion des cours de Colmar et de Rouen a été partagée par la cour de Paris, le 10 février 1815 (1), mais d'une manière implicite seulement, car elle n'était pas appelée à statuer directement sur cette question. Cet arrêt ne pourrait donc pas être invoqué avec autorité.

La contestation à cet égard est de la compétence du tribunal de commerce. Colmar, 17 janvier 1824 (2), et son jugement n'est pas susceptible d'appel. Paris, 31 août 1839 (3). Une action de cette nature a été portée devant le tribunal de la Seine, le 8 octobre 1839 (4), mais sa compétence n'a pas été contestée.

Le sauf-conduit dure autant que l'état de faillite, ou jusqu'à ce qu'il soit révoqué. Paris, 12 février 1817 (5).

(*C. comm.*, 473.) A défaut par le juge commissaire de proposer un sauf-conduit pour le failli, ce dernier pourra présenter la demande au tribunal de commerce, qui statuera en audience publique, après avoir entendu le juge commissaire.

(*C. comm.*, 537.) Lorsque la liquidation de la faillite sera terminée, les créanciers seront convoqués par le juge commissaire. Dans cette dernière assem-

---

(1) S., 16-2-126; J. P., é. c. — (2) S., 29-2-343; J. P., é. c. — (3) Gaz. 2 octobre 1839. — (4) Gaz. 9 octobre 1839. — (5) S., 18-2-276; J. P., é. c.

blée, les syndics rendront leur compte. Le failli sera
présent ou dûment appelé. Les créanciers donneront
leur avis sur l'excusabilité du failli. Il sera dressé, à
cet effet, un procès-verbal dans lequel chacun des
créanciers pourra consigner ses dires et observations.
Après la clôture de cette assemblée, l'union sera dis-
soute de plein droit.

(*C. comm.*, 538.) Le juge commissaire présentera
au tribunal la délibération des créanciers relative à
l'excusabilité du failli, et un rapport sur les carac-
tères et les circonstances de la faillite. Le tribunal
prononcera si le failli est ou non excusable.

(*C. comm.*, 539.) Si le failli n'est pas déclaré excusable, les créanciers rentreront dans l'exercice de
leurs actions individuelles, tant contre sa personne
que sur ses biens. S'il est déclaré excusable, il demeurera affranchi de la contrainte par corps à l'égard
des créanciers de la faillite, et ne pourra plus être
poursuivi par eux que sur ses biens, sauf les exceptions prononcées par les lois spéciales.

Un concordat ne peut pas être opposé à la régie des
contributions indirectes. Elle n'en conserve pas moins le
droit de poursuivre, même par corps, le recouvrement intégral des sommes qui lui sont dues. (L. du 25 vent. an XII,
art. 89. — Décret du 1er germin. an XIII, art. 43 et 52).
Paris, 29 août 1836 (1).

---

(1) S., 37-2-82; D., 37-2-16.

(*C. comm.*, 540.) Ne pourront être déclarés excusables, les banqueroutiers frauduleux, les stellionataires, les personnes condamnées pour vol, escroquerie ou abus de confiance, les comptables de deniers publics.

TITRE IV.

DISPOSITIONS RELATIVES A LA CONTRAINTE PAR CORPS EN MATIÈRE CRIMINELLE, CORRECTIONNELLE ET DE POLICE.

CHAPITRE I.

DISPOSITIONS RELATIVES A LA CONTRAINTE PAR CORPS EN MATIÈRE CRIMINELLE, CORRECTIONNELLE ET DE POLICE, A L'EXCEPTION DES DÉLITS FORESTIERS ET DES DÉLITS CONCERNANT LA PÊCHE FLUVIALE.

§. I. — *De la contrainte par corps exercée en vertu de condamnations prononcées au profit de l'état.*

(33-34-35-36-37 , L. 17 Av. 1832).

SOMMAIRE.

Formalités qui doivent précéder l'arrestation, 33.
Formalités qui doivent précéder la recommandation lorsqu'il y a lieu, 33.
Durée de l'emprisonnement, 34.
Cas particulier dans lequel l'emprisonnement peut cesser, 35.
Dans ce cas la contrainte par corps peut être exercée de nouveau, 36.
Distinction entre la contrainte par corps pour les condamnations pécuniaires et l'emprisonnement considéré comme peine, 37.

(*L.* 17 *av.* 1832, 33.) Les arrêts jugements et exécutoires portant condamnation, au profit de l'état (*a*),

à des amendes, restitutions, dommages-intérêts et
frais en matière criminelle, correctionnelle ou de police (*b*), ne pourront être exécutés par la voie de la
contrainte par corps, que cinq jours après le commandement qui sera fait aux condamnés à la requête
du receveur de l'enregistrement et des domaines. —
Dans le cas où le jugement de condamnation n'aurait
pas été précédemment signifié au débiteur, le commandement portera en tête un extrait de ce jugement,
lequel contiendra le nom des parties et le dispositif.
— Sur le vu du commandement et sur la demande du
receveur de l'enregistrement et des domaines, le procureur du roi adressera les réquisitions nécessaires,
aux agents de la force publique et autres fonctionnaires chargés de l'exécution des mandements de
justice. — Si le débiteur est détenu, la recommandation pourra être ordonnée immédiatement après la
notification du commandement.

(*a*) La contrainte par corps doit être prononcée contre la partie civile pour le recouvrement de tous les frais de justice avan-
cés, et dont elle est personnellement tenue envers l'état, aux
termes de l'art. 160 du décret du 18 juin 1811, même lorsqu'elle ne succombe pas. Paris, 9 mai 1837 (1). Les auteurs
professent une opinion contraire. Chauveau, *Code pén. pro-
gressif*, p. 52. — Dalmos, *Des frais de justice*. — Carnot,
Comm. du code pén. t. Ier, p. 151, refuse à l'état l'exercice

---

de la contrainte par corps contre la partie civile, alors même qu'elle succombe.

La contrainte par corps doit être considérée comme prononcée contre l'accusé au profit de l'état, quoique les frais aient été mis par le jugement à la charge de la partie civile, sauf son recours contre le condamné, aux termes de l'art. 157 du décret de 1811. En conséquence, la partie civile subrogée aux droits de l'état, par suite du payement de ces frais, peut en poursuivre le recouvrement en se conformant aux règles spéciales qui régissent les condamnations prononcées au profit de l'état. Bourg, jugem., *Gaz. du* 2 avril 1834.

La destination spéciale donnée par l'état à l'emploi des sommes provenant de ces amendes n'en change pas la nature et n'en altère pas les priviléges. C. C. R. R. Nimes, 7 juillet 1818 (1).

(*b*) La contrainte par corps est prescrite impérativement par les art. 52, 467 et 469, C. pén.

Pour que la contrainte par corps puisse être exercée pour les frais, il est nécessaire qu'ils aient été liquidés, aux termes de l'art. 194 C. d'inst. crim. Sans cette liquidation, il n'y a pas de titre exécutoire. Douai, 12 juillet 1837 (2). Voyez aussi art. 40.

(*L.* 17 *av.* 1832, 34.) Les individus contre lesquels la contrainte par corps aura été mise à exécution aux termes de l'article précédent, subiront l'effet de cette contrainte jusqu'à ce qu'ils aient payé le montant des condamnations, ou fourni une caution admise par le

---

(1) S., 19-1-32; J. P., é. c. — (2) Gaz. 27 juillet 1837.

receveur des domaines, ou, en cas de contestation de
sa part, déclarée bonne et valable par le tribunal civil
de l'arrondissement. — La caution devra s'exécuter
dans le mois, à peine de poursuite.

Cette disposition ne s'applique qu'aux condamnations inférieures à 300 fr. Pour les condamnations qui dépassent ce
chiffre, voyez ce qui est dit § III du présent chapitre.

(*L. 17 av. 1832, 35.*) Néanmoins les condamnés
qui justifieront de leur insolvabilité suivant le mode
prescrit par l'article 420 du Code d'instruction criminelle, seront mis en liberté après avoir subi quinze
jours de contrainte, lorsque l'amende et les autres
condamnations pécuniaires (*a*) n'excéderont pas
15 francs ; un mois lorsqu'elles s'élèveront de 15 à
50 francs ; deux mois lorsque l'amende et les autres
condamnations s'élèveront de 50 à 100 francs, et quatre mois lorsqu'elles excéderont 100 francs (*b*).

(*a*) Pour calculer le montant des condamnations, il faut
comprendre à la fois l'amende, les dommages-intérêts et les
frais. (52, C. P.) C. C. C. 16 juillet 1835 (1).

Lorsqu'il y a plusieurs personnes condamnées solidairement, et qu'une amende est prononcée contre chacune d'elles,
ces amendes doivent être additionnées pour servir de base à
la fixation de la durée de l'emprisonnement. C. C. C. 28 septembre 1837 (2).

---

(1) D., 35-1-399. —(2) D., 38-1-419 ; J. P., 37-2-486 ; Gaz. 23 octobre
1837.

(*b*) Il faut sous-entendre, et qu'elles seront inférieures à 300 fr.; car l'art. 40 dit formellement que lorsque les condamnations seront de 300 fr. et au-dessus, la durée de l'emprisonnement sera fixée par le jugement, sans avoir égard à l'insolvabilité du débiteur.

Lorsque les condamnations prononcées au profit de l'état sont inférieures à 300 fr., les juges n'ont pas à déterminer la durée de l'emprisonnement. (Voyez les arrêts rendus sur cette question art. 39). La contrainte doit être prononcée d'une manière illimitée, et la loi offre ensuite au détenu, comme moyen d'obtenir sa liberté, de donner caution ou de justifier de son insolvabilité, après avoir toutefois subi un temps d'épreuve.

Cependant si le détenu ne peut pas justifier de son insolvabilité, la détention devra-t-elle durer jusqu'au payement intégral, sans autre limite, comme il semblerait résulter de la combinaison de cet article avec l'article précédent? La cour de cassation s'est prononcée pour l'affirmative dans les motifs d'un arrêt du 24 janvier 1835 (1) ; mais M. Parant, qui portait la parole comme avocat-général, a manifesté l'opinion que la durée de l'emprisonnement devenait alors une question d'exécution que le détenu devait soumettre au tribunal, et que dans aucun cas elle ne pouvait dépasser une année. Ce maximum d'une année a été prescrit depuis dans les motifs d'un arrêt de la cour de cassation du 8 juillet 1836 (2).

(*L. 17 av.* 1832, 36.) Lorsque la contrainte par corps aura cessé en vertu de l'article précédent, elle pourra être reprise, mais une seule fois, et quant aux

---

(1) D., 35-1-107; Gaz. 29 janvier 1835. — (2) J. P., 37-1-»».

restitutions, dommages et intérêts et frais seulement,
s'il est jugé contradictoirement avec le débiteur qu'il
lui est survenu des moyens de solvabilité.

(*L.* 17 *av.* 1832, 37.) Dans tous les cas, la contrainte par corps exercée en vertu de l'article 33, est
indépendante des peines prononcées contre les condamnés.

§. II. — *De la contrainte par corps exercée en vertu de*
condamnations prononcées au profit de particuliers.

(38-39 , L. 17 Av. 1832).

SOMMAIRE.

Formalités qui doivent précéder l'arrestation, 38.
Durée de l'emprisonnement, 39.
Cas particulier dans lequel l'emprisonnement peut cesser et peut être
exécuté de nouveau, et formalité qu'il faut remplir à cet effet, 39.

(*L.* 17 *av.* 1832, 38.) Les arrêts et jugements contenant condamnations en faveur des particuliers pour
réparations de crimes, délits ou contraventions commis à leur préjudice, seront, à leur diligence, signifiés
et exécutés suivant les mêmes formes et voies de contrainte que les jugements portant des condamnations
au profit de l'état (*a*). Toutefois les parties poursuivantes seront tenues de pourvoir à la consignation
d'aliments, aux termes de la présente loi, lorsque la
contrainte aura lieu à leur requête et dans leur intérêt (*b*).

(a) La condamnation, quoique émanant d'un tribunal civil, doit être considérée comme prononcée en matière correctionnelle, lorsqu'elle procède d'un délit qui a donné lieu à une poursuite et à une condamnation correctionnelle. C. C. R. R., Paris, 16 juillet 1817 (1). Mais lorsqu'il n'y a pas eu précédemment condamnation criminelle ou correctionnelle, la partie plaignante ne peut invoquer devant les tribunaux civils les dispositions de la loi pénale. C. C. C., Paris, 18 novembre 1834 (2).

Ces décisions sont de la plus haute importance ; car en matière criminelle ou correctionnelle, les femmes, les filles et les septuagénaires ne sont pas affranchis de la contrainte par corps, même pour les réparations civiles (40, L. 17 av. 1832).

(b) Cette dernière disposition de l'article ne s'entend que des particuliers poursuivant à leur requête et dans leur intérêt privé. Elle n'est pas applicable aux administrations chargées du recouvrement des deniers de l'état : ces administrations sont dispensées de consigner des aliments par les art. 1 et 2 du décret du 4 mars 1808. C. C. C., 12 mai 1835 (3).

(*L*. 17 *av*. 1832, 39.) Lorsque la condamnation prononcée n'excédera pas 300 francs, la mise en liberté des condamnés arrêtés ou détenus à la requête et dans l'intérêt des particuliers, ne pourra avoir lieu en vertu des art. 34, 35 et 36, qu'autant que la validité des cautions ou l'insolvabilité des condamnés auront été, en cas de contestations, jugées contradictoirement avec le créancier.

La durée de la contrainte sera déterminée par le

---

(1) S., 19-1-15; D., 18-1-488; J. P., é. c. — (2) S., 34-1-777; D., 35-1-10. — (3) D., 35-1-261; Gaz. 4 juin 1835.

jugement de condamnation dans les limites de six
mois à cinq ans.

L'obligation pour les tribunaux de fixer dans ce cas la
durée de l'emprisonnement dans le jugement même de condamnation, n'est relative qu'aux condamnations prononcées
dans l'intérêt des particuliers, et ne peut s'appliquer à ce
qui concerne l'état. Il faut recourir alors pour la fixation de
cette durée aux dispositions de l'art. 35. C. C. R., 24 janvier 1835 (1). — C. C. C. 20 mars 1835 (2); — C. C. C.
29 juin 1837 (3); — C. C. C. 3 août 1838 (4); — C. C. C.
14 juillet 1836 (5); — C. C. C. 8 juillet 1836 (6); — C. C.
C. 31 décembre 1835 (7). — La cour de Douai, qui s'était
d'abord prononcée pour l'opinion contraire le 25 août 1832 (8),
a depuis adopté la jurisprudence de la cour de cassation;
7 mars 1835 (9). La première opinion émise par la cour de
Douai a cependant été partagée depuis par la cour de Rouen.
Voyez *Gaz.* du 26 février 1835.

Mais comme pour être admis à se pourvoir contre une décision, il faut qu'elle vous porte préjudice et que vous ayez
intérêt à la faire réformer, la partie condamnée serait non recevable à attaquer une décision qui aurait fixé à six mois la
durée de l'emprisonnement pour une condamnation au profit
de l'état, sauf à elle à invoquer le bénéfice de l'article 35.
Douai, 7 mai 1835.

Quid si le tribunal omet de statuer sur la durée de l'emprisonnement? Voyez art. 7.

---

(1) D., 35-1-107; Gaz. 29 janvier 1835. — (2) D., 35-1-253. — (3) S.,
38-1-190; D., 37-1-481; J. P., 38-1-27. — (4) S., 39-1-711; D., 38-1-481.—
(5) J. P., 37-1-616. — (6) J. P., 37-1-»». — (7) D., 36-1-269. — (8) S.,
32-2-670; D., 33-2-125. — (9) D., 35-2-114.

§ III. *Dispositions communes aux deux paragraphes*
précédents.

(40, L. 17 avril 1832.)

Durée de l'emprisonnement pour les condamnations supérieures à
300 fr., 40.

(*L.* 17 *av.* 1832, 40.) Dans tous les cas et quand
bien même l'insolvabilité du débiteur pourrait être
constatée, si la condamnation prononcée soit en faveur
d'un particulier, soit en faveur de l'état, s'élève à
300 francs, la durée de la contrainte par corps
sera déterminée (*a*) par le jugement de condamnation
dans les limites fixées par l'article 7 de la présente
loi (*b*). Néanmoins si le débiteur a commencé sa
soixante et dixième année avant le jugement, les juges
pourront réduire le minimum à six mois, et ils ne
pourront dépasser un maximum de cinq ans. — S'il
atteint sa soixante et dixième année pendant la durée
de la contrainte, sa détention sera de plein droit réduite à la moitié du temps qu'elle avait encore à courir
aux termes du jugement.

(*a*) L'art. 194 du Code d'instruction criminelle exige que
les frais soient liquidés par le jugement de condamnation. Sans
cette liquidation, les tribunaux ne peuvent savoir s'il y a
lieu de fixer la durée de l'emprisonnement, et la fixation
dans ce cas constitue un mal jugé. C. C. C., 29 décembre

1836 (1). — Douai, 12 juillet 1837 (2). Ils ne peuvent d'ailleurs déterminer la durée de la contrainte par corps, en statuant à cet égard d'une manière hypothétique et condition-
nelle. C. C. C. 6 avril 1837 (3).—C. C. C. 20 avril 1837 (4).
— C. C. C. 6 octobre 1836 (5).—C. C. C. 13 octobre 1836 (6).
— C. C. 18 mai 1837 (7). Cependant si la cour, sans liquider
les frais par l'arrêt même de condamnation, déclare que
d'après l'examen des pièces elle a la preuve que les frais dépassent 300 francs, la fixation de la durée de l'emprisonnement ne donne pas ouverture à cassation. C. C. R. 11 novembre 1836 (8). Il a même été jugé par la cour de cassation,
le 10 janvier 1839 (9), que les tribunaux devaient fixer cette
durée, lorsque, quoique les frais ne soient pas liquidés, il
est certain qu'en les ajoutant à l'amende on obtiendra une
somme supérieure à 300 francs.

La solidarité prononcée contre plusieurs personnes donnant
le droit d'exiger de chacune d'elles le paiement intégral, comme
si chacune d'elles était seule condamnée, les juges doivent fixer
la durée de l'emprisonnement, lors même que la division du
montant des condamnations par le nombre des personnes
condamnées donnerait pour chacune une part contributoire
inférieure à 300 francs. C. C. C. 16 juillet 1835 (10). —
C. C. C. 20 mars 1835 (11).

Cette disposition de la loi qui prescrit la fixation de la
durée de l'emprisonnement lorsque les condamnations s'élèvent

---

(1) D., 37-1-484; J. P., 38-1-8.—(2) Gaz. 27 juillet 1837.—(3) S., 38-1-
903. — (4) D., 37-1-515; J. P., 38-1-417. — (5) S., 37-1-823; D., 37-1-
167; J. P., 37-2-47. — (6) S., 37-1-824; D., 37-1-167. — (7) D., 37-1-527.
— (8) S., 37-1-824; D., 38-1-478. — (9) D., 39-1-389. — (10) D., 35-1-398.
— (11) D., 35-1-253.

à 300 francs, est si claire et si formelle, que nous avons cru inutile de rapporter les nombreux arrêts de la cour de cassation qui ont réformé des décisions parce qu'on ne s'y était par conformé; attribuant cette violation plutôt à un oubli qu'à une erreur d'interprétation de la part des magistrats.

La durée de l'emprisonnement ne doit pas être considérée seulement comme un temps d'essai, dans les termes de l'article 35, et le détenu ne doit pas être obligé, à l'expiration du temps fixé, de justifier de son insolvabilité pour obtenir sa liberté. Cette durée doit être considérée comme la limite absolue de la durée de l'emprisonnement, de telle sorte qu'à son expiration le détenu doit être mis en liberté de droit et sans qu'il soit tenu de faire aucune justification d'insolvabilité. C. C. R. 24 janvier 1835 (1), et concl. de Mᵉ Parant.

Il n'y a pas lieu de prononcer la contrainte par corps et d'en déterminer la durée dans le cas de condamnation à la peine capitale ou à une peine perpétuelle. C. C., 19 avril 1838 (2).—C. C., 27 avril 1838 (3).—C. C., 29 août 1839 (4). — C. C. C., 29 décembre 1838 (5). — C. C. C., 10 janvier 1839 (6). — C. C. C., 17 janvier 1839 (7).

Il a été jugé par la cour de cassation, le 23 juin 1837 (8), que lorsque les premiers juges ont omis de fixer la durée de l'emprisonnement, la cour royale pouvait réparer cette omission, quoiqu'il n'y ait pas appel de la part du ministère public. Mais les motifs de l'arrêt ne sont pas en harmonie avec

---

(1) D., 35-1-107 ; Gaz. 29 janvier 1835. — (2) D., 38-1-460; J. P., 40-1-214. — (3) D., 38-1-460 ; J. P., 40-1-214. — (4) J. P., 40-1-559. — (5) D., 39-1-389. — (6) D., 39-1-389. — (7) D., 39-1-389. — (8) S., 38-1-137 ; J. P., 39-2-496.

la loi ni avec la jurisprudence de la cour. La cour de cassation a dit que la cour royale n'avait fait en cela qu'épargner aux condamnés l'inconvénient d'avoir à provoquer cette mesure à l'expiration de leur peine, dans le cas où ils seraient hors d'état d'acquitter le montant des frais. Il y a confusion des dispositions de l'art. 35 avec le présent article ; dans ce dernier cas, l'insolvabilité même prouvée est sans influence sur la durée de l'emprisonnement. Voyez art. 39.

(*b*) C'est-à-dire dans les limites de un an à dix ans. *Gaz.* du 9 février 1836. En matière de grand et de petit criminel, la contrainte par corps est de droit (voyez art. 52, C. pén.). Caen, 15 avril 1812 (1). — Caen, 23 février 1825 (2). — C. C., 14 juillet 1827 (3). — Bordeaux, 15 novembre 1828 (4). C'est par erreur que la cour de cassation, dans son arrêt du 1er octobre 1835 (5), a énoncé la limite de un an à cinq ans.

CHAPITRE II.

DISPOSITIONS RELATIVES A LA CONTRAINTE PAR CORPS EN MATIÈRE DE DÉLITS FORESTIERS.

(211-212-213-214-215-216-217, C. forest.)

SOMMAIRE.

Formalités qui doivent précéder l'arrestation au profit de l'Etat, et personne qui est autorisée à la faire opérer, 211-215.
Durée de l'emprisonnement, 212-213.

---

(1) S., 12-2-334; J. P., é. c. — (2) S., 26-2-285; D., 26-2-213; J. P., é. c. — (3) S., 27-1-532; D., 27-1-304. — (4) S., 29-2-117; D., 29-2-145. — (5) D., 35-1-448.

CODE FORESTIER,

Promulgué le 31 juillet 1827.

TITRE XIII.

DE L'EXÉCUTION DES JUGEMENTS.

Nota. Ces dispositions ont été maintenues par l'art. 46 de la loi du 17 avril 1832.

De l'exécution des jugements rendus à la requête de l'administration forestière ou du ministère public.

Art. 211. Les jugements portant condamnation à des amendes, restitutions, dommages-intérêts et frais, seront exécutoires par la voie de la contrainte par corps, et l'exécution pourra en être poursuivie cinq jours après un simple commandement fait aux condamnés ; en conséquence, et sur la demande du receveur de l'enregistrement et des domaines, le procureur du roi adressera les réquisitions nécessaires aux agents de la force publique chargés de l'exécution des mandements de justice.

Art. 212. Les individus contre lesquels la contrainte par corps aura été prononcée pour raison des

16

amendes et autres condamnations et réparations pécuniaires, subiront l'effet de cette contrainte jusqu'à
ce qu'ils aient payé le montant desdites condamnations, ou fourni une caution admise par le receveur
des domaines, ou, en cas de contestation de sa part,
déclarée bonne et valable par le tribunal de l'arrondissement.

Art. 213. Néanmoins, les condamnés qui justifie-
raient de leur insolvabilité suivant le mode prescrit
par l'art. 420 du Code d'instruction criminelle, seront
mis en liberté après avoir subi quinze jours de détention lorsque l'amende et les autres condamnations
pécuniaires n'excéderont pas quinze francs. La détention ne cessera qu'au bout d'un mois lorsque ces condamnations s'élèveront ensemble de quinze à cinquante francs. Elle ne durera que deux mois, quelle
que soit la quotité desdites condamnations. En cas de
récidive, la durée de la détention sera double de ce
qu'elle eût été sans cette circonstance.

Art. 214. Dans tous les cas, la détention employée
comme moyen de contrainte est indépendante de la
peine d'emprisonnement prononcée contre les condamnés, pour tous les cas où la loi l'inflige.

*De l'exécution des jugements rendus dans l'intérêt
des particuliers.*

Art. 215. Les jugements contenant des condamnations en faveur des particuliers pour réparation des délits ou contraventions commis dans leurs bois, seront, à leur diligence, signifiés et exécutés suivant les mêmes formes et voies de contrainte que les jugements rendus à la requête de l'administration forestière. Le recouvrement des amendes prononcées par les mêmes jugements sera opéré par les receveurs de l'enregistrement et des domaines.

Art. 216. Toutefois, les propriétaires seront tenus de pourvoir à la consignation d'aliments prescrite par le Code de procédure civile, lorsque la détention aura lieu à leur requête et dans leur intérêt.

Art. 217. La mise en liberté des condamnés ainsi détenus à la requête et dans l'intérêt des particuliers, ne pourra être accordée, en vertu des articles 212 et 213, qu'autant que la validité des cautions ou l'insolvabilité des condamnés aura été, en cas de contestation de la part desdits propriétaires, jugée contradictoirement avec eux.

CHAPITRE III.

DISPOSITIONS RELATIVES A LA CONTRAINTE PAR CORPS EN MATIÈRE DE DÉLITS CONCERNANT LA PÊCHE FLUVIALE.

(77-78-79-80-81-82, C. pêche fluv.)

SOMMAIRE.

Mêmes formalités pour arriver à l'arrestation; — même personne qui la fait opérer; — même durée de l'emprisonnement que pour les con-

CODE DE LA PÊCHE FLUVIALE,

Promulgué le 24 avril 1829.

TITRE VII.

DE L'EXÉCUTION DES JUGEMENTS.

Nota. Ces dispositions ont été maintenues par l'art. 46 de la loi du 17 avril 1832.

SECTION I.

De l'exécution des jugements rendus à la requête de l'administration ou du ministère public.

Les art. 77-78-79 et 80 qui composent cette section, sont la reproduction textuelle des art. 211-212-213 et 214 du Code forestier.

SECTION II.

De l'exécution des jugements rendus dans l'intérêt des fermiers de la pêche et des particuliers.

Art. 81. Les jugements contenant des condamnations en faveur des fermiers de la pêche, des porteurs de licences, et des particuliers, pour réparation des délits commis à leur préjudice, seront, à leur diligence, signifiés et exécutés suivant les mêmes formes et voies de contrainte que les jugements rendus à la requête de l'administration chargée de la surveillance de la pêche. Le recouvrement des amendes prononcées par les mêmes jugements sera opéré par les receveurs de l'enregistrement et des domaines.

Art. 82. La mise en liberté des condamnés détenus par voie de contrainte par corps à la requête et dans l'intérêt des particuliers, ne pourra être accordée, en vertu des art. 78 et 79, qu'autant que la validité des cautions ou la solvabilité des condamnés aura été, en cas de contestation de la part desdits propriétaires, jugée contradictoirement entre eux.

CHAPITRE IV.

DISPOSITIONS COMMUNES AUX TROIS CHAPITRES PRÉCÉDENTS.

(41-21-22, L. 17 av. 1832.)

SOMMAIRE.

La contrainte par corps peut être exercée contre le mari et contre la femme, 21.
Obligation de conduire la personne arrêtée en référé devant le président du tribunal civil, si elle le demande, 22.

(*L. 17 av.* 1832, 41.) Les articles 19, 21 et 22 de la présente loi sont applicables à la contrainte par corps exercée par suite de condamnations criminelles, correctionnelles, et de police.

16.

L'art. 19 est étranger à l'objet de ce chapitre.

(*L*. 17. *av*. 1832, 21). Dans aucun cas la contrainte par corps ne pourra être exercée contre le mari et contre la femme simultanément, pour la même dette.

(*L*. 17 *av*. 1832, 22). Tout huissier, garde du commerce, ou exécuteur des mandements de justice, qui, lors de l'arrestation d'un débiteur, se refuserait à le conduire en référé devant le président du tribunal de première instance, aux termes de l'article 786 du Code de procédure civile, sera condamné à 1,000 fr. d'amende, sans préjudice des dommages-intérêts.

DÉCRET DU 14 MARS 1808,

CONCERNANT LES GARDES DU COMMERCE.

Art. 1. Le nombre des gardes du commerce qui doivent être établis dans le département de la Seine pour l'exécution de la contrainte par corps, en conformité de l'art. 525 du Code de commerce, est fixé à dix.

Ce qui suit est relatif à la durée de leurs fonctions, à leur nomination, au cautionnement qu'ils doivent fournir, à leur ordre de service, et à la nomination d'un vérificateur qui doit être attaché au bureau de leur corporation.

Art. 7. Les gardes du commerce sont chargés exclusivement de l'exécution des contraintes par corps, et ne pourront en aucun cas être suppléés par les huissiers, recors et autres personnes quelconques. Ils pourront être commis par le tribunal de commerce à la garde des faillis, conformément à l'article 455, liv. III du Code de commerce.

Art. 8. Les gardes du commerce auront une marque distinctive, en forme de baguette, qu'ils seront tenus d'exhiber aux débiteurs condamnés, lors de l'exécution. Avant de procéder à la contrainte par corps, les titres et pièces seront remis au vérificateur, qui en donnera récépissé.

Art. 10. Tout débiteur dans le cas d'être arrêté

pourra notifier au bureau des gardes du commerce les
oppositions ou appels, ou tous autres actes par lesquels
il entend s'opposer à la contrainte prononcée contre
lui ; le vérificateur visera l'original des significations.

Art. 11. Le vérificateur ne pourra remettre au
garde du commerce les titres et pièces qu'après
avoir vérifié qu'il n'est survenu aucun empêchement
à l'exécution de la contrainte. Il en donnera un certificat, qui sera annexé aux pièces. En cas de difficulté,
il en sera préalablement référé au tribunal qui doit en
connaître.

Le dépôt, la vérification et le visa des titres au bureau des
gardes du commerce ne sont pas prescrits à peine de nullité,
sauf la responsabilité du garde du commerce.— Dans tous les
cas, ces mesures ne sont pas applicables au cas d'arrestation
provisoire d'un étranger, déterminé par l'art. 15 de la loi du
17 avril 1832.—Paris, 5 décembre 1839, *Gaz.*

Art. 12. Il sera tenu, par le vérificateur, des registres cotés et paraphés par le président du tribunal
de première instance. Le premier contiendra, jour
par jour et sans aucun blanc, la mention des titres
et pièces remis pour les créances, des noms, qualités
et demeures des poursuivants et débiteurs, et de la signification faite de l'arrêt, sentence ou jugement. Le
deuxième servira pour inscrire les oppositions ou
significations faites par le débiteur, lesquelles opposi-

tions et significations ne pourront être faites qu'au bureau des gardes du commerce.

Art. 13. Dans le cas où la notification faite par le débiteur, d'aucun acte pouvant arrêter l'exercice de la contrainte, sera faite postérieurement à la remise des titres et pièces au garde du commerce, le vérificateur sera tenu d'en donner avis sur-le-champ au garde saisi des pièces, qui donnera reçu de cet avis, et sera obligé de surseoir à l'arrestation, jusqu'à ce qu'il en ait été autrement ordonné.

Art. 14. Si, lors de l'exercice de la contrainte, le débiteur offre de payer les causes de la contrainte, le garde du commerce chargé de faire l'arrestation recevra la somme offerte ; mais, dans ce cas, il sera tenu de la remettre, dans les vingt-quatre heures suivantes, au créancier qui l'aura chargé, et à défaut par le créancier de la recevoir, quel que soit son motif, le garde déposera, dans les vingt-quatre heures suivantes, la somme reçue, à la caisse d'amortissement.

Art. 15. Dans le cas où, en exécution du § 5 de l'art. 781 du Code de procédure civile, le juge de paix du canton ne pourrait pas, ou refuserait d'ordonner l'arrestation dans la maison tierce (*a*) où se trouverait le débiteur, et de se transporter avec le garde pour procéder à l'arrestation, le garde chargé de l'exécution requerra le juge de paix d'un autre canton. Le garde du commerce n'aura pas besoin de l'autorisation et assistance du juge de paix pour arrêter le débiteur dans son propre domicile, si l'entrée ne lui en est pas refusée.

(*a*) Un hôtel garni dans lequel habite le débiteur ne doit pas être considéré comme une maison tierce.—Paris, 4 janvier 1810 (1).— *Gaz.* du 29 janvier 1836.

Art. 16. En cas de rébellion, prévu par l'art. 585, le garde chargé de l'arrestation en constatera la nature et les circonstances ; il pourra obtenir garnison aux portes et partout ou le débiteur pourrait trouver la facilité de s'évader ; il pourra requérir la force armée, qui ne pourra lui être refusée ; et en sa présence, et avec son secours, procéder à l'arrestation. Si le débiteur arrêté allègue avoir déposé ou fait signifier au bureau des gardes du commerce des pièces qu'il prétendrait suffisantes pour suspendre l'arrestation, et qu'il ne justifie pas du récépissé du vérificateur pour la remise desdites pièces ou de l'original desdites significations, visé par le même vérificateur, il sera passé outre à l'arrestation, sauf néanmoins le cas prévu dans l'article 786 du Code de procédure civile.

Art. 18. En exécution de l'article 789, la consigna-

_____

(1) S., 15-2-193.

tion d'un mois d'aliments sera faite par le garde du commerce, qui cependant ne sera jamais tenu d'en faire l'avance, et pourra surseoir à l'arrestation tant qu'il ne lui aura pas été remis de deniers suffisants pour effectuer ladite consignation.

Art. 19. En exécution de l'art. 793, seront observées pour les recommandations les mêmes formalités que pour les arrestations ordonnées par les articles 783, 784, 789 du Code de procédure civile. Néanmoins, le garde n'aura pas besoin de témoins ; et, au lieu du procès-verbal d'arrestation, il donnera copie du procès-verbal de recommandation. Le garde du commerce chargé de l'arrestation sera responsable de la nullité de son arrestation, provenant du vice de formes commis par lui. En conséquence, il tiendra compte aux créanciers des frais relatifs à l'arrestation annulée (*a*). Le vérificateur sera responsable des dommages et intérêts accordés au débiteur par suite d'erreur ou de fausse énonciation dans les certificats émanés de lui.

(*a*) La nullité d'une arrestation peut donner lieu à des dommages-intérêts, en sus de la perte des frais d'arrestation. Les juges ont, au reste, un pouvoir discrétionnaire pour apprécier la conduite des gardes du commerce, et prononcer contre eux des condamnations pécuniaires. *Gaz.* du 6 juin 1833. — Le garde du commerce qui arrête l'homonyme du débiteur doit être condamné à des dommages et intérêts envers lui, surtout s'il a refusé d'écouter les justifications qui

lui étaient offertes. *Gaz.* du 3 juillet 1834. — Dans ce cas,
il n'y a pas lieu de lui accorder son recours contre son
mandant, parce que le préjudice est causé par son propre fait.
Même arrêt. — Mais le garde du commerce n'est pas responsable du mauvais résultat des poursuites ; par exemple, si
le débiteur arrêté se trouve en faillite, ou muni d'un sauf-
conduit, il n'en a pas moins le droit d'exiger le payement de
sa procédure. *Gaz.* du 13 janvier 1833.

Art. 20. Le salaire des gardes du commerce qui
procéderont à une arrestation ou à une recommandation, est de 60 francs. Dans le cas où l'arrestation
n'aurait pu s'effectuer, il sera dressé procès-verbal,
pour lequel il sera payé seulement 20 francs. Le droit
de garde au domicile d'un failli sera de 5 francs.

Les gardes du commerce ne peuvent exiger des honoraires en sus du tarif. Toute convention contraire est nulle ;
il y aurait même concussion de la part du garde du commerce qui ferait de ces honoraires extraordinaires une condition de l'exercice de son ministère. *Gaz.* du 1er janvier 1834.
    Les honoraires des gardes du commerce ne sont pas sou-
mis à la prescription réglée par les art. 2272, 2273 et 2276,
C. C. *Gaz.* du 4 mars 1835.

Art. 21. Il sera aussi alloué aux gardes du commerce : 1° pour le dépôt des pièces par le créancier,
3 francs ; 2° pour le visa apposé sur chaque pièce
produite ou signifiée par le créancier ou le débiteur,
0,25 c. ; 3° pour le certificat mentionné en l'art. 11,

droit de recherches compris, 2 fr., outre les droits de l'enregistrement.

Art. 22. Le tiers des droits attribués aux gardes du commerce par l'art. 20 sera par chacun d'eux rapporté chaque semaine, et mis en bourse commune entre les mains de celui d'entre eux qu'ils jugeront à propos de choisir, pour être ensuite partagé tous les trois mois entre les gardes du commerce seulement.

Les art. 23-24-25 et 26 sont relatifs à leur bourse commune et au partage de certains droits entre eux et le vérificateur.

Art. 27. Si une partie a des plaintes à former pour le soin de ses intérêts contre un garde du commerce dans l'exercice de ses fonctions, elle pourra porter les réclamations au bureau, qui vérifiera les faits et fera réparer le dommage, s'il trouve la plainte fondée. Si la plainte a pour objet une prévarication du garde, le bureau dressera procès-verbal de l'accusation et des dires du plaignant et du garde accusé, lequel procès-verbal il sera tenu de remettre dans les vingt-quatre heures au procureur du roi près le tribunal civil du département, pour, par lui, être pris tel parti qu'il avisera ; sans préjudice des diligences réservées à la partie lésée. Sur les conclusions du procureur du roi, le tribunal pourra interdire pendant un an le garde accusé. Quel que soit le jugement, le procureur du roi en donnera avis au grand-juge, ministre de la justice.

17

PROCÉDURE

(*C. proc.*, 898.) Les débiteurs qui seront dans le cas de réclamer la cession judiciaire accordée par l'article 1268 du Code civil, seront tenus, à cet effet, de déposer au greffe du tribunal où la demande sera portée leur bilan, leurs livres s'ils en ont, et leurs titres actifs.

(*C. proc.*, 899.) Le débiteur se pourvoira devant le tribunal de son domicile (*a*).

(*a*) La compétence de ce tribunal est absolue et peut être opposée, lors même que le demandeur et une partie de ses créanciers se seraient présentés volontairement, ou du moins sans réclamation, devant un autre tribunal. Paris, 29 mai 1837.

Le demandeur en cession de biens doit assigner tous ses créanciers pour être présents lorsqu'il demande au tribunal à être admis au bénéfice de cette cession; il ne suffit pas qu'ils soient appelés à l'audience où il réitère cette cession en personne. Colmar, 24 novembre 1807 (1). C. C. R. R., Rouen, 15 avril 1819 (2). Il a cependant été jugé par la cour de Toulouse, le 30 avril 1821 (3), que le débiteur pouvait être admis au bénéfice de cession en quelque sorte d'office par le tribunal, et que l'intervention des créanciers au moment où il réitérait cette cession les mettait suffisamment

---

(1) S., 15-2 208. — (2) S., 20-1-30; J. P., é. c. — (3) S., 22-2-105; J. P., é. c.

à même d'attaquer le jugement d'admission, s'ils se croyaient fondés à le faire.

Cette doctrine pourrait donner lieu, selon nous, à des abus irréparables ; car les créanciers n'auraient eu ni le temps ni les moyens de contrôler les livres et papiers déposés au greffe du tribunal civil, 898. On se demande d'ailleurs quelles formalités et quelle procédure les créanciers devraient suivre pour former leur recours. Si le Code ne s'explique pas d'une manière expresse sur la présence des créanciers au jugement d'admission, il ne nous semble pas avoir du tout supposé qu'il puisse y avoir débat entre les créanciers et le débiteur au moment où ce dernier réitère sa déclaration de cession.

(*C. proc.*, 900.) La demande sera communiquée au ministère public : elle ne suspendra l'effet d'aucune poursuite, sauf aux juges à ordonner, parties appelées, qu'il sera sursis provisoirement.

Une demande en cession de biens ne suffit pas pour que le tribunal puisse ordonner la mise en liberté du débiteur. Il faut, de plus, qu'il ait statué sur cette demande, et que le détenu ait réitéré sa cession dans les termes de l'article suivant. Paris, 11 août 1807 (1).

(*C. proc.*, 901.) Le débiteur admis au bénéfice de cession sera tenu de réitérer sa cession en personne, et non par procureur, ses créanciers appelés, à l'audience du tribunal de commerce de son domicile ; et

_____

(1) S., 15-2-207.

s'il n'y en a pas, à la maison commune, un jour de
séance; la déclaration du débiteur sera constatée, dans
ce dernier cas, par procès-verbal de l'huissier, qui
sera signé par le maire.

Le jugement qui admet au bénéfice de cession n'est pas
nul faute d'avoir ordonné l'extraction du débiteur de la
maison d'arrêt pour faire sa déclaration. Il suffit que ce dernier
offre de remplir cette formalité. Colmar, 17 janvier 1812 (1).

La cession de biens n'est parfaite qu'après l'accomplissement de cette formalité ; jusque là il conserve la libre disposition de son avoir, et il peut faire écrouer ses débiteurs.
Lyon, 8 décembre 1824 (2).

(*C. proc.,* 902.) Si le débiteur est détenu, le jugement qui l'admettra au bénéfice de cession ordonnera
son extraction avec les précautions en tel cas requises
et accoutumées(*b*), à l'effet de faire sa déclaration
conformément à l'article précédent.

(*b*) Le détenu ne peut être autorisé à faire sa déclaration
en état de liberté. Toulouse, 30 avril 1821 (3).

---

(1) S., 14-2-22; J. P., é. c. — (2) J. P., é. c. — (3) S., 22-2-105; J. P.,
é. c.

LOI DU 17 AVRIL 1832,

SUR LA CONTRAINTE PAR CORPS.

TITRE I.

DISPOSITIONS RELATIVES A LA CONTRAINTE PAR CORPS EN MATIÈRE DE COMMERCE.

Art. 1.

La contrainte par corps sera prononcée, sauf les exceptions et les modifications ci-après, contre toute personne condamnée pour dette commerciale au payement d'une somme principale de 200 francs et au-dessus.

Art. 2.

Ne sont point soumis à la contrainte par corps en matière de commerce,

1° Les femmes et les filles non légalement réputées marchandes publiques ;

2° Les mineurs non commerçants, ou qui ne sont point réputés majeurs pour fait de leur commerce;

3° Les veuves et héritiers des justiciables des tribunaux de commerce assignés devant ces tribunaux en reprise d'instance, ou par action nouvelle, en raison de leur qualité.

Art. 3.

Les condamnations prononcées par les tribunaux

de commerce contre des individus non négociants,
pour signatures apposées, soit à des lettres de change
réputées simples promesses aux termes de l'art. 112
du Code de commerce, soit à des billets à ordre,
n'emportent point la contrainte par corps, à moins
que ces signatures et engagements n'aient eu pour
cause des opérations de commerce, trafic, change,
banque ou courtage.

Art. 4.

La contrainte par corps, en matière de commerce,
ne pourra être prononcée contre les débiteurs qui
auront commencé leur soixante et dixième année.

Art. 5.

L'emprisonnement pour dette commerciale cessera
de plein droit après un an, lorsque le montant de la
condamnation principale ne s'élèvera pas à 500 francs ;

Après deux ans, lorsqu'il ne s'élèvera pas à
1,000 francs ;

Après trois ans, lorsqu'il ne s'élèvera pas à
3,000 francs ;

Après quatre ans, lorsqu'il ne s'élèvera pas à
5,000 francs ;

Après cinq ans, lorsqu'il sera de 5,000 francs et
au-dessus.

Art. 6.

Il cessera pareillement de plein droit le jour où le

débiteur aura commencé sa soixante et dixième
année.

TITRE II.

DISPOSITIONS RELATIVES A LA CONTRAINTE PAR CORPS EN MATIÈRE CIVILE.

SECTION I.

Contrainte par corps en matière civile ordinaire.

Art. 7.

Dans tous les cas où la contrainte par corps a lieu
en matière civile ordinaire, la durée en sera fixée par
le jugement de condamnation ; elle sera d'un an au
moins et de dix ans au plus.

Néanmoins, s'il s'agit de fermages de biens ruraux
aux cas prévus par l'art. 2062 du Code civil, ou de
l'exécution de condamnations intervenues dans le
cas où la contrainte par corps n'est pas obligée, et
où la loi attribue seulement aux juges la faculté de la
prononcer, la durée de la contrainte ne sera que d'un
an au moins et de cinq ans au plus.

SECTION II.

*Contrainte par corps en matière de deniers et effets
mobiliers publics.*

Art. 8.

Sont soumis à la contrainte par corps, pour raison

du reliquat de leurs comptes, déficit ou débet constatés à leur charge, et dont ils ont été déclarés responsables,

1° Les comptables de deniers publics ou d'effets mobiliers publics, et leurs cautions ;

2° Leurs agents ou préposés qui ont personnellement géré ou fait la recette ;

3° Toutes personnes qui ont perçu des deniers publics dont elles n'ont point effectué le versement ou l'emploi, ou qui, ayant reçu des effets mobiliers appartenant à l'état, ne les représentent pas, ou ne justifient pas de l'emploi qui leur avait été prescrit.

Art. 9.

Sont compris dans les dispositions de l'article précédent : les comptables chargés de la perception des deniers ou de la garde et de l'emploi des effets mobiliers appartenant aux communes, aux hospices et aux établissements publics, ainsi que leurs cautions, et leurs agents et préposés ayant personnellement géré ou fait la recette.

Art. 10.

Sont également soumis à la contrainte par corps,

1° Tous entrepreneurs, fournisseurs, soumissionnaires et traitants, qui ont passé des marchés ou traités intéressant l'état, les communes, les établissements de bienfaisance et autres établissements pu-

blics, et qui sont déclarés débiteurs par suite de leurs
entreprises ;

2° Leurs cautions, ainsi que leurs agents et préposés qui ont personnellement géré l'entreprise, et
toutes personnes déclarées responsables des mêmes
services.

Art. 11.

Seront encore soumis à la contrainte par corps,
tous redevables, débiteurs et cautions de droits de
douanes, d'octrois et autres contributions indirectes,
qui ont obtenu un crédit et qui n'ont pas acquitté à
échéance le montant de leurs soumissions ou obligations.

Art. 12.

La contrainte par corps pourra être prononcée, en
vertu des quatre articles précédents, contre les femmes
et les filles.

Elle ne pourra l'être contre les septuagénaires.

Art. 13.

Dans les cas énoncés dans la présente section, la
contrainte par corps n'aura jamais lieu que pour une
somme principale excédant 300 francs.

Sa durée sera fixée dans les limites de l'article 7
de la présente loi, paragraphe premier.

TITRE III.

DISPOSITIONS RELATIVES A LA CONTRAINTE PAR CORPS CONTRE LES ÉTRANGERS.

Art. 14.

Tout jugement qui interviendra au profit d'un Français contre un étranger non domicilié en France, emportera la contrainte par corps, à moins que la somme principale de la condamnation ne soit inférieure à cinquante francs, sans distinction entre les dettes civiles et les dettes commerciales.

Art. 15.

Avant le jugement de condamnation, mais après l'échéance ou l'exigibilité de la dette, le président du tribunal de première instance dans l'arrondissement duquel se trouvera l'étranger non domicilié, pourra, s'il y a de suffisants motifs, ordonner son arrestation provisoire, sur la requête du créancier français.

Dans ce cas, le créancier sera tenu de se pourvoir en condamnation dans la huitaine de l'arrestation du débiteur, faute de quoi celui-ci pourra demander son élargissement.

La mise en liberté sera prononcée par ordonnance de référé, sur une assignation donnée au créancier par l'huissier que le président aura commis dans l'ordonnance même qui autorisait l'arrestation, et, à défaut de cet huissier, par tel autre qui sera commis spécialement.

Art. 16.

L'arrestation provisoire n'aura pas lieu ou cessera, si l'étranger justifie qu'il possède sur le territoire français un établissement de commerce ou des immeubles, le tout d'une valeur suffisante pour assurer le payement de la dette, ou s'il fournit pour caution une personne domiciliée en France et reconnue solvable.

Art. 17.

La contrainte par corps exercée contre un étranger en vertu de jugement pour dette civile ordinaire, ou pour dette commerciale, cessera de plein droit après deux ans, lorsque le montant de la condamnation principale ne s'élèvera pas à 500 francs ;

Après quatre ans, lorsqu'il ne s'élèvera pas à 1,000 francs :

Après six ans, lorsqu'il ne s'élèvera pas à 3,000 francs ;

Après huit ans, lorsqu'il ne s'élèvera pas à 5,000 francs ;

Après dix ans, lorsqu'il sera de 5,000 francs et au-dessus.

S'il s'agit d'une dette civile pour laquelle un Français serait soumis à la contrainte par corps, les

dispositions de l'article 7 seront applicables aux
étrangers, sans que toutefois le minimum de la contrainte puisse être au-dessous de deux ans.

Art. 18.

Le débiteur étranger, condamné pour dette commerciale, jouira du bénéfice des articles 4 et 6 de la
présente loi. En conséquence, la contrainte par corps
ne sera point prononcée contre lui, ou elle cessera
dès qu'il aura commencé sa soixante et dixième
année.

Il en sera de même à l'égard de l'étranger condamné pour dette civile, le cas de stellionat excepté.

La contrainte par corps ne sera pas prononcée
contre les étrangères pour dettes civiles, sauf aussi
le cas de stellionat, conformément au premier paragraphe de l'article 2066 du Code civil, qui leur est
déclaré applicable.

TITRE IV.

DISPOSITIONS COMMUNES AUX TROIS TITRES PRÉCÉDENTS.

Art. 19.

La contrainte par corps n'est jamais prononcée
contre le débiteur au profit,

1° De son mari ni de sa femme ;

2° De ses ascendants, descendants, frères ou sœurs,
ou alliés au même degré.

Les individus mentionnés dans les deux paragraphes ci-dessus, contre lesquels il serait intervenu
des jugements de condamnation par corps, ne pourront être arrêtés en vertu desdits jugements : s'ils
sont détenus, leur élargissement aura lieu immédiatement après la promulgation de la présente loi.

Art. 20.

Dans les affaires où les tribunaux civils ou de
commerce statuent en dernier ressort, la disposition
de leur jugement relative à la contrainte par corps
sera sujette à l'appel : cet appel ne sera pas suspensif.

Art. 21.

Dans aucun cas la contrainte par corps ne pourra
être exercée contre le mari et contre la femme
simultanément, pour la même dette.

Art. 22.

Tout huissier, garde du commerce ou exécuteur
des mandements de justice, qui, lors de l'arrestation
d'un débiteur, se refuserait à le conduire en référé
devant le président du tribunal de première instance,
aux termes de l'article 786 du Code de procédure
civile, sera condamné à 1,000 francs d'amende, sans
préjudice des dommages-intérêts.

rt. 23.

Les frais liquidés que le débiteur doit consigner ou

18

payer pour empêcher l'exercice de la contrainte par corps, ou pour obtenir son élargissement, conformément aux articles 798 et 800, paragraphe 2, du Code de procédure, ne seront jamais que les frais de l'instance, ceux de l'expédition et de la signification du jugement et de l'arrêt s'il y a lieu, ceux enfin de l'exécution relative à la contrainte par corps seulement.

Art. 24.

Le débiteur, si la contrainte par corps n'a pas été prononcée pour dette commerciale, obtiendra son élargissement en payant ou consignant le tiers du principal de la dette et de ses accessoires, et en donnant pour le surplus une caution acceptée par le créancier, ou reçue par le tribunal civil dans le ressort duquel le débiteur sera détenu.

Art. 25.

La caution sera tenue de s'obliger solidairement avec le débiteur à payer, dans un délai qui ne pourra excéder une année, les deux tiers qui resteront dus.

Art. 26.

A l'expiration du délai prescrit par l'article précédent, le créancier, s'il n'est pas intégralement payé, pourra exercer de nouveau la contrainte par corps

contre le débiteur principal, sans préjudice de ses
droits contre la caution.

Art. 27.

Le débiteur qui aura obtenu son élargissement de
plein droit après l'expiration des délais fixés par les
articles 5, 7, 13 et 17 de la présente loi, ne pourra plus
être détenu ou arrêté pour dettes contractées antérieurement à son arrestation et échues au moment de
son élargissement, à moins que ces dettes n'entraînent
par leur nature et leur quotité une contrainte plus
longue que celle qu'il aura subie, et qui, dans ce dernier cas, lui sera toujours comptée pour la durée de
la nouvelle incarcération.

Art. 28.

Un mois après la promulgation de la présente loi,
la somme destinée à pourvoir aux aliments des détenus pour dettes devra être consignée d'avance, et
pour trente jours au moins.

Les consignations pour plus de trente jours ne
vaudront qu'autant qu'elles seront d'une seconde ou
de plusieurs périodes de trente jours.

Art. 29.

A compter du même délai d'un mois, la somme
destinée aux aliments sera de 30 fr. à Paris, et de

25 fr. dans les autres villes, pour chaque période de trente jours.

Art. 30.

En cas d'élargissement faute de consignation d'aliments, il suffira que la requête présentée au président du tribunal civil soit signée par le débiteur détenu et par le gardien de la maison d'arrêt pour dettes, ou même certifiée véritable par le gardien, si le détenu ne sait pas signer.

Cette requête sera présentée en *duplicata :* l'ordonnance du président, aussi rendue par *duplicata*, sera exécutée sur l'une des minutes qui restera entre les mains du gardien ; l'autre minute sera déposée au greffe du tribunal, et enregistrée *gratis*.

Art. 31.

Le débiteur élargi faute de consignation d'aliments ne pourra plus être incarcéré pour la même dette.

Art. 32.

Les dispositions du présent titre et celles du Code de procédure civile sur l'emprisonnement auxquelles il n'est pas dérogé par la présente loi, sont applicables à l'exercice de toutes contraintes par corps, soit pour dettes commerciales, soit pour dettes civiles, même pour celles qui sont énoncées à la deuxième section du titre II ci-dessus, et enfin à la contrainte par corps qui est exercée contre les étrangers.

Néanmoins, pour les cas d'arrestation provisoire, le créancier ne sera pas tenu de se conformer à l'art. 780 du Code de procédure, qui prescrit une signification et un commandement préalable.

TITRE V.

DISPOSITIONS RELATIVES A LA CONTRAINTE PAR CORPS EN MATIÈRE CRIMINELLE, CORRECTIONNELLE ET DE POLICE.

Art. 33.

Les arrêts, jugements et exécutoires portant condamnation, au profit de l'état, à des amendes, restitutions, dommages-intérêts et frais en matière criminelle, correctionnelle ou de police, ne pourront être exécutés par la voie de la contrainte par corps que cinq jours après le commandement qui sera fait aux condamnés, à la requête du receveur de l'enregistrement et des domaines.

Dans le cas où le jugement de condamnation n'aurait pas été précédemment signifié au débiteur, le commandement portera en tête un extrait de ce jugement, lequel contiendra le nom des parties et le dispositif.

Sur le vu du commandement et sur la demande du receveur de l'enregistrement et des domaines, le procureur du roi adressera les réquisitions nécessaires aux agents de la force publique et autres fonctionnaires chargés de l'exécution des mandements de justice.

Si le débiteur est détenu, la recommandation pourra
être ordonnée immédiatement après la notification du
commandement.

Art. 34.

Les individus contre lesquels la contrainte par corps
aura été mise à exécution aux termes de l'article précédent, subiront l'effet de cette contrainte jusqu'à ce
qu'ils aient payé le montant des condamnations, ou
fourni une caution admise par le receveur des domaines, ou, en cas de contestation de sa part, déclarée bonne et valable par le tribunal civil de l'arrondissement.

La caution devra s'exécuter dans le mois, à peine de
poursuites.

Art. 35.

Néanmoins les condamnés qui justifieront de leur
insolvabilité suivant le mode prescrit par l'art. 420
du Code d'instruction criminelle, seront mis en liberté
après avoir subi quinze jours de contrainte lorsque
l'amende et les autres condamnations pécuniaires
n'excéderont pas 15 fr.; un mois, lorsqu'elles s'élèveront de 15 à 50 fr.; deux mois, lorsque l'amende
et les autres condamnations s'élèveront de 50 à 100 fr.;
et quatre mois, lorsqu'elles excéderont 100 fr.

Art. 36.

Lorsque la contrainte par corps aura cessé en vertu

de l'article précédent, elle pourra être reprise, mais
une seule fois, et quant aux restitutions, dommages
et intérêts et frais seulement, s'il est jugé contradictoirement avec le débiteur qu'il lui est survenu des
moyens de solvabilité.

Art. 37.

Dans tous les cas, la contrainte par corps exercée
en vertu de l'art. 33, est indépendante des peines
prononcées contre les condamnés.

Art. 38.

Les arrêts et jugements contenant des condamnations en faveur des particuliers pour réparations de
crimes, délits ou contraventions commis à leur préjudice, seront, à leur diligence, signifiés et exécutés
suivant les mêmes formes et voies de contrainte que
les jugements portant des condamnations au profit de l'état.

Toutefois les parties poursuivantes seront tenues
de pourvoir à la consignation d'aliments, aux termes
de la présente loi, lorsque la contrainte aura lieu à
leur requête et dans leur intérêt.

Art. 39.

Lorsque la condamnation prononcée n'excédera
pas 300 fr., la mise en liberté des condamnés, arrêtés
ou détenus à la requête et dans l'intérêt des particu-

liers, ne pourra avoir lieu, en vertu des art. 34, 35 et
36, qu'autant que la validité des cautions ou l'insolvabilité des condamnés auront été, en cas de contestation, jugées contradictoirement avec le créancier.

La durée de la contrainte sera déterminée par le
jugement de condamnation dans les limites de six
mois à cinq ans.

Art. 40.

Dans tous les cas, et quand bien même l'insolvabilité du débiteur pourrait être constatée, si la condamnation prononcée, soit en faveur d'un particulier,
soit en faveur de l'état, s'élève à 300 fr., la durée de
la contrainte sera déterminée par le jugement de
condamnation dans les limites fixées par l'art. 7 de la
présente loi.

Néanmoins, si le débiteur a commencé sa soixante
et dixième année avant le jugement, les juges pourront réduire le minimum à six mois, et ils ne pourront dépasser un maximum de cinq ans.

S'il atteint sa soixante et dixième année pendant
la durée de la contrainte, sa détention sera de plein
droit réduite à la moitié du temps qu'elle avait encore
à courir aux termes du jugement.

Art. 41.

Les art. 19, 21 et 22 de la présente loi sont applicables à la contrainte par corps exercée par suite des

condamnations criminelles, correctionnelles et de police.

Art. 42.

Un mois après la promulgation de la présente loi, tous débiteurs actuellement détenus pour dettes civiles ou commerciales obtiendront leur élargissement s'ils ont commencé leur soixante et dixième année, à l'exception toutefois des stellionataires, à l'égard desquels il n'est nullement dérogé au Code civil.

Art. 43.

Après le même délai d'un mois, les individus actuellement détenus pour dettes civiles emportant contrainte par corps obtiendront leur élargissement, si cette contrainte a duré dix ans dans les cas prévus au premier paragraphe de l'art. 7, et si cette contrainte a duré cinq ans, dans les cas prévus au deuxième paragraphe du même article, comme encore si elle a duré dix ans, et s'ils sont détenus comme débiteurs ou rétentionnaires de deniers ou effets mobiliers de l'état, des communes et des établissements publics.

Art. 44.

· Deux mois après la promulgation de la présente

loi, les étrangers actuellement détenus pour dettes, et
dont l'emprisonnement aura duré dix ans, obtiendront
également leur élargissement.

Art. 45.

Les individus actuellement détenus pour amendes,
restitutions et frais, en matière correctionnelle et de
police, seront admis à jouir du bénéfice des art. 35,
39 et 40, savoir : les condamnés à 15 francs et au-
dessous, dans la huitaine ; et les autres, dans la quinzaine de la promulgation de la présente loi.

DISPOSITIONS GÉNÉRALES.

Art. 46.

Les lois du 15 germinal an VI, du 4 floréal de la
même année, et du 10 septembre 1807 sont abrogées.
Sont également abrogées en ce qui concerne la contrainte par corps, toutes dispositions de lois antérieures
relatives aux cas où cette contrainte peut être prononcée contre les débiteurs de l'état (a). Néanmoins
celle de ces dispositions qui concerne le mode de
poursuites à exercer contre ces mêmes débiteurs, et
celle du titre XIII du Code forestier, de la loi sur la
pêche fluviale, ainsi que les dispositions relatives au
bénéfice de cession, sont maintenues et continueront
d'être exécutées.

(a) Cette disposition a abrogé l'art. 225 de la loi du

28 avril 1816, portant que la détention à raison des condamnations prononcées pour fait de contrebande de tabac
ne pourra dépasser six mois, et, en cas de récidive, un an.
Amiens, 23 janvier 1837, *Gaz.* du 29 janvier. — Paris,
18 mars 1837, *Gaz.* du 24 mars. — C. C. C. 15 mai 1835.
Or, l'art. 225 de la loi du 28 avril 1816 avait été rendu applicable à la fraude au droit d'octroi de Paris par la loi du
29 mars 1832, à la fraude au droit d'octroi de toutes les communes du royaume par celle du 24 mai 1834, enfin à la fa-
brication et à la vente de toute matière imitant le tabac par
celle du 13 février 1835. Ces divers cas seront donc régis
à l'avenir par la présente loi, quant à ce qui regarde les condamnations pécuniaires.

FIN.

TABLE ANALYTIQUE

DES MATIÈRES.

(LES CHIFFRES INDIQUENT LES PAGES.)

A

ACQUIESCEMENT. Il n'empêche pas de former opposition au jugement, ou d'interjeter appel, 3. — Procédure à suivre pour obtenir son élargissement malgré l'acquiescement, *ibid.* — Ne pas confondre l'acquiescement avec l'exécution volontaire, 6. — L'acquiescement fait-il courir les délais de l'appel? *ibid.* — L'acquiescement rend le jugement définitif, quand le débiteur y déclare avoir connaissance d'actes d'exécution qui ont eu lieu, 7.

ACTEURS. Sont-ils contraignables par corps pour leurs engagements avec les directeurs de théâtres? 71.

AGE. Voyez *Septuagénaires.*

ALIMENTS. Les aliments du détenu doivent être consignés d'avance par le créancier, 126. — Le trésor public en est dispensé, *ibid.* — Un pouvoir n'est pas nécessaire pour faire cette consignation, *ib.* — L'incarcérateur ne peut plus retirer les aliments s'il y a des recommandants, sans leur consentement, 128. — Mais cette interdiction n'est pas réciproque entre eux, *ibid.* — La consignation doit être faite par périodes de trente jours, 129. — Les jours se comptent de minuit à minuit, *ibid.* — La somme est de 30 francs à Paris, et de 25 francs en province, par période, 130. — Il ne peut pas être exigé de somme plus forte, même pour raison de maladie, *ibid.* — Faute d'aliments consignés, le détenu recouvre sa liberté, 147. — Procédure à suivre pour cela, 154. — Dans ce cas, le débiteur ne peut plus être arrêté pour la même dette, 160. — Voyez *Recommandation.*

AMIABLES-COMPOSITEURS. Voyez *Arbitres.*

AMBASSADEURS. Les ambassadeurs étrangers ne peuvent être arrêtés pour dettes, 110.

APPEL. La renonciation à l'appel dans un compromis n'empêche pas d'appeler pour la contrainte par corps, 2. — La disposition des jugements en dernier ressort relative à la contrainte par corps, est sujette à l'appel, 15-63-76. — Le droit d'appel n'appartient, dans ce cas, qu'au débiteur, 15. — L'emprisonnement n'empêche pas d'appeler, 15-95. — L'appel, dans ce cas, n'est pas suspensif, 15-86. — L'appel ne suspend pas non plus l'exécution d'un jugement exécutoire, en donnant caution, 85. — Voyez *Acquiescement, Réintégrande.*

APPLICATION. Voyez *Contrainte par corps.*

ARBITRES. Même volontaires et amiables compositeurs, peuvent prononcer la contrainte par corps, 2. — Voyez *Appel, Tribunaux étrangers.*

ARRESTATION. Heures, jours et lieux où elle peut être opérée, 107. — Procès-verbal d'arrestation. Voyez *emprisonnement.* — Lorsque l'emprisonnement d'un débiteur a été déclaré nul, il ne peut être arrêté pour la même dette, qu'un jour après sa sortie, 143. — Mais est-il nécessaire pour cela qu'il sorte; qu'arriverait-il s'il était retenu par des recommandations? *ib.* — Voyez *Contrainte par corps, Député, Emprisonnement, Étranger, Évasion, Pair de France.*

ARRESTATION PROVISOIRE. A lieu pour les étrangers, sans jugement ni commandement préalable, 9-57-160. — Voyez *Recommandation.*

ASCENDANT. Ne peut obtenir la contrainte par corps contre ses descendants, ni y être soumis à leur profit, 52-76-84. — Il en est de même des étrangers, 63.

AVAL. Le donneur d'aval sur un engagement commercial est-il contraignable par corps? 70.

AVOUÉS. Sont contraignables par corps pour restitution des titres à eux confiés, et des deniers par eux reçus pour leurs clients par suite de leurs fonctions, 25-30. — Pour restitution des pièces communiquées dans une instance, 35.

C

CAUTIONS JUDICIAIRES. La contrainte par corps a lieu contre elles de droit, 25-29. — Même sans jugement, 9. —

corps, 74. — Les héritiers d'un commerçant ne sont pas contraignables par corps, 174. — Ni le mari d'une commerçante, marié en communauté, 75. — Voyez *Ascendants, Femmes, Frère, Mineurs, Septuagénaires, Sociétés.*

COLON PARTIAIRE. Voyez *Fermier.*

COMMUNE. Voyez *Caution, Entrepreneur, Fournisseur, Soumissionnaire.*

COMPTABLE. Ne peut pas faire cession de biens, 153. — Voyez *Deniers publics.*

CONSIGNATION. La répétition d'un dépôt consigné entre les mains de personnes publiques à ce préposées, donne lieu à la contrainte par corps, 28. — Le dépositaire n'a pas l'action récursoire contre un tiers à qui il a remis à tort le dépôt, *ibid.*

CONTRAINTE (COMMANDEMENT). Sa forme et les différents cas qui peuvent se présenter, 87 et suiv. — Péremption de ce commandement, 100.

CONTRAINTE PAR CORPS. Définition, 1. — Ne peut être appliquée qu'en vertu d'un jugement, 1. — Ne peut l'être par une ordonnance de référé, 3. — Ni par une ordonnance sur requête, *ibid.* — Il faut que ce soit le jugement de condamnation qui la prononce, 7-73. — Les étrangers peuvent toutefois être emprisonnés sans jugement, 9-57-160. — La contrainte par corps a lieu contre les cautions judiciaires, en vertu de leur soumission au greffe, 9. — Elle ne peut pas être prononcée en matière civile, pour une somme moindre de 300 francs, 7-10-11-131. — Distinction entre la contrainte par corps impérative et la contrainte par corps potestative, 16. — Et entre la contrainte par corps légale et la contrainte par corps conventionnelle, 43. — La contrainte par corps n'a pas lieu pour une somme indéterminée, 73. — Lorsqu'il y a lieu à liquidation, elle ne peut être exercée qu'après la liquidation, 86. — Voyez *Commerce, Crime.*

CRIME. La contrainte par corps a lieu de droit pour l'amende, les restitutions et les dommages-intérêts, 78-79. — Il n'est pas nécessaire d'insérer dans le jugement le texte de la loi, 79. — Voyez *Ascendant, Emprisonnement, Femmes, Frère.*

CURATELLE. Le reliquat d'un compte de curatelle donne lieu à la contrainte par corps, 44.

D

DENIERS PUBLICS (ou EFFETS MOBILIERS PUBLICS). Les comptables, leurs agents ou leurs préposés, et généralement tous ceux qui en ont reçu, doivent en rendre compte par corps, 42. — De même pour ce qui concerne les hospices et les établissements publics, *ibid.* — Leurs cautions sont aussi contraignables par corps, *ibid.* — Voyez *Femmes.*

DÉPENS. La contrainte par corps ne peut être prononcée pour dépens, 45. — Même en matière de commerce, 72.

DÉPOT NÉCESSAIRE. La contrainte par corps a lieu pour dépôt nécessaire, 24. — Cas dans lesquels il y a dépôt nécessaire, 25. — Le dépositaire infidèle ne peut pas faire cession de biens, 153. — Voyez *Consignation.*

DÉPOT VOLONTAIRE. Ne donne pas lieu à la contrainte par corps en matière civile, 31.

DÉPUTÉ. Ne peut pas être arrêté durant la session et dans les six mois qui l'auront précédée ou suivie, 116.

DESCENDANT. Ne peut obtenir la contrainte par corps contre ses ascendants, ni y être soumis à leur profit, 52. — Il en est de même pour les étrangers, 63.

DOMICILE. On ne peut arrêter quelqu'un dans son domicile sans l'assistance du juge de paix, 107. — Autrement il y aurait violation de domicile, 109. — Le juge de paix peut être remplacé par son suppléant, *ibid.* — Voyez *Étrangers.*

DOMMAGES-INTÉRÊTS. La contrainte par corps peut être prononcée pour dommages-intérêts, 44. — Mais seulement pour une somme excédant 300 francs, 11-44-46. — Sauf le cas où ils sont adjugés par suite d'une action en réintégrande, 28. — Voyez *Emprisonnement.*

DOUANES. Les redevables et cautions des droits de douane sont contraignables par corps, 43. — Voyez *Emprisonnement en matière criminelle, Femmes.*

DURÉE DE L'EMPRISONNEMENT. Voyez *Emprisonnement.*

E

ÉCROU. Contexte du procès-verbal d'écrou, 122. — Il diffère du procès-verbal d'emprisonnement ; cependant il peut être rédigé par le même acte, 124. = Le geôlier ne peut écrouer sans qu'on lui représente le jugement qui doit être transcrit sur les registres, 125.

ÉLARGISSEMENT. Cas dans lesquels un détenu peut obtenir son élargissement, 146 et suiv. — Dans quelle forme le créancier peut-il consentir à l'élargissement de son débiteur, 149. — Le consentement peut être donné sous réserve d'exercer de nouveau la contrainte par corps, 147. — Ce que doit payer ou consigner le détenu pour obtenir son élargissement, 150-151. — Il peut faire cette consignation entre les mains du geôlier, *ibid.* — L'immeuble dotal peut être aliéné avec autorisation de justice, pour tirer de prison le mari ou la femme, 152. — Tribunal compétent et procédure à suivre pour les demandes en élargissement, 157. — Voyez *Acquiescement, Femme.*

EMPRISONNEMENT. En matière civile, sa durée doit être fixée par le jugement, 11-131. — Limites assignées par la loi, *ibid.* — *Quid* lorsque le jugement n'a pas statué à cet égard, et qu'il est définitif? 12. — S'il y a erreur de la part du greffier, elle peut être rectifiée, 14. — En matière criminelle, la durée doit être fixée pour les condamnations inférieures à 300 fr. au profit des particuliers, et dans tous les cas pour les condamnations au-dessus de 300 fr., 83-176-177. — Limites assignées par la loi, *ibid.* — L'emprisonnement n'empêche pas l'exécution sur les biens, 86. — En matière civile et commerciale, l'emprisonnement doit être précédé d'un commandement signifié un jour avant, 87. — Forme de ce commandement, 87 et suiv. — Forme du procès-verbal d'emprisonnement, 103. — Durée de l'emprisonnement en matière commerciale, 131. — Durée de l'emprisonnement des étrangers, 134. — Tribunal devant lequel doivent être portées les demandes en nullité d'emprisonnement, 138. — Forme de ces demandes, 141. — En cas de nullité, il peut être accordé des dommages-intérêts, 142. — Causes qui font cesser l'emprisonnement, 146. — Les tribunaux ne peuvent suspendre l'emprisonnement pour aucune cause, 159.—Formes de l'emprisonnement en matière criminelle, correctionnelle et de police, dans l'intérêt de l'état, 169. — Durée de l'emprisonnement, 171. — Fixation de la durée par le tribunal, pour les condamnations au-dessus de 300 francs, 177. — Distinction entre l'emprisonnement pour dettes et l'emprisonnement considéré comme peine, 174. — Formes de l'emprisonnement à la requête des particuliers, en matière criminelle, correctionnelle et de police, 174.—Durée de l'emprisonnement dans ce cas, 175. — Fixation de cette durée par le tribunal, dans de certaines limites, 176-177. — Voyez *Appel, Arrestation, Contrainte par corps, Élargissement, Recommandation, Solidarité.*

ENTREPRENEUR. Contraignable par corps pour débet, par suite de marchés qui intéressent l'état, les communes, les établissements de bienfaisance et les établissements publics, 42. — Voyez *Femmes.*

ÉTABLISSEMENT DE BIENFAISANCE. Voyez *Caution, Entrepreneur, Fournisseur, Soumissionnaire.*

ÉTABLISSEMENT PUBLIC. Voyez *ibid.*

ÉTRANGERS. Les étrangers peuvent être condamnés par corps pour toute somme qui n'est pas inférieure à 50 fr., 11-53. — Quoiqu'ils soient mineurs, 54. — A moins qu'ils ne soient autorisés par le roi à établir leur domicile en France, 10-54. — Ils peuvent même être arrêtés provisoirement, sans jugement ni commandement préalable, 9-57-160. — Mais alors le créancier doit assigner en condamnation dans la huitaine, faute de quoi l'arrestation doit cesser, *ibid.* — L'arrestation provisoire cesse encore si l'étranger possède un immeuble ou une maison de commerce, ou fournit caution, 62-162. — Durée de l'emprisonnement des étrangers, 62-134. — Les étrangers ne peuvent pas faire cession de biens. 153.— Voyez *Ascendant, Descendant, Femmes, Frères, Recommandation, Septuagénaires.*

ÉVASION. Les formalités pour l'arrestation et l'emprisonnement ne sont pas applicables à la réintégration d'un débiteur emprisonné qui s'est évadé, 99. — Mais elles sont applicables à l'arrestation d'un débiteur qui s'est évadé avant son emprisonnement, 108.— L'évasion d'un détenu pour dettes ne donne lieu à aucune peine, 121. — Le complice n'est pas non plus coupable, à moins qu'il ne soit un des préposés de la maison d'arrêt, *ibid.* — Mais il y a délit s'il y a effraction, 122.—Voyez *Recommandation.*

EXÉCUTION. Voyez *Acquiescement.*

EXÉCUTION PROVISOIRE. Ne peut être ordonnée sans caution en matière de contrainte par corps, 86. — Ne peut avoir lieu si le débiteur n'a pas été mis en demeure de discuter la caution, 95.

F

FAILLITE. L'état de faillite ne fait pas perdre la qualité de commerçant, 66. — Le failli est contraignable par corps pour le payement de ses dividendes, 72. — Mais non pour le payement des avances faites par le syndic pendant la faillite, *ibid.* — La déclaration de faillite empêche l'exécution de la contrainte par corps, 112-163. — Le failli peut être de nouveau soumis à la contrainte par corps, s'il n'est pas déclaré excusable, 113-168. — Personnes qui ne peuvent pas être déclarées excusables en cas de faillite, 114-169. — Le failli doit être déposé pendant la faillite dans une maison d'arrêt pour dettes, 162. — A la diligence de qui ce dépôt doit avoir lieu, 163. — Voyez *Stellionat.*

FAUX INCIDENT CIVIL. Ceux qui ont entre les mains des pièces de comparaison sont contraints par corps de les représenter s'ils sont dépositaires publics, et peuvent y être contraints s'ils n'ont pas cette qualité, 36. — *Quid* en matière criminelle? 82-83.

FEMMES. Les femmes ne peuvent pas être condamnées par corps en matière civile, 28-29-41-47-48-50. — Excepté en matière de deniers et effets mobiliers publics, ou appartenant aux communes, aux hospices et aux établissements publics; en matière d'entreprises, fournitures et soumissions de marchés intéressant l'état, les communes, les établissements de bienfaisance et autres établissements publics; comme aussi en matière d'octroi, de douanes et autres contributions indirectes, et pour cautions dans ces différents cas, 43. — Excepté aussi en matière de stellionat, sous la restriction qu'en cas de mariage c'est seulement pour les biens qui lui sont propres, 50. — Les femmes ne peuvent obtenir la contrainte par corps contre leurs maris ni y être soumises à leur profit, 52-76-84.— Tout ce qui précède s'applique aux étrangères, 62-63. — Les femmes non marchandes ne peuvent être condamnées par corps en matière de commerce, 74. — Les veuves et héritières des marchands ne sont pas contraignables par corps, 74. — Les femmes ne peuvent être arrêtées en même temps que leurs maris pour la même dette, III. — Une femme ne peut s'obliger ni obliger la communauté, même pour tirer son mari de prison, sans autorisation de justice, 151. — Voyez *Elargissement, Gardiens judiciaires.*

FERMIERS. Sont contraignables par corps, pour fermages, lorsqu'il y a convention à cet égard dans le bail, 35. — Peuvent être condamnés par corps pour la représentation à la fin du bail du cheptel, du bétail, des semences et des instruments aratoires, *ibid.*

FOL-ENCHÉRISSEUR. Ce qu'il faut entendre par cette expression, 38. — Causes pour lesquelles le fol-enchérisseur est contraignable par corps, 38 et suiv.

FONDS DE COMMERCE. Voyez *Commerce.*

FORÊTS. Délits forestiers, 84.

FOURNISSEUR. Contraignable par corps pour débet par suite de marchés qui intéressent l'état, les communes, les établissements de bienfaisance et les établissements publics, 42.— Voyez *Femmes.*

FRAIS. Voyez *Dépens.*

FRÈRE. On ne peut obtenir la contrainte par corps contre ses frères et sœurs, 52-76-84. — Il en est de même entre étrangers, 63.

G

GARDIENS JUDICIAIRES. Sont contraignables par corps pour la représentation des objets qui leur ont été confiés, 28. — Il y a exception pour les femmes, à moins que l'on n'agisse par voie d'action correctionnelle, 29. — Est considéré comme gardien judiciaire le directeur d'une maison de santé, à qui un détenu est confié, *ibid.* — Les gardiens judiciaires sont contraignables par corps pour dommages-intérêts lorsqu'ils se sont servis des objets saisis, 37,—et pour tenir compte des profits et revenus provenant de ces objets, *ibid.*

GARDES DU COMMERCE. Leur institution, 86.— Réglement qui les concerne, 187.

H

HOSPICES. Voyez *Caution, Deniers publics.*

HUISSIERS. Sont contraignables par corps pour la restitution des titres à eux confiés et des deniers par eux reçus pour leurs clients, par suite de leurs fonctions, 25.

J

JUGEMENT. Formule exécutoire, 95. — Voyez *Acquiescement, Contrainte par corps, Tribunaux.*

M

MAISON DE SANTÉ. Voyez *Gardiens judiciaires.*

MANDAT. Il faut un mandat spécial pour engager quelqu'un par corps, 73. — Voyez *Pouvoir.*

MARI. Voyez *Femmes.*

MILITAIRES. Les militaires peuvent-ils être arrêtés pour dettes? 110.

MINEURS. Ne peuvent être condamnés par corps en matière civile, 50; — ni en matière criminelle, à moins qu'ils ne soient réputés majeurs pour le commerce, 74. — Voyez *Etrangers.*

N

NOTAIRES. Sont contraignables par corps pour la restitution des titres à eux confiés et des deniers reçus pour leurs clients, par suite de leurs fonctions, 25-30. — Cas de responsabilité qui entraînent contre eux la contrainte par corps, 30. — Ils sont contraignables par corps lorsqu'ils refusent de délivrer

RECOMMANDATION. Dans quels cas il y a lieu à recommandation, 136. — On peut recommander un détenu évadé, 137. — Formalités à observer pour les recommandations, *ibid.* — On peut recommander provisoirement comme on peut arrêter provisoirement un étranger, 60. — L'incarcérateur peut forcer le recommandant de contribuer aux aliments, 137. — L'incarcérateur peut-il recommander son débiteur en vertu des mêmes titres ou même de titres différents? 145. — La nullité de l'emprisonnement n'entraîne pas la nullité des recommandations, *ibid.* — Voyez *Aliments, Référé.*

REDDITION DE COMPTE. Celui qui a un compte à rendre peut y être contraint par corps, 49. — Voyez *Curatelle, Deniers publics, Tutelle.*

RÉFÉRÉ. Le débiteur arrêté a le droit de se faire conduire en référé immédiatement, 116. — L'exécuteur des mandements de justice qui refuserait de conduire le débiteur en référé serait condamné à mille francs d'amende, sans préjudice de dommages-intérêts, 118. — L'ordonnance est consignée sur le procès-verbal et exécutée sur-le-champ, 118. — On peut aller en référé en cas de recommandation comme en cas d'arrestation, 138.

RÉINTÉGRANDE. — La contrainte par corps a lieu en cas réintégrande, 24. — Ce qu'il faut entendre par action en réintégrande, 27-28. — Par qui cette action peut être exercée, 27. — Elle est de la compétence du juge de paix, 28. — Comment se règle la faculté d'interjeter appel? *ibid.*

RESSORT (DERNIER). Voyez *Appel.*

S

SAISIE-EXÉCUTION. Voyez *Gardien judiciaire.*

SAISIE-GAGERIE. *Ibid.*

SAISIE IMMOBILIÈRE. Le saisi est contraignable par corps pour dommages-intérêts, en cas de dégradation, 37, — et pour délaisser l'immeuble vendu, 38.

SAISIE-REVENDICATION. Voyez *Gardien judiciaire.*

SAUF-CONDUIT. Se donne à celui qui est appelé en justice comme témoin, 110. — Sa durée, *ibid.* — Se donne aussi en

cas de faillite, 194. — Dans ce cas, il fait cesser l'emprisonnement qui avait lieu à la requête des créanciers, *ibid.* — Comment se délivre le sauf-conduit, 144-167.

SEPTUAGÉNAIRE. N'est pas soumis à la contrainte par corps
en matière civile, 43-50. — Sauf le cas de stellionat, 50. — Ni
en matière de commerce, 75. — Ceci s'applique aux étrangers
52-135. — S'ils sont détenus, ils doivent être mis en liberté,
156. — Il en est de même des étrangers, *ibid.* — En matière
criminelle la durée de l'emprisonnement est beaucoup dimi-
nuée, 177.

SEQUESTRE. Voyez *Gardien judiciaire.*

SOCIÉTÉS. La contrainte par corps peut être prononcée entre
associés, 68. — Elle ne peut être prononcée contre les directeurs et administrateurs de sociétés anonymes, *ibid.* — Voyez
Commerce.

SŒUR. Voyez *Frère.*

SOLIDARITÉ. Quoiqu'il y ait plusieurs condamnés solidaires, c'est le chiffre de la condamnation qui règle la contrainte par corps, 46. — Lorsqu'il y a plusieurs personnes
condamnées solidairement par corps, celle qui paye a la même
voie de contrainte contre les autres, 73. — Mais il doit être fait
mention dans les actes du remboursement qui a opéré la
subrogation, 99.

SOUMISSIONNAIRE. Contraignable par corps pour débet par
suite de marchés qui intéressent l'état, les communes, les
établissements de bienfaisance et les établissements publics,
42.— Voyez *Femmes.*

STELLIONAT. La contrainte par corps a lieu pour stellionat,
17. — Cas dans lesquels il y a lieu de prononcer la contrainte
par corps pour cause de stellionat, 17 et suiv. — Un concordat
ne peut y mettre obstacle, 22. — Les stellionataires ne peuvent
pas faire cession de biens, 153. — Voyez *Femmes, Septuagénaires.*

SURSIS. Les tribunaux peuvent accorder un sursis pour la
contrainte par corps lorsqu'elle est prononcée en vertu de l'article, 126, C. proc., 48.

T

TÉMOINS. Sont contraignables par corps pour rendre témoignage en matière criminelle, 80-82. — Aussi en matière de police, 81.

TRIBUNAUX DE COMMERCE. Peuvent prononcer la contrainte par corps pour dommages-intérêts, 46. — Peuvent commettre un huissier dans leur jugement pour signifier le commandement qui doit précéder l'arrestation, 91.

TRIBUNAUX ÉTRANGERS. Leurs jugements n'ont pas d'autorité en France, 7. — Quoique le pays fît alors partie de la France, 8. — Il y a exception pour les sentences arbitrales et les décisions rendues par les tribunaux Sardes et Suisses ; elles doivent être revêtues d'un simple *pareatis*, 8, 9.

TUTELLE. Le reliquat d'un compte de tutelle donne lieu à la contrainte par corps, 44. — Un tuteur ne peut pas faire cession de biens, 153.

V

VÉRIFICATION D'ÉCRITURE. Ceux qui ont entre les mains des pièces qui peuvent servir de comparaison, sont contraints par corps à les représenter s'ils sont dépositaires publics, et peuvent y être contraints s'ils n'ont pas cette qualité, 36-48. — Si le titre est écrit ou signé par celui qui l'a dénié, ce dernier peut être condamné par corps, 49.

FIN DE LA TABLE ANALYTIQUE DES MATIÈRES.

DÉCRET DU 4 MARS 1808, CONCERNANT LES ALIMENTS DES DÉBITEURS DE L'ÉTAT DÉTENUS EN PRISON (1).

Sur le rapport de notre ministre du Trésor public, relatif à la question de savoir si les aliments des débiteurs de l'État détenus en prison doivent être consignés d'avance par le Trésor public, comme par tout autre créancier, aux termes de l'article 791 du Code de procédure civile :

Considérant que l'État pourvoit, par des fonds généraux, aux dépenses des prisons et à la subsistance des prisonniers ; qu'il ne peut, par cette raison, être assujetti à des consignations particulières, qui rentrent dans ces mêmes dépenses ;

Que conséquemment l'article 791 du Code de procédure civile n'est point applicable au Trésor public ; notre Conseil d'État entendu, nous avons décrété et décrétons ce qui suit :

Art. 1er. Les détenus en prison à la requête de l'agent du Trésor public, ou de tout autre fonctionnaire public, pour cause de dette envers l'État, recevront la nourriture comme les prisonniers à la requête du ministère public.

Art. 2. Il ne sera fait aucune consignation particulière pour la nourriture desdits détenus ; la dépense en sera comprise, chaque année, au nombre de celles du département de l'intérieur pour le service des prisons.

_____

(1) Ce décret n'a pas été abrogé par la loi du 17 avril 1832 (avis du Conseil d'État du 5 août 1840), il a été seulement modifié par elle. Ces modifications sont relatées dans une circulaire du ministre du commerce et des travaux publics du 6 octobre 1832.

ORDONNANCE ROYALE DU 3 JUILLET 1816, RELATIVE AUX CONSIGNATIONS DE DENIERS.

SECTION I. — Des sommes qui doivent être versées dans la Caisse des dépôts et consignations.

Art. 1er. Là caisse des dépôts et consignations, créée par l'article 110 de la loi du 28 avril dernier, recevra seule toutes les consignations judiciaires.

Art. 2. Seront en conséquence versés dans ladite caisse :

Les deniers remis par un débiteur à un garde de commerce exerçant une contrainte par corps, pour éviter l'arrestation, conformément à l'article 14 du décret du 14 mars 1808, et ceux qui, dans les mêmes circonstances, seraient remis à un huissier exerçant la contrainte par corps dans les villes et lieux autres que Paris, lorsque le créancier n'aura pas voulu recevoir lesdites sommes dans les vingt-quatre heures accordées auxdits officiers ministériels pour lui en faire la remise ;

Les sommes que les débiteurs incarcérés doivent, aux termes de l'article 798 du Code de procédure, déposer ès mains du geôlier de la maison de détention pour être mis en liberté, lorsque le créancier ne les aura pas acceptées dans le délai de vingt-quatre heures.

Enfin toutes les consignations ordonnées par les lois, même dans les cas qui ne sont pas rappelés ci-dessus, soit que lesdites lois n'indiquent pas le lieu de la consignation, soit qu'elles désignent une autre caisse.

Art. 3. Défendons à nos cours, tribunaux et administrations quelconques, d'autoriser ou d'ordonner des consignations en autres caisses et dépôts publics ou particuliers, même d'autoriser les débiteurs dépositaires, tiers saisis, à les conserver sous le nom de sequestre ou autrement; et au cas où de telles consignations auraient lieu, elles seront nulles et non libératoires.

SECTION II. — Obligation des officiers ministériels ou autres, tenus de faire des versements à la Caisse des dépôts et consignations.

Art. 6. Tout garde de commerce, huissier ou geôlier, qui, ayant reçu des sommes dans les cas prévus par l'article 2 ci-dessus, n'en aura pas fait le versement à la caisse des dépôts et consignations dans les délais prescrits par ledit article 2, sera poursuivi comme rétentionnaire de deniers publics.

Seront à cet effet tenus, les gardes de commerce et huissiers, de mentionner au pied de leurs exploits, et avant de les présenter à l'enregistrement, s'ils ont remis au créancier les sommes par eux reçues, et de mentionner également cette remise sur leurs répertoires, et les geôliers feront ladite mention sur leurs registres d'écrous.

Art. 9. Conformément à l'article 10 de la déclaration du 29 février 1648 et celle du 16 juillet 1669, le directeur-général de la caisse des consignations pourra décerner ou faire décerner, par les préposés de la caisse¹, des contraintes contre toute personne qui, tenue, d'après les dispositions ci-dessus, de verser des sommes dans ladite caisse ou dans celle de ses préposés, sera en retard de remplir ces obligations; il sera procédé pour l'exécution desdites contraintes comme pour celles qui sont décernées en matière d'enregistrement, et la procédure sera communiquée à nos procureurs près les tribunaux.

Art. 10. Tout huissier ou geôlier qui aura contrevenu aux obligations qui lui sont imposées par la présente ordonnance, en conservant des sommes de nature à être versées

dans la caisse des consignations, sera dénoncé par nos préfets ou procureurs à celui de nos ministres dans les attributions duquel est sa nomination, pour sa révocation nous être
proposée, s'il y a lieu, sans préjudice des peines qui sont
ou pourront être prononcées par les lois.

ARRÊTÉ DU MINISTRE DE L'INTÉRIEUR DU 4 NOVEMBRE 1820.

Art. 1er. Les concierges et gardiens des maisons d'arrêt
ne peuvent, sous peine de destitution, rien exiger ni recevoir, à titre de consignation d'aliments, en sus de la somme
de *vingt francs* (1) qui a été fixée par la loi du 15 germinal
an VI, pour la subsistance, pendant trente jours, des personnes incarcérées pour dettes.

Art. 2. Les concierges et gardiens remettront aux détenus
pour dettes *deux francs* tous les trois jours (2) ; il leur est
défendu de faire, à leur profit, aucune retenue sur le montant de la consignation.

Art. 3. Il est libre aux débiteurs incarcérés de faire apporter (3) leur coucher dans la prison, ou de louer celui que
leur fournira le concierge. Dans ce cas, le prix de la location
du lit sera réglé par un tarif que le préfet arrêtera sur la pro-
position du maire, et ne pourra excéder 4 fr. 50 c. par mois

---

(1) La quotité de la consignation a été fixée à 30 fr. pour Paris, et
25 fr. pour les départements, par l'article 28 de la loi du 17 avril 1832.

(2) Depuis la loi de 1832, cette somme doit être du dixième, qui est
3 fr. à Paris, et 2 fr. 50 c. dans les départements.

(3) D'après l'article 73 du règlement sur les prisons, du 30 octobre
1841, le détenu doit adresser une demande à cet effet au préfet, qui détermine les objets dont l'introduction est permise, sur l'avis de la commission de surveillance.

pour les détenus qui coucheront seuls, et 3 fr. pour ceux qui occuperont un lit à deux (1).

Art. 4. Les débiteurs auront la faculté de recevoir leur nourriture du dehors, ou de traiter de gré à gré avec le concierge, ou de prendre les vivres de la prison, qui leur seront fournis par les entrepreneurs au prix de leurs marchés (2).

Art. 5. En cas de maladie, les débiteurs détenus seront admis à l'infirmerie de la prison ou à l'hospice. Si les frais de médicaments ou de nourriture excèdent le taux de la consignation, l'excédant sera payé sur les fonds départementaux. Ceux qui occuperont des chambres particulières, et qui ne voudront pas entrer à l'infirmerie ou à l'hospice, devront pourvoir par eux-mêmes à la dépense de leur traitement; il ne leur sera accordé aucun supplément sur les fonds départementaux.

Art. 6. Dans les lieux où il était d'usage que les concierges prélevassent une partie de la consignation pour frais de gîte et geôlage, il pourra leur être accordé sur les fonds départementaux, et d'après la demande motivée des autorités locales, soit une augmentation de traitement, soit une indemnité par journée de détenu (3).

---

(1) Aux termes des articles 72 et 73 du règlement du 30 octobre 1841, la location peut être quotidienne, hebdomadaire ou mensuelle. Le tarif pour chaque objet est arrêté par le préfet ou par le sous-préfet sur l'avis de la commission de surveillance.

(2) L'article 60 du même règlement contient une disposition analogue. En cas de régie, le prix des vivres est fixé par le préfet.

(3) Les directeurs et gardiens-chefs des prisons ont tous aujourd'hui un traitement fixe. (Articles 4 et 13 du même règ'ement.)

AVIS DU CONSEIL D'ÉTAT, COMITÉ DU CONTENTIEUX, SECTIONS RÉUNIES, DU 22 JANVIER 1827.

(Extrait d'une circulaire de M. le garde des sceaux du 30 avril 1827.)

Pour pourvoir, par des mesures uniformes et efficaces, à l'exécution des jugements des tribunaux de commerce, qui ordonnent, soit la mise en dépôt, soit la garde à domicile des faillis, il n'est besoin ni d'une loi ni d'une ordonnance du roi. Ces mesures, fondées sur les lois et règlements existants, peuvent être prescrites par de simples instructions. Les tribunaux de commerce peuvent et doivent envoyer aux procureurs du roi près du tribunal de première instance de l'arrondissement ou de la résidence du failli, les jugements qui ordonnent soit la mise en dépôt, soit la garde à domicile, et le ministère public peut et doit requérir l'exécution de ces jugements. Les procureurs du roi devront adresser, sans délai, aux tribunaux de commerce, soit l'extrait de l'écrou constatant la mise en dépôt du failli dans la maison d'arrêt pour dettes, soit un certificat de l'officier de justice ou de police, ou du gendarme qui constatera la garde du failli à domicile, soit le procès-verbal dressé, au cas où le jugement n'aurait pu être exécuté. Les tribunaux de commerce, lorsqu'ils auront ordonné en vertu des articles 466 et 467, ou la mise en liberté pure et simple du failli, avec sauf-conduit provisoire de sa personne, ou sa mise en liberté, avec sauf-conduit, en fournissant caution de se représenter, devront le faire savoir aux procureurs du roi. La mise en dépôt requise par le ministère public devra être effectuée suivant les formes et par les officiers établis pour l'exécution des mandats d'arrêt ou de dépôt. Les salaires des officiers appelés à mettre à exécution les jugements qui ordonnent la mise en dépôt ou la garde à domicile des faillis, devront être taxés conformément au décret du 18 juin 1811. Il sera nécessaire que les tribunaux de commerce, par le jugement qui prescrit la mise en dépôt des faillis, ordonnent que les agents ou syndics de la faillite seront tenus de consigner, à toute réquisition, le montant des frais de nourriture, au taux légal, entre les mains du concierge de la maison d'arrêt pour dettes, et le ministère public devra faire exécuter simultanément la mise en dépôt et la consignation d'aliments. Si la mise en dépôt dure plus d'un mois, le ministère public devra également faire exécuter successivement chaque nouvelle consignation qui deviendrait nécessaire. Les officiers requis de mettre à exécution les jugements qui ordonnent la mise en dépôt ou la garde à domicile des faillis, devront s'adresser aux agents des syndics de la faillite pour obtenir d'eux le payement de leurs salaires, même par voie d'exécution, s'il y a nécessité.

RÈGLEMENT DE LA CHAMBRE DES PAIRS DU 4 DÉCEMBRE 1830, SUR LA CONTRAINTE PAR CORPS CONTRE LES PAIRS DE FRANCE EN MATIÈRE CIVILE.

Art. 1er. Toute personne qui aura obtenu contre un pair de France un jugement ou arrêt prononçant la contrainte par corps, et qui voudra requérir de la chambre des pairs l'autorisation nécessaire pour en procurer l'exécution, adressera sa demande au président de la chambre; cette demande sera exposée dans un mémoire.

Art. 2. Ce mémoire contiendra l'énonciation du fait, les causes de la condamnation, les noms, qualités et domicile du demandeur et du pair condamné, et la demande de son arrestation.

Art. 3. Devront être joints au mémoire, 1° expédition authentique du jugement ou de l'arrêt ; 2° copie de la siguification avec commandement du jugement ou arrêt qui a prononcé la contrainte par corps.

Art. 4. Le président fera connaître à la chambre les conclusions du mémoire, et il sera formé par la voie du sort une commission de sept membres pour l'examiner.

Art. 5. Sur le rapport de la commission, l'autorisation demandée sera accordée par la chambre, s'il y a lieu.

Art. 6. Dans l'intervalle des sessions législatives, si le président de la chambre reçoit un mémoire aux fins ci-dessus indiquées, il convoquera immédiatement le grand référendaire et les cinq pairs de France les plus anciens, suivant l'ordre de réception, alors présents à Paris. Sur le rapport du grand référendaire, l'autorisation demandée sera, par lesdits président et pairs de France, réunis, accordée, s'il y a lieu ; la chambre les investissant, à cet effet, de toute son autorité.

_____

CIRCULAIRE DU MINISTRE DU COMMERCE ET DES TRAVAUX PUBLICS (1) DU 6 OCTOBRE 1832.

Un décret du 4 mars 1808 avait statué que les personnes détenues à la requête de l'agent du trésor public ou de tout autre fonctionnaire, pour cause de dettes envers l'État, seraient nourries comme les autres prisonniers, et qu'il n'y aurait point de consignation pour aliments, cette dépense devant être comprise entre celles qui sont allouées pour le service ordinaire des prisons.

_____

(1) Les prisons ont été momentanément dans les attributions du ministre du commerce et des travaux publics.

La loi du 17 avril 1832 a modifié ces dispositions à l'égard des débiteurs compris dans les articles 8, 9, 10 et 11 du titre II, savoir :

1° Les comptables de deniers publics ou d'effets mobiliers publics et leurs cautions ;

2° Leurs agents ou préposés qui ont personnellement géré ou fait la recette ;

3° Toutes personnes qui ont perçu des deniers publics dont elles n'ont point effectué le versement ou l'emploi, ou qui, ayant reçu des effets mobiliers appartenant à l'État, ne les représentent pas ou ne justifient pas de l'emploi qui leur avait été prescrit ;

4° Les comptables chargés de la perception des deniers ou de la garde et de l'emploi des effets mobiliers appartenant aux communes, aux hospices et aux établissements publics, ainsi que leurs cautions et leurs agents ou préposés, ayant personnellement géré ou fait les recettes ;

5° Tous entrepreneurs, fournisseurs, soumissionnaires et traitants qui ont passé des marchés ou traités intéressant l'État, les communes, les établissements de bienfaisance et autres établissements publics, et qui sont déclarés débiteurs par suite de leurs entreprises ;

6° Leurs cautions, ainsi que leurs agents et préposés qui ont personnellement géré l'entreprise, et toutes personnes déclarées responsables des mêmes services ;

7° Tous redevables débiteurs et cautions de droits de douanes, d'octroi et autres contributions indirectes, qui ont obtenu un crédit et qui n'ont pas acquitté à échéance le montant de leurs soumissions ou obligations.

Le titre IV, dont les dispositions sont déclarées communes aux titres précédents, porte, article 29, que la somme destinée aux aliments sera de 30 fr. à Paris et de 25 fr. dans les autres villes, pour chaque période de trente jours. La consignation doit être faite à l'avance par le créancier poursuivant, et mentionnée dans l'écrou du débiteur, conformément à l'article 789 du code de procédure. Si elle n'est pas renouvelée en temps utile, l'élargissement a lieu, ainsi que le prescrit l'article 30 de la loi.

Les débiteurs désignés ci-dessus ne doivent plus recevoir les rations de prisonniers au compte des fonds affectés aux dépenses ordinaires des maisons d'arrêt : ils doivent s'entretenir moyennant la somme désignée à titre d'aliments, et qui sera mise à leur disposition, dans la proportion d'un dixième tous les trois jours, conformément à l'arrêté du 4 novembre 1820.

AVIS DU CONSEIL D'ÉTAT DU 15 NOVEMBRE 1832.

Les comités réunis, de législation, de l'intérieur et des finances, du Conseil d'État, consultés par M. le garde des sceaux sur les questions suivantes :

1° Dans quelle prison doit-on faire subir la contrainte par corps aux condamnés qui ont achevé leur peine dans une maison centrale, et qui ont été recommandés par la régie de l'enregistrement, à défaut de payement des amendes et frais de justice ?

2° Peut-on interdire à l'administration de l'enregistrement le droit de recommander les détenus pendant qu'ils sont dans les maisons centrales, sauf à exercer la contrainte par corps contre eux après leur retour dans le lieu de leur domicile ?

3° De quelle manière doit se faire le transport du lieu où ils ont achevé leur peine à celui où ils doivent subir la contrainte par corps ?

4° L'administration de l'enregistrement peut-elle recommander les condamnés détenus dans les maisons centrales, dans le but de les obliger à lui abandonner leurs fonds de réserve en payement des frais et amendes dont ils sont débiteurs?

5° Lorsqu'un individu condamné à une amende justifie dans les formes légales de sa complète insolvabilité, la régie intéressée doit-elle nécessairement renoncer envers lui à l'exercice de la contrainte par corps, ou bien peut-elle alors y recourir comme moyen de répression dans l'intérêt général de la société?

6° En admettant que la contrainte par corps puisse être employée comme moyen de répression envers les condamnés insolvables, à la charge de quel ministère se trouvent alors les frais d'exécution?

7° Quels sont les droits de capture qui doivent être alloués aux gendarmes pour l'arrestation des condamnés?

Vu le rapport adressé sur ces questions à M. le garde des sceaux par le chef de la division des affaires criminelles et des grâces au ministre de la justice;

Vu l'avis du comité de l'intérieur du Conseil d'État, du 21 mars 1832;

Vu la lettre adressée, le 24 mars 1832, à M. le ministre des finances par M. le ministre de l'intérieur, contenant envoi d'une lettre du préfet de la Somme, en date du 21 du même mois;

Vu le rapport fait à M. le ministre des finances, le 10 mai 1832, par M. le directeur général de l'enregistrement et des domaines;

Vu la lettre adressée à M. le garde sceaux, le 22 mai 1832, par M. le ministre des finances;

Vu les lettres adressées à M. le garde des sceaux, les

11 avril et 11 juillet 1832, par M. le ministre du commerce et des travaux publics ;

Sur la première question :

Vu l'article 14 de la loi du 15 germinal an **VI**, qui désigne les maisons d'arrêt pour lieux de dépôt des détenus pour dettes ;

Vu l'article 604 du Code pénal, portant, que les maisons d'arrêt et de justice sont entièrement distinctes des prisons établies pour peines ;

Vu l'ordonnance royale, du 2 avril 1817, qui affecte exclusivement les maisons centrales de détention aux condamnés à des peines criminelles et aux condamnés par voie de police correctionnelle, lorsque la peine à subir n'est pas moindre d'une année ;

Considérant que la contrainte pour les peines pécuniaires ne doit consister que dans la privation de la liberté, et ne peut s'exercer dans les lieux où la détention offre un caractère pénal ;

Qu'à défaut de prisons spéciales pour dettes, dont l'établissement n'est point prescrit et ne peut avoir lieu dans les départements, c'est dans les maisons d'arrêt que la contrainte par corps doit être exercée à la requête de l'administration de l'enregistrement, comme elle l'est à la requête des particuliers ;

Que d'après le droit commun, c'est dans la maison d'arrêt la plus voisine de la maison centrale que le détenu recommandé doit être conduit (1), et qu'il n'appartient qu'à l'administration d'autoriser, sur la demande du détenu, quand elle le juge convenable, le transfèrement dans une autre maison d'arrêt ;

_____

(1) Voir l'article 788 du Code de procédure civile.

Que dans tous les cas, dans le concours des recommandations des tiers avec celles de la régie, la translation ne peut s'effectuer que contradictoirement avec ces tiers, qui seraient exposés, par leur ignorance du lieu de la nouvelle détention, à ne pouvoir plus suivre, par des consignations mensuelles d'aliments, les effets de leurs recommandations;

Que si, par suite des recommandations des tiers, le condamné libéré ne peut être immédiatement transféré dans une maison d'arrêt, cet obstacle qui vient de son fait ne contrarie pas le principe du droit de translation, mais le suspend seulement dans son exécution.

Sur la deuxième question :

Vu l'article 792 du Code de procédure civile, portant que celui qui est arrêté comme prévenu d'un délit peut être recommandé ;

Vu l'article 33 de la loi du 17 avril 1832, qui charge le procureur du roi de donner les réquisitions nécessaires sur la demande du receveur de l'enregistrement pour l'exécution de la contrainte par corps contre les individus condamnés, au profit de l'État, à des peines pécuniaires, et qui porte que si le débiteur est détenu, la recommandation pourra être ordonnée immédiatement après la notification du commandement;

Considérant que le droit de recommander les détenus est accordé sans restriction à l'administration des domaines, qu'il appartient également aux particuliers, entre les mains desquels il ne pourrait être paralysé en aucun cas, et qu'il ne peut pas non plus être interdit d'en user à l'administration que la loi a placée sur la même ligne et soumise aux mêmes règles et aux mêmes formes.

Sur la troisième question :

Vu les articles 125 de la loi du 26 germinal an **VI**, et 179 de

21

l'ordonnance du 28 octobre 1820, qui chargent spécialement
la gendarmerie de la conduite des prisonniers et condamnés ;

Considérant que l'effet de la recommandation est d'empêcher la mise en liberté à l'expiration de la peine encourue
par le condamné, et que, s'il y a lieu de le transférer
dans un autre lieu de détention, ce service doit, aux termes
des articles ci-dessus visés, être remis à la gendarmerie
toutes les fois que l'administration de l'enregistrement veut
user de son droit et ne consent point à un autre mode de
transfèrement.

Sur la quatrième question :

Vu l'article 41 du Code pénal, portant qu'une partie du
produit du travail des détenus sera employée à former pour
eux, au temps de leur sortie, un fonds de réserve ;

Vu l'article 12 de l'ordonnance royale du 2 avril 1817,
portant qu'un tiers du produit du travail des détenus sera
tenu en réserve pour leur être remis à leur sortie ;

Considérant que la réserve prescrite par cet article a pour
objet d'assurer aux détenus, au moment de leur mise en liberté, des moyens d'existence qui les mettent à l'abri du besoin et des fautes auxquelles ils pourraient être entraînés par
la misère, et de leur donner pendant leur détention, par la
perspective de ce secours ultérieur, des habitudes d'ordre
et d'économie ;

Que la réserve a le caractère d'une provision alimentaire
qui, aux termes de l'article 580 du Code de procédure civile,
est insaisissable ;

Que le bienfait de cette disposition serait perdu si l'administration de l'enregistrement pouvait s'emparer du montant
de la réserve, soit en la saisissant directement entre les
mains des préposés de la maison de détention, soit en se

la faisant remettre par les détenus pour les décharger de la
contrainte par corps en raison des condamnations pécuniaires, soit enfin en les recommandant lorsqu'ils n'auraient
le moyen de se libérer qu'en faisant l'abandon de cette réserve;

Qu'il importe à l'ordre public de prévenir cet abus, et
que, sous ce rapport, il convient que M. le garde des sceaux
se concerte avec M. le ministre des finances pour que celui-ci prescrive à ses agents de n'avoir aucun égard à la masse
de réserve des détenus dans l'appréciation de leur solvabilité,
lorsqu'il s'agit de procéder à leur recommandation;

Qu'au même titre M. le ministre des travaux publics a le
droit de prescrire aux préposés des maisons centrales de ne
jamais verser le montant de la réserve entre les mains des receveurs de l'enregistrement, et de le remettre directement aux
condamnés lorsqu'ils ont recouvré leur liberté;

Que l'exécution de ces mesures empêchera que les condamnés se trouvent dans l'alternative de ne sauver leur réserve qu'au prix de leur liberté ou leur liberté qu'au prix de
leur réserve, résultats qui seraient également fâcheux et qu'il
convient de prévenir.

Sur la cinquième question :

Vu les articles 53 et 467 du Code pénal, modifiés par les
articles 33 et suivants de la loi du 17 avril 1832;

Vu les articles 211 et 213 du Code forestier, 77 et 79 du
Code de la pêche fluviale;

Vu l'article 5, titre II, de la loi du 28 septembre 1791 ;

Considérant qu'à la vérité, d'après l'article 35 de la loi
du 17 avril 1832 et les articles ci-dessus visés des Codes forestier et de la pêche fluviale, la justification de l'insolvabilité du condamné ne suffit point pour le soustraire à la con-

trainte par corps, et qu'avant d'être mis en liberté, il peut être assujetti à un emprisonnement gradué sur l'importance des condamnations pécuniaires;

Mais qu'aucune disposition n'indique que le législateur ait eu en vue, pour les insolvables, de commuer la peine pécuniaire en celle de l'emprisonnement ;

Qu'une semblable intention devrait être formellement exprimée comme elle l'était dans l'article 5, titre II de la loi du 28 septembre 1791, et que dans ce cas la commutation serait prononcée par le jugement;

Que, loin de prononcer cette commutation, la loi du 17 avril ne considère l'emprisonnement que comme un moyen de contrainte, expression qu'elle emploie dans toutes les dispositions;

Qu'après l'exercice de la contrainte, le condamné ne se trouve point libéré des condamnations, d'où il suit qu'elles n'ont pas été remplacées par l'emprisonnement;

Que si la contrainte ne peut être reprise, et si elle est proportionnée à l'importance de la dette, on ne saurait en tirer aucune conséquence, les mêmes règles étant établies pour les créances privées qui donnent lieu à la contrainte par corps;

Que la contrainte exercée malgré la justification de l'insolvabilité, s'explique par la possibilité de forcer le débiteur à user des ressources qu'il aurait dissimulées, et qu'il peut encore posséder malgré une insolvabilité apparente ;

Que l'intérêt public exige sans doute une peine autre que des condamnations pécuniaires pour ceux que leur insolvabilité met à l'abri de ces condamnations, mais que cette mesure doit être légalement établie ; que la substitution d'une peine à l'autre doit être exprimée, après avoir été discutée, calculée, et que, dans le silence de la loi, on ne peut suppléer à ces dispositions dans une matière aussi grave ;

Que dans cet état de choses, M. le ministre des finances doit donner à ses agents les instructions qu'il croira les plus propres à assurer le recouvrement des condamnations pécuniaires ; que la loi ne mettant aucune restriction au droit de contrainte dans les limites qu'elle a établies, l'administration peut agir dans des vues d'intérêt public et d'utilité générale, comme il arrive en ce moment pour les affaires forestières, mais que le ministère public ne pourrait y intervenir officiellement au nom de la vindicte publique, toutes les mesures administratives relatives à l'exécution des jugements lui étant étrangères, et qu'il y a lieu seulement de la part de M. le garde des sceaux d'inviter les procureurs du roi à fournir aux receveurs de l'enregistrement tous les renseignements officieux qui pourront les guider dans l'exercice des poursuites.

Sur la sixième question :

Vu les articles 2 n° 13, 113 et suivants, et 126 du décret du 18 juin 1811 ;

Considérant que ce décret ne comprend parmi les frais de justice que ceux d'exécution des arrêts criminels, et décide qu'en cas d'insolvabilité des condamnés, les frais de poursuite pour le recouvrement des amendes seront alloués à l'administration de l'enregistrement dans les comptes ;

Considérant d'ailleurs que le ministère de la justice ne peut, sous aucun rapport, être chargé de dépenses qui n'ont pour but que le recouvrement de valeurs qui doivent profiter à l'administration des finances.

Sur la septième question :

Vu le décret du 7 avril 1813 et l'ordonnance royale du 25 février 1832 ;

Considérant que les droits de capture alloués aux gendarmes sont gradués d'après la nature de la peine infligée aux condamnés ; qu'en cas d'arrestation pour défaut de payement des condamnations pécuniaires prononcées par un tribunal de répression, il n'y a pas de peine sur laquelle on puisse graduer l'indemnité de capture, et que la capture ne doit alors présenter que peu de difficultés, puisque le condamné peut l'éviter en payant ou donnant caution conformément à la loi ;

Que dès lors, toutes les fois qu'il ne s'agit que de l'exécution de la contrainte par corps, les indemnités allouées aux gendarmes par les nos 2, 3 et 4 de l'article 6 du décret du 7 avril 1813, peuvent être réduites au taux fixé par le no 1er du même article pour l'exécution des jugements de simple police ; que cette réduction a déjà été adoptée en matière forestière par l'ordonnance du 25 février 1832, et que des motifs semblables doivent la faire adopter dans toutes les contraintes pour le recouvrement des condamnations pécuniaires ;

Sont d'avis :

Sur la première question,

Que la contrainte par corps pour le recouvrement des amendes et autres condamnations pécuniaires, après l'expiration de la peine dont ces condamnations sont l'accessoire, ne peut, quand il n'existe point de recommandations à la requête d'autres créanciers, être exercée dans les maisons centrales de détention ; que les condamnés qui y sont soumis doivent, à défaut de prison spéciale pour dette, subir la contrainte dans la maison d'arrêt la plus voisine de la maison centrale, et qu'il n'appartient qu'à l'administration d'autoriser, sur la demande du détenu, quand elle le juge convenable, le transfèrement dans une autre maison d'arrêt.

Sur la deuxième question :

Qu'on ne peut interdire à l'administration de l'enregistrement le droit de recommander les détenus pendant qu'ils sont dans les maisons centrales ; qu'il appartient à M. le ministre des finances seul de donner à ses employés les instructions et de leur prescrire les mesures les plus convenables pour concilier les intérêts du Trésor avec les ménagements commandés par l'humanité, et que MM. les ministres de la justice et des travaux publics ne pourraient intervenir dans ces dispositions.

Sur la troisième question :

Que le transfèrement des détenus de la maison centrale dans la maison d'arrêt où ils doivent subir la contrainte par corps, doit être effectué par la gendarmerie toutes les fois que l'administration des domaines ne consent pas à un autre mode de transport.

Sur la quatrième question :

Que la réserve du tiers du produit du travail des détenus ne doit pas servir à l'acquittement des condamnations pécuniaires dont ils ont été frappés ; que le soin de la conserver intéressant l'ordre public, il appartient à M. le garde des sceaux de se concerter avec M. le ministre des finances pour que dans les recommandations et le calcul de la solvabilité on n'ait jamais égard à cette réserve, et à M. le ministre du commerce de prescrire aux agents des prisons de ne la remettre qu'aux détenus directement et après leur mise en liberté effectuée.

Sur la cinquième question :

Que M. le ministre des finances seul est chargé d'effectuer le recouvrement des amendes et condamnations pécuniaires ; que la loi n'ayant apporté aucune limite à l'exercice du droit de contrainte, le ministre peut toujours l'exercer ; qu'il lui appartient d'en user dans des vues d'intérêt public, et qu'à cet effet M. le garde des sceaux peut inviter les procureurs du roi à fournir aux agents de l'administration des domaines tous les renseignements officieux dont ils peuvent avoir besoin.

Sur la sixième question :

Que les frais de poursuite pour le recouvrement des amendes et autres condamnations pécuniaires sont à la charge du budget du ministère des finances, et ne peuvent être portés à celui du ministère de la justice.

Sur la septième question :

Qu'il y a lieu, lorsqu'il ne s'agit que de l'exécution de la contrainte par corps, de réduire les droits de capture alloués aux gendarmes au taux fixé par le n° 1er de l'article 6 du décret du 7 avril 1813.

CIRCULAIRE DU GARDE DES SCEAUX DU 14 AOUT 1835, RELATIVE A LA CONTRAINTE PAR CORPS EN MATIÈRE CRIMINELLE.

La loi du 17 avril 1832, en maintenant l'emploi de la contrainte par corps comme moyen de recouvrement des condamnations pécuniaires prononcées par les tribunaux de répression, change les règles tracées à cet égard par le Code pénal.

Le Code subordonnait la durée de la contrainte par corps à la nature du fait qui avait motivé la condamnation principale (art. 53 et 467) : la nouvelle loi ne fait dépendre cette durée que du montant total des condamnations pécuniaires, quelle que soit la juridiction qui les ait prononcées (art. 33, 35, 39 et 40).

La durée de la contrainte par corps n'était limitée qu'à l'égard des individus qui avaient encouru des condamnations au profit de l'État, alors seulement qu'ils justifiaient de leur insolvabilité : cette durée doit maintenant être déterminée, dans les limites de la loi, par le jugement même de condamnation, dans tous les cas, lorsqu'il s'agit de condamnations prononcées dans l'intérêt des particuliers, et dans le cas où elles s'élèvent à 300 fr. et au delà, lorsque l'État doit en profiter (art. 39 et 40).

Quant aux condamnations au-dessous de 300 fr. prononcées au profit soit des particuliers, soit de l'État, les condamnés à l'égard desquels la contrainte par corps aura été exercée peuvent obtenir leur mise en liberté après quinze jours, un mois, deux mois ou quatre mois d'emprisonnement, suivant le montant de la condamnation, à la seule condition de justifier légalement de leur insolvabilité (articles 35 et 39).

De ces dispositions résultent les règles suivantes :

1° Lorsque les condamnations sont prononcées dans l'intérêt des particuliers, la durée de la contrainte par corps doit toujours être déterminée par le jugement de condamnation, quel que soit le montant des sommes à payer.

2° Au contraire, cette durée ne doit pas être fixée quand il s'agit de condamnations prononcées au profit de l'État et qui ne s'élèvent pas à 300 fr. Le second paragraphe de l'article 39 avait fait naître des doutes à cet égard. On croyait qu'il disposait d'une manière générale, et que, par conséquent, il s'appliquait aussi bien aux condamnations prononcées au profit de l'État qu'à celles dont le recouvrement était poursuivi par les particuliers. Mais la Cour de cassation a fait cesser ces doutes, en jugeant par plusieurs arrêts,

notamment par ceux des 24 janvier et 20 mars 1835 (1), que
le second paragraphe de l'article 39 est évidemment limité
au cas prévu par le premier paragraphe du même article,
c'est-à-dire, comme cela résulte des termes mêmes de ce paragraphe, aux condamnations prononcées dans l'intérêt des
particuliers.

3° On doit toujours comprendre la liquidation des frais
dans tout jugement portant condamnation aux frais envers
l'État. Mais, si le jugement ne contient pas la liquidation de
ces frais, la durée de la contrainte par corps ne doit pas
être fixée, parce que, d'une part, cette fixation manquerait
de base, et que, d'autre part, elle pourrait être contraire à
la loi si, en définitive, les frais ultérieurement liquidés ne
montaient pas à 300 fr. (voir quatre arrêts de la Cour de
cassation du 20 mars 1835). Il en serait différemment, lors
même que les frais n'auraient pas été liquidés, si le jugement portait condamnation à une amende de 300 fr. au plus :
en pareil cas il est indispensable, d'après l'article 40, de déterminer le terme de la contrainte par corps (2).

4° Cette fixation doit également avoir lieu toutes les fois
que l'arrêt ou le jugement de condamnation contient liquidation des frais, et qu'ils s'élèvent au moins à 300 fr. La
Cour de cassation a annulé plusieurs arrêts, très-réguliers
d'ailleurs, par cela seul que, dans le cas dont il s'agit, ils
n'avaient pas déterminé la contrainte par corps. La fixation
doit être faite lorsque la condamnation porte sur plusieurs
individus, aussi bien que lorsqu'elle porte sur un seul, attendu que, d'après l'article 55 du Code pénal, tous ceux qui

---

(1) Voir page 176.
(2) Voir pages 177 et 178.

sont compris dans une même condamnation sont solidaires pour le payement des amendes, restitutions et frais, et que, par conséquent, le montant total peut en être exigé intégralement de chacun d'eux (arrêt de la Cour de cassation du 20 mars 1835) (1).

AVIS DU CONSEIL D'ÉTAT DU 5 AOUT 1840.

Le comité de législation, consulté par M. le garde des sceaux sur le sens de l'article 460 de la loi du 28 mai 1838 et sur la marche que doit suivre le ministère public agissant d'après cet article ;

Vu la lettre de M. le procureur général près la Cour royale de Paris du 13 avril 1840 ;

Vu l'avis du conseil d'administration du ministère de la justice du 5 mai 1840, et autres pièces jointes au dossier ;

Vu la loi du 28 mai 1838, la loi du 17 avril 1832 et le décret du 4 mars 1808 ;

Considérant que l'article 460 de la loi du 28 mai 1838, en confiant l'exécution du jugement qui aura ordonné l'incarcération du failli, soit au ministère public, soit aux syndics, a introduit un droit nouveau qu'on ne doit pas laisser sans effet ;

Que l'intention de la loi ne peut avoir été de prescrire, dans tous les cas, l'incarcération du failli, ce qui serait souvent inutile et quelquefois nuisible, ou même injuste ; mais qu'elle a voulu donner au ministère public le droit d'agir lorsque les syndics n'agiraient pas, et que pourtant l'incarcération du failli lui paraîtrait utile et juste ;

---

(1) Voir page 178.

Que ce droit n'a pas été conféré à ce ministère public dans le seul intérêt privé du créancier, mais aussi dans l'intérêt public, pour intimider par de justes sévérités les commerçants de mauvaise foi, et déjouer les calculs fondés sur l'intérêt ou la faiblesse des créanciers ;

Considérant que les articles 460 et 461 de la loi du 28 mai 1838 ne chargent nullement le ministère public qui fait incarcérer le failli de pourvoir à ses aliments, que l'on est à cet égard resté dans le droit commun, le ministère public n'ayant à s'occuper que sous le rapport moral et judiciaire de l'action qui lui est confiée, et l'État pourvoyant lui-même aux aliments de ceux que le ministère public a fait incarcérer dans un intérêt général, sauf répétition de ses avances, s'il y a lieu.

Que s'il en était autrement, si, par exemple, dans l'hypothèse prévue, l'action du ministère public était subordonnée à la vérification à faire de l'insuffisance des fonds de la faillite et au bon vouloir du juge-commissaire, cette action serait le plus souvent illusoire ;

Considérant que l'article 28 de la loi du 17 avril 1832 n'est applicable qu'aux incarcérations faites dans l'intérêt privé des créanciers et à leur poursuite ;

Que la loi du 17 avril 1832 n'a pas abrogé le décret du 4 mars 1808 ; que lorsque l'État doit fournir des aliments, il ne peut y avoir lieu à consignation, parce que, suivant les expressions du décret, l'État pourvoit lui-même par des fonds généraux aux dépenses des prisons et aux subsistances des prisonniers ;

Considérant que dans le cas où, par un motif quelconque, l'État doit faire l'avance des aliments, il y a, quant à la consignation, même raison de décider que dans le cas où il doit les fournir ;

Est d'avis :

1° Que l'article 460 du Code de commerce doit être entendu en ce sens, que le ministère public n'est pas tenu de requérir, dans tous les cas, l'incarcération du failli, mais qu'il en a le droit suivant les circonstances, lors même que les syndics ne la demandent pas ;

2° Que cette incarcération, faite dans l'intérêt public aussi bien que dans l'intérêt des créanciers, ne doit pas être précédée d'une consignation d'aliments ; que l'État doit faire l'avance des aliments pour tout le temps durant lequel la détention sera maintenue par le ministère public, non pas en se les consignant à lui-même, mais en les fournissant en nature au détenu, sauf son recours contre la faillite, dès qu'elle aura des fonds disponibles, conformément à l'article 461 ;

3° Qu'il conviendrait de donner aux Parquets des instructions dans le sens du présent avis.

Nota. Conformément à l'article 3 de cet avis, M. le garde des sceaux a adressé à MM. les procureurs généraux une circulaire à la date du 1er octobre 1840, pour leur faire connaître la délibération prise par les articles 1 et 2, et leur recommander de transmettre à MM. les substituts des instructions pour s'y conformer.

EXTRAIT DU RÈGLEMENT GÉNÉRAL POUR LES PRISONS DÉPAR-
TEMENTALES, PUBLIÉ PAR M. LE MINISTRE DE L'INTÉRIEUR
LE 30 OCTOBRE 1841 (1).

CHAPITRE I. — *Employés.*

Art. 1er. Le personnel des maisons d'arrêt, des maisons

---

(1) Ce règlement n'est pas applicable à la prison pour dettes de Paris; on s'occupe en ce moment du règlement spécial pour cette maison.

de justice et des maisons départementales de correction se compose, suivant l'importance des établissements, d'un directeur, d'un commis-greffier, d'un gardien-chef, d'un ou de plusieurs gardiens, de sœurs religieuses ou surveillantes; d'un médecin, d'un aumônier, d'un instituteur, et de tous autres employés ou agents que l'autorité administrative juge utile de préposer au service des prisons.

Art. 3. Les dénominations de geôlier, guichetier et autres cesseront d'être employées.

§ I. — Du directeur et du commis-greffier.

Art. 8. L'action du directeur s'étend à toutes les parties du service. Tous les employés lui sont subordonnés et doivent lui obéir.

Art. 9. Le directeur est chargé, sous l'autorité du maire et la surveillance de la commission : 1° de l'exécution des règlements généraux et particuliers et de la police de la prison ; 2° de veiller à l'exécution des marchés pour les diverses fournitures ; 3° de désigner les détenus qui peuvent être employés au service de la prison ; 4° d'ordonner le classement des prisonniers, conformément aux lois et règlements; 5° de l'examen de la correspondance des détenus à l'arrivée et au départ.

§ II. — Du gardien-chef.

Art. 14. Les gardiens-chefs tiennent, suivant la prison dont la garde leur est commise, des registres d'écrou séparés, savoir : pour les détenus pour dettes, etc.

Art. 17. Dans les prisons où il n'y a pas de directeur, le gardien-chef prend communication des lettres écrites ou reçues par les détenus, à l'exception de celles qu'ils ont à adresser à l'autorité administrative ou à l'autorité judiciaire, aux avocats et avoués chargés de leur défense.

18. Les enfants du gardien-chef ne doivent jamais entrer dans les cours, préaux, infirmeries, dortoirs et autres lieux occupés par les détenus.

Il en est de même de sa femme, hors le cas prévu par l'article 27 du présent règlement.

Art. 19. Dans aucun cas et sous aucun prétexte, le gardien-chef ne peut recevoir les détenus dans son logement.

Art. 23. En cas de décès d'un détenu, le gardien-chef en fait mention en marge de l'acte d'écrou, conformément à l'article 84 du Code civil. Il en donne avis au maire qui, de son côté, fait constater les effets, papiers, argent, etc., laissés par le défunt.

§ IV. — Surveillantes.

Art. 27. Les quartiers habités par les femmes ne peuvent être surveillés que par des personnes de leur sexe, lesquelles y sont chargées des fonctions que les gardiens remplissent dans les quartiers des hommes. Dans les prisons où, en raison du petit nombre habituel des femmes détenues, il ne serait pas nécessaire d'établir des surveillantes spéciales, la femme ou toute autre parente du gardien-chef, dûment autorisée à cet effet par le préfet, pourra être chargée d'exercer la surveillance dans le quartier des femmes.

Art. 28. Les surveillantes reçoivent, comme les gardiens, les ordres du gardien-chef qui, seul de tous les préposés du service de sûreté, pourra entrer dans le quartier des femmes, à moins de circonstances extraordinaires dont il sera rendu compte au maire.

§ V. — Du commissionnaire et du barbier.

Art. 31. Dans les prisons où il n'y a pas de fournisseur chargé de procurer aux détenus les aliments supplémentaires ou autres articles accessoires autorisés par le présent règlement, les commissions des détenus sont faites par un commissionnaire désigné par le préfet. Tous les jours, à l'heure fixée par le règlement particulier de la prison, le commissionnaire reçoit du gardien-chef la note des commissions à faire. Au retour du commissionnaire, le gardien-chef remet ou fait remettre aux détenus, par les gardiens sous ses ordres, les objets qu'il aura reconnus conformes à l'autorisation accordée.

Art. 32. Il est défendu au commissionnaire d'entrer dans l'intérieur de la prison et de communiquer directement avec les détenus. Il lui est également défendu, sous peine de destitution, de faire aucun bénéfice sur le prix de vente des objets qu'il aura achetés pour les détenus.

Art. 33. Un ou plusieurs barbiers, salariés par l'administration, sont attachés à chaque prison, où ils se rendent aux jours et heures fixés par le règlement.

§ VI. — Dispositions communes aux paragraphes précédents.

Art. 37. Si la prison a un directeur, les punitions sont prononcées par lui sur le rapport du gardien-chef et après avoir entendu le détenu. Lorsqu'il n'y a pas de directeur, le gardien-chef qui inflige une punition à un détenu doit en référer au maire dans les vingt-quatre heures au plus tard (1).

---

(1) Le gardien-chef ne peut pas infliger une punition de sa propre autorité, si ce n'est lorsqu'il y a urgence à faire cesser l'infraction commise, comme lorsqu'elle peut devenir une cause de trouble ou de scan-

Art. 83. Le gardien-chef tient un registre des punitions. Les motifs de chacune y sont énoncés et visés par le maire en regard du nom du détenu puni.

Art. 39. Hors les cas de permission délivrés par le préfet ou par le sous-préfet, et dont le maire sera toujours informé, aucune personne étrangère à l'administration de la prison ou à la surveillance légale des détenus ne pourra visiter la prison ou les prisonniers sans une permission écrite du maire. Cette permission sera un ordre obligatoire pour le gardien, à moins que le détenu désigné dans le permis ne soit en punition.

Art. 40. Aucun objet, de quelque nature qu'il soit, ne peut être introduit dans la prison ou en sortir, qu'après avoir été visité par le gardien. Le gardien prend la même précaution pour tout ce que les détenus reçoivent du dehors (1).

Art. 41. Il est expressément défendu à tout employé, gardien ou préposé, d'occuper des détenus pour son service particulier, de recevoir aucun présent d'eux ou de leurs parents; de leur vendre quoi que ce soit, ni faire pour eux aucune commission; de faciliter leur correspondance ou l'introduction de vivres, boissons ou tous autres objets prohibés; d'influencer directement ou indirectement les prévenus et les accusés sur le choix de leurs défenseurs; de boire ou de manger avec les détenus ou avec leurs parents, sans en excepter les détenus pour dettes, qui ne pourront prendre leurs repas

---

dale, ou bien compromettre la sûreté des personnes. Hors le cas d'urgence, il doit se borner à dénoncer l'infraction au maire, et attendre ses ordres. (Instruction du 27 mai 1842.)

(1) Pour l'exécution de cette disposition, le gardien-chef peut fouiller non-seulement les détenus, mais même les visiteurs. (Instruction du 27 mai 1842.)

ni avec le gardien ni dans son logement; enfin de tutoyer les prisonniers et d'avoir avec eux aucune sorte de conversation familière.

CHAPITRE II. — *Régime économique.*

§ I. — Nourriture des valides.

Art. 59. L'usage de l'eau-de-vie et des liqueurs spiritueuses est interdit aux prévenus et aux accusés. Quant au vin et aux autres boissons fermentées, le règlement particulier de chaque prison déterminera dans quel cas et en quelle quantité ils pourront en faire usage.

Art. 60. Les détenus pour dettes envers les particuliers peuvent, dans les limites fixées par le règlement de la prison, recevoir leur nourriture du dehors et en traiter de gré à gré. Ils peuvent aussi prendre les vivres de la prison au prix du marché dans le cas d'entreprise, ou au prix fixé par le préfet, dans le cas de régie.

Art. 61. Toute vente connue sous le nom de cantine est prohibée.

§ III. — Coucher.

Art. 72. Dans les prisons où il ne pourra y avoir de fournisseur chargé de la location des effets dits de *pistole*, le gardien pourra être autorisé à louer pour son propre compte, aux prévenus (1) et aux accusés qui le demanderont, les meubles, linge et effets de literie à lui appartenants, moyennant une rétribution quotidienne, hebdomaire ou mensuelle, fixée, pour chaque objet, dans un tarif arrêté par le préfet ou par le sous-préfet sur l'avis de la commission de surveillance.

---

(1) Les détenus pour dettes sont assimilés aux prévenus.

(*Note de l'auteur.*)

En tous cas, le gardien ne pourra accorder aux prévenus et aux accusés, comme chambres de pistole, que celles qui auront été spécialement affectées à cet usage par le préfet ou le sous-préfet, également sur l'avis de la commission.

Art. 73. Les détenus pour dettes envers les particuliers peuvent faire apporter dans la prison des meubles et effets de coucher pour leur usage ; mais ils devront préalablement adresser une demande à cet effet au préfet ou au sous-préfet qui, sur l'avis de la commission de surveillance, détermineront les objets dont l'introduction sera permise. Le prix de location des meubles et effets de coucher, que le fournisseur ou le gardien pourra louer aux détenus pour dettes, sera réglé pour chaque objet, ainsi qu'il est prescrit par l'article précédent.

§ V. — Infirmerie.

Art. 75. Il y aura dans chaque prison deux chambres ou salles d'infirmerie entièrement séparées, l'une pour les hommes, l'autre pour les femmes.

Art. 76. S'il y a impossibilité absolue d'établir dans la prison des salles d'infirmerie, les personnes atteintes de maladies graves seront traitées dans une salle spéciale de l'hôpital du lieu où est située la prison, conformément à la loi du 4 vendémiaire an VI et au décret du 8 janvier 1810. Le prix de journée du traitement sera arrêté d'avance entre la commission administrative de l'hospice et le préfet. L'ordre de transfèrement à l'hôpital sera délivré par le maire et d'après le consentement, savoir : ..... du préfet ou du sous-préfet, s'il s'agit d'un condamné ou d'un détenu pour dettes.

Art. 77. Le coucher des malades se compose d'une couchette, d'une paillasse, d'un matelas, d'un traversin, d'une paire de draps de lit et de deux couvertures. La paille des paillasses sera renouvelée aussi souvent que le médecin le jugera nécessaire, mais régulièrement après chaque décès. Le matelas sur lequel un détenu sera décédé sera rebattu, ainsi que le traversin. Les toiles seront lavées ainsi que les couvertures.

Art. 78. La nourriture des détenus soignés à l'infirmerie sera fournie sur les prescriptions du médecin, conformément aux règles suivies dans l'hôpital du lieu.

Art. 80. En cas de maladie, si les frais de médicaments et de nourriture des détenus pour dettes excèdent le taux de la consignation, la différence sera payée sur les fonds des dépenses ordinaires de la prison.

§ VI. — Dispositions diverses.

Art. 83. Un tarif, arrêté tous les quinze jours par le maire, contiendra le prix du pain et autres aliments et objets dont la vente aux détenus aura été autorisée.

Art. 84. Les détenus, débiteurs de l'État par suite de condamnations pour crimes, délits ou contraventions, sont, aux termes du décret du 4 mars 1808 et de la loi du 17 avril 1832, soumis, pour ce qui concerne le régime alimentaire, à la règle commune de la maison (1).

_____

(1) Art. 56. La nourriture accordée par l'État aux prisonniers dans les maisons d'arrêt, de justice et de correction, se compose, savoir : 1° pour les hommes, d'une ration de pain du poids de 75 décagrammes, et pour les femmes d'une ration de 70 décagrammes. Le pain sera de pur froment, avec extraction de 10 kilogrammes de son sur 100 kilogrammes de grain mis sous la meule. Il ne sera distribué qu'après vingt-quatre heures de cuisson ; 2° d'un litre de bouillon au beurre ou à la graisse, avec des légumes verts ou secs, suivant la saison, le sel et le poivre nécessaires à l'assaisonnement. La quantité de beurre ou de graisse, et celle des légumes pour chaque litre de bouillon, sera déterminée par le règlement particulier de la prison. La soupe sera partagée en deux

CHAPITRE IV. — *Régime disciplinaire et de police.*

§ I. — Règles communes aux diverses classes de détenus.

Art. 90. Chaque détenu occupera un lit séparé. Il sera tenu de se déshabiller pour se coucher.

Art. 91. Les prisonniers d'une même catégorie pourront seuls se promener ensemble dans le même préau, et être réunis dans le même chauffoir ou atelier, ou toute autre chambre qui en tiendra lieu.

Art. 92. Sauf le cas d'autorisation spéciale accordée par le préfet ou par le sous-préfet, les visiteurs ne pourront communiquer avec les prisonniers qu'au parloir ou dans le local qui en tiendra lieu et en présence des gardiens. Les détenus de classes et de sexe différents ne pourront être admis en même temps au parloir. En aucun cas, les visiteurs ne pourront boire ni manger avec les prisonniers. La durée des visites sera déterminée par le règlement particulier de la prison, qui déterminera également si elles auront lieu tous les jours ou seulement certains jours de la semaine.

Art. 93. Toute communication avec les détenus est interdite aux repris de justice. Il n'y a d'exception que pour les père, mère, femme, mari, frères, sœurs, oncles, tantes ou le tuteur du détenu.

---

rations : l'une sera donnée le matin, l'autre le soir. Les femmes enceintes et les nourrices pourront, sur l'avis du médecin, recevoir une ration supplémentaire.

Art. 57. Le jeudi ou le dimanche de chaque semaine, il sera servi aux prisonniers une soupe grasse, dans la composition de laquelle on aura fait entrer, pour chaque prisonnier, 200 grammes de viande de bonne qualité, les légumes, le sel et le poivre nécessaires. La viande provenant de cette soupe sera partagée par portions égales entre tous les détenus. Il entrera dans chaque ration de soupe grasse ou maigre 90 grammes de pain blanc rassis.

Art. 94. Il est expressément défendu d'exiger ou de recevoir quoi que ce soit d'aucun prisonnier entrant ou sortant, à titre de bienvenue, étrennes, droit de prévôt, ou à tout autre titre.

Art. 95. Les détenus doivent obéir au directeur ou aux gardiens en tout ce qu'ils prescrivent pour le maintien du bon ordre et l'exécution des règlements.

Art. 96. Chaque prisonnier est obligé de faire son lit et d'entretenir sa chambre ou la place qu'il occupe au dortoir, dans un état constant de propreté. Les dortoirs et corridors seront balayés et lavés par les prisonniers à tour de rôle.

Art. 97. Dans les maisons où il y aura des locaux susceptibles d'être affectés spécialement à la réunion des prisonniers pendant le jour, l'entrée des dortoirs leur sera interdite entre le lever et le coucher.

Art. 98. Les jeux de toute sorte sont interdits.

Art. 99. Aucun détenu ne pourra avoir des rasoirs à sa disposition, non plus qu'aucun autre instrument, sans une autorisation spéciale délivrée par le maire, sur l'avis de la commission de surveillance.

Art. 100. Les chants et les cris sont défendus. Il en est de même de toute conversation à voix haute, de toute réunion bruyante et de toute demande ou pétition collective. Le silence est obligatoire pendant les repas, le travail et dans les dortoirs.

§ VI. — Règles particulières aux détenus pour dettes.

Art. 115. Dans les maisons qui ne leur sont pas exclusivement affectées, les détenus pour dettes occuperont des locaux séparés. Aucune communication ne leur sera permise avec les autres prisonniers.

Art. 116. Le règlement particulier de chaque prison déterminera les règles disciplinaires auxquelles seront soumis les débiteurs envers les particuliers ou envers l'État.

CHAPITRE V. — *Régime moral et religieux.*

Art. 120. Il sera établi dans chaque prison un dépôt de livres à l'usage des détenus. Le choix de ces livres sera approuvé par le préfet, sur l'avis du maire et celui de la commission de surveillance. Aucun ouvrage ou imprimé quelconque ne pourra être introduit dans la prison, soit pour les condamnés, soit pour les prévenus, sans une autorisation spéciale du préfet.

CHAPITRE VI. — *Dispositions générales.*

Art. 123. Le maire ne pourra déléguer l'exercice de son autorité dans la prison qu'à un de ses adjoints.

Art. 128. En outre des prescriptions contenues dans le présent règlement général, un règlement particulier déterminera, pour chaque prison départementale, toutes les autres mesures d'ordre, de discipline, de propreté et de salubrité, ainsi que toutes les mesures de police locale et de détail qui pourront y recevoir leur exécution. Ce règlement, proposé par la commission de surveillance et arrêté par le préfet, sur l'avis du maire et celui du sous-préfet, sera, avant son exécution, soumis à l'approbation du ministre de l'intérieur (1).

Art. 129. Un extrait du présent règlement général et du

_____

(1) Des règles uniformes ont été tracées pour la confection de ce règlement particulier par une circulaire du ministre de l'intérieur du 27 mai 1841, dont nous donnons ci-après l'analyse.

règlement particulier restera constamment affiché dans les divers quartiers de la prison. Cet extrait, certifié conforme par le préfet, renfermera les dispositions relatives aux devoirs des détenus (1).

EXTRAIT DE LA CIRCULAIRE DU MINISTRE DE L'INTÉRIEUR DU 27 MAI 1842, CONTENANT DES INSTRUCTIONS POUR LA PRÉPARATION DES RÈGLEMENTS PARTICULIERS PRESCRITS PAR L'ARTICLE 128 DU RÈGLEMENT GÉNÉRAL.

Les objets spécialement indiqués par le règlement général comme devant être déterminés par le règlement particulier, sont, savoir : 1° la fixation de l'heure à laquelle le commissionnaire doit venir chaque jour recevoir du gardien-chef la note des commissions à faire (art. 31) ; 2° la fixation des jours et heure auxquels le barbier doit se rendre à la prison (art. 33) ; 3° la fixation des heures des offices et autres services religieux (art. 59) ; le règlement peut également régler les heures du lever et du coucher des détenus suivant les saisons ; 4° la fixation de la quantité de beurre, d'huile ou de graisse, et celle des légumes verts ou secs, suivant la saison, pour chaque litre de bouillon (2) (art. 56). Il pourrait même y être dit quels jours de la semaine il se-

---

(1) Cet extrait se compose des articles 9, 17, 19, 40, 41 (58, étranger aux détenus pour dettes), 59, 60 (62, 63, 64, 65, 68, 71, étrangers aux détenus pour dettes), 73 (74, étranger aux détenus pour dettes), 83, 84 (86, 88, étrangers aux détenus pour dettes), 90, 91, 92, 93, 94, 95, 96, 97, 98, 99, 100 (101, 102, 103, 105, 106, étrangers aux détenus pour dettes), 115, 116 (117, étranger aux détenus pour dettes), 120 (122, étranger aux détenus pour dettes).

(2) Les préfets peuvent aussi en faire l'objet d'une décision spéciale, attendu qu'il s'agit d'une disposition qui affecte le budget départemental.

rait fourni, ou des haricots, ou des pois, ou des fèves, ou des lentilles. La même indication pourrait s'y trouver relativement à l'espèce de viande à employer pour le régime gras du dimanche ou du jeudi, à savoir, si cette viande serait du bœuf, de la vache ou du mouton (art. 57) (1); 6° la détermination des cas dans lesquels les détenus peuvent se procurer du vin ou autres boissons fermentées, et en quelle quantité (art. 59); 7° la fixation des limites dans lesquelles les détenus pour dettes envers les particuliers peuvent recevoir leur nourriture du dehors (art. 60); ces quantités doivent être limitées de manière que le prix n'en dépasse pas sensiblement le montant de la consignation alimentaire (2); 11° l'énumération des meubles et effets de coucher que les détenus pour dettes pourront être autorisés à se faire apporter (art. 73), et le prix des effets dits de pistole pour chaque objet, soit par jour, soit par semaine, soit par mois (art. 74); 12° la détermination de la durée des visites, des heures auxquelles les visiteurs peuvent se présenter, et des jours auxquels elles pourront avoir lieu (art. 92); 13° la détermination des règles de discipline particulièrement applicables aux détenus pour dettes (art. 116).

Il convient encore que le règlement ordonne que les lettres retenues par le gardien-chef (art. 17) seront par lui remises soit au maire, soit au membre de la commission de surveillance de service à la prison; dans aucun cas il ne peut les supprimer de sa seule autorité; comme aussi que le gardien-chef préviendra le maire toutes les fois qu'il aura fouillé un visiteur, et qu'il lui rendra compte des objets

_____

(1) 5° étranger aux détenus pour dettes.
(2) 8°, 9°, 10°, étrangers aux détenus pour dettes.

qui auront été saisis sur les détenus ou sur les visiteurs.

A l'égard des règles disciplinaires, dont parle l'article 116 du règlement général, applicables aux détenus pour dettes envers les particuliers ou envers l'État, indépendamment des règles communes aux diverses classes de détenus, les distinctions suivantes pourraient être établies dans le règlement : 1° les articles 60 et 73 du règlement général, relatifs à la nourriture et aux effets de coucher des détenus pour dettes envers les particuliers, pourraient être déclarés applicables aux débiteurs de l'État en *matière civile* (*loi du 17 avril 1832, art.* 32) ; 2° les détenus pour dettes envers l'État ou envers des particuliers *en matière civile ou de commerce*, pourraient être soumis aux mêmes règles disciplinaires que les prévenus ; 3° la disposition de l'article 73 du règlement général ne serait pas applicable aux débiteurs soit de l'État, soit des particuliers, par suite de condamnation *en matière criminelle, correctionnelle ou de police* (*loi* 17 *avril* 1832, *titre* V). L'usage du vin et autres boissons fermentées leur serait interdit ainsi que la pistole. Mais ils ne seraient pas tenus de porter le costume pénal ni de travailler, parce que leur peine est expirée et que le travail n'est obligatoire que pour les individus qui se trouvent sous le coup d'une condamnation aux travaux forcés, à la réclusion ou à l'emprisonnement.

Tout ce qui ne rentre pas dans les dispositions ci-dessus et qui n'intéresse pas l'ordre intérieur, doit être l'objet d'arrêtés du préfet ou du sous-préfet, notamment la composition du personnel des employés, leurs attributions, leur traitement ; si le directeur, quand il y en a un, est chargé de la tenue des caisses (art. 11), la fixation des écritures dont le commis-greffier est spécialement chargé (art. 12), la désigna-

tion des chambres de pistole (art. 72), celle des salles d'infirmerie (art. 75), celle des locaux spécialement affectés à
chaque catégorie de détenus, celle du local devant tenir lieu
de parloir (art. 92), les moyens de chauffage et d'éclairage.

TARIF POUR LA LOCATION PAR JOUR
DES EFFETS DITS DE PISTOLE DANS LA PRISON POUR DETTES DE PARIS.

Première classe.		Deuxième classe.		Troisième classe (1).	
1 lit en fer.....	» 01 c.	1 lit en fer....	» 01 c.	1 lit en fer. » 01 c.	
1 paillasse.....	» 01	1 paillasse.....	» 01		
2 matelas.......	» 07	1 matelas.....	» 03 1/2		
1 traversin.....	» 01	1 traversin....	» 01		
1 paire de draps.	» 05	1 paire de draps	» 05		
2 couvertures		2 couvertures			
de laine......	» 04	de laine.....	» 04		
1 oreiller......	» 01				
1 taie d'oreiller.	» 01				
1 serviette.....	» 02 1/2				
1 torchon......	» 01 1/2	1 torchon.....	» 01 1/2		
3 chaises......	» 03	2 chaises......	» 02		
2 tables.......	» 02	1 table........	» 01		
Total.....	» 30 c.	Total.....	» 20 c.		

NOTA. On change les draps et les taies d'oreiller tous les vingt et un
jours. Les serviettes et les torchons sont changés tous les huit jours.

TARIF DES FRAIS EN MATIÈRE CIVILE (2).

	N° 1 (3).	N° 2.	N° 3.	N° 4.
Signification du jugement avec comman-dement tendant à contrainte par corps. (Art. 780 C. Proc.; art. 51 Tarif.) Original.......................	3 »	2 70	2 »	1 25

---

(1) Sont rangés dans cette classe ceux qui font venir leur coucher du dehors.
La location de la couchette est toujours obligatoire par mesure de propreté.

(2) Nous n'avons rapporté que les articles spéciaux en matière d'emprisonnement.

(3) La première colonne indique le tarif des frais à Paris, Lyon, Bordeaux et
Rouen (décret du 16 février 1807). — La seconde, dans les villes où il y a une cour
royale. — La troisième, dans les villes où il y a un tribunal de première instance.
— La quatrième, dans les autres villes, ainsi que dans les cantons ruraux.

	No 1.	No 2.	No 3.	No 4.
Copie (1)...........................	» 75	» 68	» 50	» 30
Copie de pièces (2).................		mémoire.		
Papier timbré (3)...................		mémoire.		
Enregistrement.....................	2 20	2 20	2 20	2 20
Requête pour faire commettre un huissier à l'effet de signifier le jugement portant contrainte par corps. (Art. 780, 781 C. Proc. ; art. 76 Tarif.)				
Émoluments.......................	2 »	1 80	1 50	1 50
Papier timbré.....................	» 35	» 35	» 35	» 35
Enregistrement...................	3 30	3 30	3 30	3 30
Pouvoir pour procéder à l'arrestation.				
Papier timbré.....................	» 35	» 35	» 35	» 35
Enregistrement...................	2 20	2 20	2 20	2 20
Procès-verbal d'emprisonnement. (Art. 783 C. Proc. ; art. 53 Tarif.)				
Dépôt des pièces par le créancier. (Art. 21 Décret du 14 mars 1808).............	3 »	» »	» »	» »
Visa sur chaque pièce produite ou signifiée par le créancier ou le débiteur. 0 25 (*Id.*)............................		mémoire.		
Certificat du vérificateur (*Id.*)........	2 »	» »	» »	» »
Émoluments y compris l'assistance de deux recors.........................	60 25	54 23	40 »	30 »
Vacation pour requérir le juge de paix. (Art. 52 du Tarif.)...................	2 50	2 25	2 »	2 »
Vacation du juge de paix. (Art. 6 du Tarif.)	10 »	9 »	7 50	5 »
Vacation en référé. (Art. 54 du Tarif.)....	8 »	7 20	6 »	6 »
Copie du procès-verbal d'emprisonnement et d'écrou. (Art. 55 du Tarif.).......	3 »	2 70	2 25	2 25
Papier timbré.....................		mémoire.		
Enregistrement de l'ordonnance de référé..............................	8 30	3 30	3 30	3 30
Enregistrement du procès-verbal......	2 20	2 20	2 20	2 20
Au gardien ou geôlier pour la transcrip-				

(1) Le coût des copies d'exploits est toujours le quart de l'original.

(2) Il est alloué pour les copies de pièces faites par les huissiers, par rôle contenant vingt lignes à la page et dix syllabes à la ligne, ou évalué sur ce pied, à Paris, Lyon, Bordeaux et Rouen, 0,25; dans les villes où il y a une cour royale, 0,225; partout ailleurs, 0,20. (Art. 28 du Tarif ; décret du 16 février 1807.)

Les copies de pièces faites par les avoués sont taxées à raison du rôle de vingt-cinq lignes à la page et de douze syllabes à la ligne, ou évalué sur ce pied, à Paris, Lyon, Bordeaux et Rouen, 0,30; dans les villes où il y a une cour royale, 0,27; partout ailleurs, 0,25. (Art. 72 du Tarif ; Décret du 16 février 1807.)

(3) Le papier timbré employé aux copies de pièces ne peut contenir plus de trente-cinq lignes par page, à peine de 25 fr. d'amende. (Art. 26 Loi du 13 brumaire an VII.)

	Nº 1.	Nº 2.	Nº 3.	Nº 4.
tion du jugement sur son registre par chaque rôle d'expédition. Nº 1, » 25.—Nº 2, » 225.—Nº 3, » 20.—Nº 4, » 20. (Art. 790 C. Proc.; art. 56 Tarif.)		mémoire.		
Frais de fiacre (1)		mémoire.		
Aliments	30 »	25 »	25 »	25 »
Assistance de l'huissier par un gendarme en cas de rébellion. (Art. 785 C. Proc.; art. 6 Décret 7 avril 1813.)	5 »	5 »	5 »	5 »
Garnison aux portes en cas de rébellion. (Art. 785 C. Proc.; art. 34 du Tarif par analogie.)	2 50	2 50	2 50	2 50
Procès-verbal de recommandation. (Art. 793 C. Proc.; art. 57 du Tarif.)				
Dépôt des pièces par le créancier	3 »	» »	» »	» »
Visa sur chaque pièce produite ou signifiée par le créancier ou le débiteur. » 25..	mémoire.			
Certificat du vérificateur	2 »	» »	» »	» »
Émoluments	3 60	3 60	3 »	3 »
Copie du procès-verbal au débiteur	1 »	» 90	» 75	» 75
Copie du procès-verbal au gardien	1 »	» 90	» 75	» 75
Papier timbré		mémoire.		
Enregistrement	2 20	2 20	2 20	2 20
Au gardien ou geôlier pour la transcription du jugement sur son registre, comme pour l'emprisonnement		mémoire.		
Papier timbré de cette transcription		mémoire.		
Requête pour obtenir un sauf-conduit. (Art. 795 C. Proc.; art. 77 du Tarif.)				
Émoluments	3 »	2 70	2 25	2 25
Papier timbré	» 35	» 35	» 35	» 35
Enregistrement de l'ordonnance	3 30	3 30	3 30	3 30
Translation d'un détenu. (Art. 65 du Tarif par analogie).	6 »	5 40	5 »	5 »
Arrestation d'un débiteur non emprisonné, soit qu'il s'échappe, soit qu'il paye (indépendamment des autres droits dus à Paris pour dépôt des pièces, visa et certificat du vérificateur.)				
Émoluments	20 »	18 07	13 33	10 »
Copie du procès-verbal	1 »	» 79	» 75	» 75

---

(1) Pour prévenir toute exaction, l'art. 35 de l'arrêt du Parlement du 18 juin 1717 défendait à tous huissiers de rien exiger de ceux qu'ils arrêtaient, même sous prétexte d'avoir fourni un carrosse pour les avoir amenés dans la prison, sauf à eux de s'en faire payer par la partie à la requête de laquelle l'emprisonnement avait été fait.

	Nº 1.	Nº 2.	Nº 3.	Nº 4.
Papier timbré.......................		mémoire.		
Enregistrement......................	2 20	2 20	2 20	2 20

Requéte afin d'assigner en demande en nullité d'emprisonnement. (Art. 795 C. Proc.; art. 77 du Tarif.)

	Nº 1.	Nº 2.	Nº 3.	Nº 4.
Émoluments.........................	3 »	2 70	2 25	2 25
Papier timbré......................	» 35	» 35	» 35	» 35
Enregistrement de l'ordonnance........	3 30	3 30	3 30	3 30

Signification du jugement qui déclare l'emprisonnement nul. (Art. 58 Tarif.)

	Nº 1.	Nº 2.	Nº 3.	Nº 4.
Original...........................	4 »	3 60	3 »	3 »
Copie au détenu.....................	1 »	» 90	» 75	» 75
Copie au gardien ou geôlier...........	1 »	» 90	» 75	» 75
Copie des pièces....................		mémoire.		
Papier timbré......................		mémoire.		
Enregistrement.....................	2 20	2 20	2 20	2 20

Procès-verbal d'offre de consignation au gardien. (Art. 800 C. Proc.; art. 59 du Tarif par analogie.)

	Nº 1.	Nº 2.	Nº 3.	Nº 4.
Original...........................	3 »	2 70	2 25	2 25
Copie.............................	» 75	» 68	» 57	» 57
Papier timbré......................		mémoire.		
Enregistrement.....................	2 20	2 20	2 20	2 20

Procès-verbal de consignation entre les mains du gardien. (Art. 802 C. Procéd.; art. 60 du Tarif par analogie.)

	Nº 1.	Nº 2.	Nº 3.	Nº 4.
Original...........................	5 »	4 50	4 »	4 »
Copie.............................	1 25	1 13	1 »	1 »
Papier timbré......................	» 70	» 70	» 70	» 70
Enregistrement.....................	2 20	2 20	2 20	2 20

Requéte pour assigner le directeur ou le gardien-chef, dans le cas où il refuse la consignation. (Art. 802 C. Procéd.; art. 77 du Tarif.)

	Nº 1.	Nº 2.	Nº 3.	Nº 4.
Émoluments.........................	3 »	2 70	2 25	2 25
Papier timbré......................	» 35	» 35	» 35	» 35
Enregistrement de l'ordonnance........	3 30	3 30	3 30	3 30

Requéte afin de mise en liberté faute de consignation d'aliments. (Art. 803 C. Proc.; art. 30 Loi du 17 av. 1832; art. 77 du Tarif.)

	Nº 1.	Nº 2.	Nº 3.	Nº 4.
Émoluments.........................	3 »	2 70	2 25	2 25
Papier timbré......................	» 35	» 35	» 35	» 35
Enregistrement de l'ordonnance........	3 30	3 30	3 30	3 30

Requéte afin de mise en liberté lorsqu'on a atteint 70 ans. (Art. 2066 C. civ., 800 C. Proc.; 4, 6, 12, 18, 30 Loi du 17 avril

	No 1.	No 2.	No 3.	No 4.
1832; 77 du Tarif.)				
Émoluments.........................	3 »	2 70	2 25	2 25
Papier timbré......................	» 35	» 35	» 35	» 35
Enregistrement de l'ordonnance.......	3 30	3 30	3 30	3 30

Requête afin de mise en liberté à l'expiration de la durée de l'emprisonnement. (Art. 5, 7, 13, 17, 39, 40 Loi du 17 avril 1832; 77 du Tarif par analogie.)........

	id.	id.	id.	id.

Consentement notarié du créancier à la mise en liberté du détenu. (Art. 801 C. Pr.)

Émoluments......................	6 »	» »	» »	» »
Papier timbré.....................	» 35	» »	» »	» »
Enregistrement....................	2 20	» »	» »	» »

Vacation de l'huissier qui accompagne un créancier pour donner mainlevée de l'écrou sur le registre (par analogie probablement avec les émoluments du notaire)............................

	6 »	» »	» »	» »

Requête pour obtenir l'arrestation d'un étranger. (Art. 15 Loi du 17 avril 1832; 77 du Tarif par analogie.)

Émoluments......................	3 »	2 70	2 25	2 25
Papier timbré.....................	» 35	» 35	» 35	» 35
Enregistrement de l'ordonnance.......	3 30	3 30	3 30	3 30

Requête d'un failli détenu pour obtenir un sauf-conduit. Art. 473 C. Com.)

Requête pour assigner à bref délai en cession de biens. (Art. 77 du Tarif.).......

	id.	id.	id.	id.

Vacation pour déposer au greffe le bilan et les titres actifs, s'il y en a, du débiteur qui demande à être admis au bénéfice de cession de biens. (Art. 898 C. Proc.; 92 Tarif.)..................

	6 »	5 40	4 50	4 50

Procès-verbal de réitération de la cession par le débiteur failli à la maison commune, s'il n'y a pas de tribunal de commerce. (Art. 901 C. Proc.; 64 du Tarif.)..

	4 »	3 60	3 »	3 »

Procès-verbal d'extraction du débiteur de la prison à l'effet de faire la réitération de sa cession de biens.................

	6 »	5 40	5 »	5 »

Pour faire l'extrait du jugement qui admet la cession de biens et le faire insérer au tableau du tribunal de commerce, dans le lieu des séances de la maison commune et dans un journal, le tout ensemble. (Art. 903 C. Proc.; 92 du Tarif.).............................

	6 »	5 40	5 »	5 »

TARIF DES FRAIS
EN MATIÈRE CRIMINELLE ET DE FAILLITE (1).

	N° 1 (2).	N° 2.	N° 3.
Commandement (art. 33, loi du 17 avril 1832 ; art. 71, décret du 18 juin 1811. *Tarif en matière criminelle*).			
Original............................	1 »	» 75	» 50
Copie..............................	» 75	» 60	» 50
Timbre............................	mémoire.		
Copie du jugement s'il y a lieu (art. 33, loi du 17 avril 1832), à Paris, 50 c.; villes de 40,000 âmes et au-dessus, 40 c.; partout ailleurs, 30 c.; par rôle de trente lignes à la page et dix-huit à vingt syllabes à la ligne non compris le premier rôle..	mémoire.		
Procès-verbal de capture (art. 33, du 17 avril 1832; art. 6, décret du 7 avril 1813; art. 78, décret du 18 juin 1811).			
Salaire...........................	18 »	15 »	12 »
Si la capture est faite par un gendarme (avis du conseil d'État du 15 nov. 1832)..............	5 »	4 »	3 »
Timbre............................	mémoire.		
Enregistrement....................	2 20	2 20	2 20
Copie.............................	1 »	»	»
Au gardien pour la transcription du jugement sur son registre, par chaque rôle de trente lignes à la page et de dix-huit à vingt syllabes à la ligne, comme ci-dessus.........................	mémoire.		
Timbre de cette transcription..............	mémoire.		
Procès-verbal de recommandation (art. 71, décret du 18 juin 1811).			
Salaire...........................	1 »	» 75	» 50
Copie.............................	» 75	» 60	» 50
Timbre............................	» 70	» 70	» 70
Enregistrement....................	2 20	2 20	2 20

DROITS PERÇUS AU GREFFE DE LA PRISON POUR DETTES DE PARIS.

Pour chaque écrou..................................... 4 fr.
Pour chaque radiation................................. 4

---

(1) Voir l'avis du conseil d'État du 22 janvier 1827.
(2) La première colonne indique le tarif des frais à Paris, la seconde indique le tarif des frais dans les villes de 40,000 âmes et au-dessus, la troisième colonne indique le tarif de toutes les autres villes.

Pour chaque quittance du dépôt d'aliments, timbre compris..... 1 fr.

Pour faire signer par M. le président l'ordonnance de mise en liberté faute de consignation d'aliments, y compris les déboursés... 12

Pour apposer le cachet de la prison sur le bilan d'un débiteur sous les verroux qui déclare sa faillite, et pour légalisation de la signature du prisonnier................................ 1

Pour les mêmes formalités sur la requête que présente le failli pour obtenir un sauf-conduit............................ 1

Pour les mêmes formalités sur la procuration donnée par le détenu à la personne chargée de faire le dépôt du bilan......... 1

Pour chaque extrait des registres d'écrou, non compris le timbre. 3

Nota. L'article 56 du tarif alloue au geôlier 0,25 c. par chaque rôle d'expédition pour la transcription du jugement sur son registre, aux termes de l'article 790 du Code de procédure en matière de faillite ; cette transcription a été évaluée d'une manière fixe à deux rôles, et le timbre employé à cet effet à une feuille de 1 fr. 25 c.

FORMULAIRE.

REQUÊTE POUR FAIRE COMMETTRE UN HUISSIER A L'EFFET DE SIGNIFIER LE JUGEMENT QUI PRONONCE LA CONTRAINTE PAR CORPS. (Art. 780 et 784, C. procéd.)

A monsieur le président du tribunal de première instance. de

M. (*nom, prénoms, profession et domicile du créancier*)

A l'honneur de vous exposer que par jugement du tribunal de....., en date du....., dûment signé, collationné et scellé, le sieur (*nom, prénoms, profession et domicile du débiteur*), a été condamné par corps à lui payer la somme de..... pour les causes exprimées audit jugement ; que pour mettre cette contrainte par corps à exécution, il devient nécessaire de faire signifier au sieur ....., par un

ḫuissier, commis, le jugement susénoncé avec commandement.

Pourquoi l'exposant requiert qu'il vous plaise, monsieur
le président, commettre un huissier pour faire au sieur .....
la signification avec commandement du jugement dont il
s'agit. Et vous ferez justice.

POUVOIR DONNÉ PAR LE CRÉANCIER POUR ARRÊTER LE DÉBITEUR. (Art. 556, C. procéd.)

Je soussigné (*nom*, *prénoms*, *profession et domicile
du créancier*), donne par ces présentes pouvoir à..... de,
pour moi et à ma requête, mettre à exécution la contrainte
par corps qui a été prononcée à mon profit contre le sieur
(*nom*, *prénoms*, *profession et domicile du débiteur*),
par jugement du tribunal de....., en date du....., enregistré et signifié ; faire à cet effet tous commandements, toutes
perquisitions légales, introduire tous référés, signer tous
écrous, et faire toutes consignations d'aliments : à l'effet de
quoi j'ai remis audit sieur (*nom de l'officier ministériel*) :

1° La grosse du jugement susénoncé ;

2° L'original de la signification dudit jugement, en date
du.....

3° ....

4° La somme de..... pour aliments.

(*Dater et signer.*)

PROCÈS-VERBAL D'EMPRISONNEMENT LORSQU'ON N'A PAS BESOIN DE SE FAIRE ASSISTER PAR LE JUGE DE PAIX. (Art. 783 et 789, C. procéd.)

L'an...., le......, heures du matin, en vertu de la grosse
dûment en forme exécutoire d'un jugement du tribunal de

......, en date du....., enregistré, collationné, scellé et signifié, avec commandement, au sieur (*nom du débiteur*) ci-après nommé, par exploit du ministère de....., huissier, commis à cet effet par ledit jugement (*ou par ordonnance de* M. le président du tribunal civil), et à la requête de M. (*nom, prénoms, profession et domicile du créancier*), pour lequel domicile est élu en la demeure de.....

Je (*immatricule*.....) portant, suivant la loi (*indiquer le signe distinctif de la profession*), assisté de 1° (*nom, prénoms, profession et domicile du recors*), 2° (*nom, prénoms, profession et domicile du second recors*), tous deux Français, témoins avec moi amenés, fait itératif commandement au sieur (*nom, prénoms, profession et domicile du débiteur*), trouvé hors de son domicile, rue de.... (1), en parlant à sa personne, ainsi qu'il m'a dit être, et après lui avoir exhibé ma (*marque distinctive*), de par la loi, le roi et justice, payer présentement au requérant, ou à moi, pour lui porteur des pièces, la somme de....., montant des condamnations prononcées même par corps contre lui envers le requérant, par le jugement ci-dessus énoncé et pour les causes y portées, sans préjudice de tous autres dus droits et actions, intérêts et frais.

Ledit sieur (*nom du débiteur*) ayant refusé de payer, je lui ai déclaré, de par la loi, le roi et justice, que je l'arrêtais et qu'il était mon prisonnier, et le sommais de me suivre à l'instant à la maison d'arrêt de....., sise à....., destinée à recevoir les prisonniers pour dettes; et de suite j'ai, assisté de

---

(1) D'après l'article 15 du décret du 14 mars 1808, les gardes du commerce à Paris peuvent arrêter les débiteurs dans leur propre domicile sans l'assistance du juge de paix, lorsque l'entrée ne leur en est pas refusée.

mes récors, conduit ledit sieur (*nom du débiteur*) en ladite
prison, où, étant arrivés à (*indiquer l'heure*), je lui ai, entre
les deux guichets, comme lieu de liberté, réitéré le commandement précédemment fait de payer, auquel il a refusé de
satisfaire.

Pourquoi je lui ai déclaré que j'allais à l'instant même
l'écrouer sur les registres de la maison d'arrêt, et de fait,
en vertu du jugement ci-dessus énoncé, et à mêmes requête,
demeure et élection de domicile que dessus, j'ai, huissier (*ou
garde du commerce*) susdit et soussigné, écroué ledit sieur
(*nom du débiteur*), toujours parlant à sa personne entre les
deux guichets, comme lieu de liberté, sur le registre n°..,
folio..., et l'ai laissé à la garde du sieur..., gardien-chef de
ladite maison d'arrêt; lequel, en parlant à sa personne, ainsi
qu'il l'a déclaré, après lui avoir représenté la grosse du jugement ci-dessus énoncé, a promis de se charger dudit sieur
(*nom du débiteur*) et de le représenter quand il en sera légalement requis, et j'ai remis au sieur (*nom du gardien-chef*),
savoir : ..... pour... mois par avance des aliments à fournir
audit sieur (*nom du débiteur*), et..... pour droits de greffe,
quittance et transcription sur le registre d'écrou du jugement ci-dessus énoncé, y compris le papier timbré; et j'ai
audit sieur (*nom du débiteur*), parlant à sa personne entre
les deux guichets, comme lieu de liberté, laissé copie du présent procès-verbal, contenant arrestation, emprisonnement
et écrou de sa personne.

Le coût du présent procès-verbal est de...

(Signatures de l'huissier ou du garde du commerce et des
récors.)

PROCÈS-VERBAL D'EMPRISONNEMENT LORSQUE L'ASSISTANCE DU JUGE DE PAIX EST NÉCESSAIRE. (Art. 781, C. procéd.; 15, décret du 14 mars 1808.)

Même préambule...

Je (*immatricule...*), faute par M. *nom, prénoms, profession et domicile du débiteur ou de la personne chez laquelle il se trouve*, chez qui je me suis présenté, assisté de 1° *nom, prénoms, profession et domicile du recors*, 2° *nom, prénoms, profession et domicile du second recors*, tous deux Français, témoins avec moi amenés, et porteur de ma marque distinctive en forme de baguette, d'avoir voulu me laisser pénétrer dans son domicile, me suis transporté chez M..., juge de paix du... arrondissement de... (*ou du canton de...*), en sa demeure, sise à....., où étant, je lui ai exhibé la grosse du jugement sus-énoncé, portant condamnation par corps contre le sieur...., demeurant à....., et après lui avoir exposé que le débiteur se tenait enfermé chez lui (*ou dans une maison tierce, sise à.......*), ce qui empêchait contre lui l'exécution de la contrainte par corps prononcée par ledit jugement, je l'ai requis de se transporter avec nous au domicile du sieur (*le débiteur*) (*ou dans la maison tierce où se trouve le sieur.....*), pour que nous puissions exercer contre lui la contrainte par corps; sur quoi M. le juge de paix, d'après l'exhibition que nous lui avons faite de la grosse du jugement, emportant contrainte par corps, rendu au profit du sieur....., contre le sieur.....; ledit jugement signifié avec commandement, par huissier commis le....., nous a dit qu'il allait se transporter avec nous et nos témoins dans le domicile du sieur..... (*ou dans la maison sise à....., où se tient enfermé le sieur....*).

24

Et de suite, accompagné de M. le juge de paix et assisté de mes recors, je me suis transporté....., où étant et parlant à....., ainsi qu'il m'a dit être, après lui avoir exhibé ma (*marque distinctive*).

Le reste comme au procès-verbal précédent.

(Art. 786 et 787, C. procéd.; 22, loi du 17 avril 1832.)

Si le débiteur demande à aller en référé devant M. le président, après ces mots : « et le sommais de me suivre à la maison d'arrêt de........., sise à........., » il faut mettre :

Sur quoi M. le juge de paix s'étant retiré, j'ai, assisté de mes recors, conduit ledit sieur....., à sa demande, en l'hôtel de M. le président du tribunal civil de première instance de....., sis à....., où étant arrivés à..... heures, je lui ai exposé le sujet de notre transport, et, après avoir entendu les explications de M. ....., il a rendu l'ordonnance suivante :

Nous, président du tribunal de première instance de....., au principal, renvoyons les parties à se pourvoir, et cependant dès à présent et par provision,

Attendu, etc.

Disons qu'il sera passé outre à l'arrestation et à l'emprisonnement du sieur....., ce qui sera exécuté nonobstant l'appel et sans y préjudicier. Et, attendu l'urgence, disons que la présente ordonnance sera exécutée avant son enregistrement, et avons signé.

En conséquence de l'ordonnance ci-dessus, j'ai, toujours assisté des mêmes recors, conduit ledit sieur..... à la maison d'arrêt de....., sise à....., où étant arrivés à... heures, je lui

ai, entre les deux guichets, comme lieu de liberté, réitéré
le commandement, etc.

Le reste comme au procès-verbal ci-dessus.

**REQUÊTE DU DÉBITEUR APPELÉ COMME TÉMOIN POUR OBTENIR
UN SAUF-CONDUIT. (Art. 782, C. procéd.)**

Nous avons pris pour exemple une personne appelée à déposer dans une enquête.

A monsieur le président du tribunal de première instance
de...

M. A....., demeurant à

A l'honneur de vous exposer que par exploit de C.....,
huissier à....., en date du....., dont la copie est ci-jointe,
il est sommé de comparaître le....., heures du matin, devant M....., juge-commissaire en votre tribunal, pour déposer dans une enquête que poursuit le sieur B.....

Mais qu'étant sous le coup de poursuites tendantes à la
contrainte par corps, que l'on exerce contre lui en vertu
d'un jugement dont la signification, avec commandement,
est ci-jointe, il y a nécessité de lui accorder un sauf-conduit, pour qu'il puisse venir déposer en l'enquête dont il
s'agit.

C'est pourquoi il vous plaira, monsieur le président, accorder à l'exposant un sauf-conduit pour un jour (sauf le délai
des distances, s'il y a lieu), pendant lequel temps aucune contrainte par corps prononcée contre lui ne pourra être mise à
exécution, et vous ferez justice.

D'après un avis du conseil d'État, du 30 avril 1807, approuvé le 30 mai suivant, et rapporté dans une circulaire du
ministre de la justice en date du 8 septembre de la même an-

née, le sauf-conduit ne peut pas être accordé, ni par le juge de paix ni par le président d'un tribunal de commerce. Les personnes en état de contrainte par corps appelées comme témoins devant ces magistrats, doivent s'adresser au président du tribunal civil de l'arrondissement, qui décide s'il y a lieu d'accorder le sauf-conduit.

Les personnes qui désirent produire ces témoins peuvent également faire la demande du sauf-conduit.

Nous, président, etc.

Vu la requête, les pièces jointes, et notamment la copie de la citation donnée au requérant, par exploit de....., huissier, en date du....., à la requête de....., à comparaître devant le tribunal de première instance, *ou* le tribunal de commerce, *ou* M....., juge-commissaire, *ou* les sieurs....., arbitres, *ou* M. le juge de paix du..... arrondissement, pour déposer comme témoin dans l'instance civile, *ou* la procédure instruite contre le nommé....., *ou* l'instance commerciale, *ou* l'enquête qui sera faite par ce magistrat, *ou* l'instance arbitrale, *ou* l'instance civile, en exécution du jugement rendu le....., entre..... et.....

Vu les conclusions du ministère public ;

Attendu que des condamnations ont été prononcées avec contrainte par corps contre le requérant, et qu'ainsi il a besoin d'un sauf-conduit pour satisfaire à la citation ;

Accordons au sieur..... un sauf-conduit depuis le (*jour*) jusqu'au (*jour*) ; en conséquence, faisons défense à tous huissiers et officiers de justice d'exécuter contre le sieur....., demeurant à....., aucune contrainte par corps pour dette, depuis et y compris le (*jour*), jusque et y compris le (*jour*).

Paris, au palais de justice, le (*jour, mois et an*).

PROCÈS-VERBAL DE RECOMMANDATION. (Art. 793, C. procéd.)

L'an....., le....., en vertu de la grosse dûment en forme exécutoire d'un jugement du tribunal de....., en date du....., enregistré, collationné, scellé et signifié avec commandement au sieur B....., ci-après nommé, par exploit de D....., huissier, commis à cet effet par ledit jugement (*ou* par ordonnance rendue sur requête par **M.** le président du tribunal de première instance), et à la requête de **M. A.....**, demeurant à....., pour lequel domicile est élu en la demeure de **M.....**, sise à.....

J'ai..... huissier (*ou* garde du commerce) soussigné, fait itératif commandement, de par la loi, le roi et justice, au sieur B....., demeurant à....., et actuellement détenu pour dettes en la maison d'arrêt de....., sise à....., où je me suis transporté, en parlant audit sieur B....., amené à cet effet entre les deux guichets, comme lieu de liberté.

Après lui avoir exhibé ma médaille (baguette) distinctive, de présentement payer audit sieur A..... ou à moi, pour lui porteur de pièces, la somme de......, montant des condamnations principales contre lui prononcées, même par corps, par le jugement sus-énoncé, et pour les causes y portées, sans préjudice de tous autres dus droits et actions.

Ledit sieur B..... ayant refusé de payer, je lui ai déclaré qu'en vertu du jugement sus-énoncé, j'allais l'écrouer et le recommander sur le registre de ladite maison d'arrêt, pour qu'il ne recouvre sa liberté qu'après avoir entièrement acquitté le montant des condamnations prononcées par le jugement dont il s'agit.

Et m'étant, en effet, présenté au sieur E....., greffier, concierge de ladite maison d'arrêt, trouvé en son greffe, et par-

24.

lant à sa personne, j'ai écroué et recommandé ledit sieur
B..... sur le registre, folio....., et l'ai laissé à la garde dudit
sieur E....., lequel, sur l'exhibition que je lui ai faite de la
grosse du jugement ci-dessus énoncé, a promis de se charger dudit sieur B..... et de le représenter quand il en sera
légalement requis. Et attendu qu'il s'est trouvé des aliments
consignés, je n'en ai point consigné ; mais j'ai payé audit
sieur E..... la somme de....., pour droit de transcription
sur le registre, du jugement susdaté, compris le papier timbré, et j'ai audit sieur B....., parlant à sa personne entre
les deux guichets, comme lieu de liberté, et audit sieur
E....., parlant comme dessus, laissé à chacun séparément
copie du présent procès-verbal, contenant recommandation
et écrou de la personne dudit sieur B.....

Le coût du présent procès-verbal est de.....

(Signature de l'huissier ou du garde du commerce.)

D'après l'art. 57 du tarif, il faut donner copie du procès-
verbal de recommandation au greffier de la maison de détention.

DEMANDE A FIN DE CONTRIBUTION AUX ALIMENTS.
(Art. 793, C. procéd.)

L'an....., le....., en conséquence d'un procès-verbal de
non-conciliation dressé au bureau de paix du..... arrondissement de..... (ou du canton de.....), le....., dûment enregistré dont il est, en tête de celle des présentes (pour les copies de l'exploit, on met : dont il est, avec la présente, donné
copie), donné copie, et à la requête de M. A....., demeurant
à....., lequel constitue pour son avoué Me E....., demeurant à....., qui occupera pour lui sur la présente assignation,
j'ai..... (Immatricule de l'huissier.)

soussigné, donné assignation à M. B....., demeurant à....., en son domicile, où étant et parlant à.....

A comparaître d'aujourd'hui à la huitaine franche, délai de la loi, à l'audience et par-devant MM. les président et juges composant le tribunal civil de première instance de...... (ou lorsque le tribunal est composé de plusieurs chambres « composant la première chambre du tribunal civil de première instance de.... »), séant au palais de justice à.....

Pour, attendu que le sieur C..... a été emprisonné à la requête du sieur A....., par procès-verbal de....., huissier (ou garde du commerce), en date du....., enregistré.

Attendu que par autre procès-verbal de....., huissier (ou garde du commerce, en date du....., enregistré....., ledit sieur C..... a été recommandé à la requête du sieur B....;

Attendu que depuis ledit jour (indiquer la date du dernier procès-verbal) les aliments du sieur C...., débiteur commun, sont à la charge commune du requérant et du sieur B.....;

Voir dire et ordonner que ledit sieur B..... sera tenu de contribuer, à partir de ce jour, avec le demandeur et par portions égales, aux aliments à fournir pour ledit sieur C..... pendant tout le temps qu'il sera détenu à la requête desdits sieurs A..... et B.....; en conséquence, qu'avant le commencement de chaque période d'un mois, à partir dudit jour, le sieur B..... sera tenu de consigner entre les mains du greffier-concierge de la maison d'arrêt de..... la somme de..... pour la moitié à sa charge dans la consignation qui doit être faite à l'avenir et par avance pour les aliments dudit sieur C....; sinon, et faute par lui de ce faire, que le requérant sera autorisé à faire ladite consignation et à en poursuivre le remboursement en vertu du jugement à intervenir, sans qu'il en soit besoin d'autre, sur le vu des quittances qu'il aura retirées.

Se voir en outre ledit sieur B..... condamner à payer dès à présent au demandeur la somme de....., pour la moitié à sa charge dans les aliments consignés par le demandeur depuis le..... (date du procès-verbal de recommandation) jusqu'à ce jour, et celle de.... pour la moitié à sa charge dans la période d'un mois qui court à partir d'aujourd'hui, et aux dépens.

Et j'ai audit sieur B....., en son domicile et parlant comme dessus, laissé copie tant du procès-verbal de non-conciliation sus-énoncé, que du présent exploit dont le coût est de..... (pour les copies de l'exploit on met : laissé la présente copie.)

SIGNIFICATION AU GARDIEN-CHEF DU JUGEMENT QUI PRONONCE LA MISE EN LIBERTÉ DU DÉTENU. (Art. 799, C. procéd.)

L'an....., le....., à la requête de M. A....., demeurant à....., actuellement détenu pour dettes, et non pour autres causes, en la maison d'arrêt de.....

J'ai (immatricule de l'huissier), soussigné, signifié, et avec celles des présentes (sur la copie il faut mettre : avec ces présentes), donné copie au sieur B....., gardien-chef de la maison d'arrêt de....., sise à....., en son greffe sis en ladite maison d'arrêt, où étant, et parlant à....,

D'un jugement rendu par le tribunal (si le tribunal est divisé en plusieurs chambres, par la..... chambre du tribunal) civil de première instance de..., au profit du sieur A... contre ledit sieur B....., le....., ledit jugement dûment enregistré et signifié à avoué, le....., et à domicile, le.....

A ce que du contenu audit jugement le susnommé n'ignore, et ait en conséquence à mettre en liberté le sieur A...., après avoir rayé son écrou, je lui ai, en son greffe et parlant comme dessus, laissé copie dudit jugement (sur la copie il faut mettre : laissé la présente copie) : le coût de l'exploit est de...

OFFRES DE CONSIGNER LES SOMMES DUES PAR LE DÉBITEUR INCARCÉRÉ POUR OBTENIR SON ÉLARGISSEMENT. (Art. 802, C. procéd.)

L'an....., le....., à la requête de M. A...., demeurant à....., actuellement détenu pour dettes, et non pour autres causes, en la maison d'arrêt de....., sise à....., et pour lequel domicile est élu en l'étude de Me ....., avoué, sise à...., qui occupera pour lui sur la présente assignation ; j'ai (immatricule de l'huissier), soussigné, offert réellement et à deniers découverts au sieur B....., greffier-concierge de la maison d'arrêt sise à....., en son greffe sis en ladite maison d'arrêt, où étant et parlant à....,

La somme totale de....., en pièces de....., argent monnayé et ayant cours, composée : 1° de....., montant des condamnations emportant contrainte par corps prononcées contre lui au profit du sieur C....., demeurant à....., par jugement du tribunal de....., en date du....., et en vertu duquel jugement le requérant a été emprisonné en ladite maison d'arrêt ; 2° de..., pour les intérêts de ladite somme calculés à raison de...., pour cent, sans retenue, depuis l'époque où ils ont couru aux termes dudit jugement, jusqu'à ce jour ; 3° de...., pour les frais liquidés par ledit jugement ; 4° de...., pour ceux d'emprisonnement, sauf, à cet égard, à parfaire ou diminuer d'après la taxe ; 5° et de...., pour la somme consignée jusqu'à présent par ledit sieur C...... pour les aliments du requérant.

Les présentes offres sont faites à la charge par le sieur B...

de les recevoir comme consignation au profit du sieur C....., de m'en donner bonne et valable quittance, et en outre, de mettre sur-le-champ en liberté ledit sieur A....., détenu en ladite maison d'arrêt de....., écroué sur le registre, folio... à la requête du sieur C...., par procès-verbal de....., huissier (ou garde du commerce), en date du....., et j'ai audit sieur B....., parlant comme dessus, laissé copie du présent procès-verbal, dont le coût est de....

Si le greffier refuse de recevoir les offres, l'huissier terminera ainsi : lequel dit sieur B..... a répondu : (*Consigner la réponse.*)

Contre laquelle réponse j'ai, pour ma partie, fait toutes protestations de droit et réserves de se pourvoir contre ledit sieur B....., en sadite qualité, pour le faire contraindre à recevoir la consignation de la somme présentement offerte, et plus ai, en parlant comme dessus, laissé copie du présent procès-verbal, dont le coût est de.....

Si le greffier accepte la consignation, le procès-verbal doit être terminé comme il suit :

A quoi il m'a été fait réponse par le sieur ...... qu'il accepte la consignation offerte, et qu'il était prêt d'obtempérer à la présente sommation; et de fait, en ma présence, le sieur (*nom du détenu*) a été mis en liberté après que j'ai eu compté à mondit sieur..... la somme de.....

Et de tout ce que dessus, j'ai dressé le présent procès-verbal, duquel, en parlant comme dessus, j'ai laissé copie au sieur..... Le coût est de.....

CERTIFICAT DE NON-CONSIGNATION D'ALIMENTS. (Art. 800 et 803, C. procéd.; 30, loi du 17 avril 1832.)

Le directeur (*ou le gardien-chef*) de la prison pour dettes, sise à....., certifie qu'il appert du registre du greffe, n°..., fol....., que le sieur (*nom, prénoms, profession et domicile*) y a été écroué le....., et que jusqu'aujourd'hui (*jour, mois, an et heure*), date de la délivrance du présent certificat, il n'a été consigné pour ce débiteur que le nombre de..... périodes, chacune de..... francs et pour trente jours.

Signature.

REQUÊTE POUR OBTENIR L'ÉLARGISSEMENT FAUTE DE CONSIGNATION D'ALIMENTS.

Monsieur le président,

M. (*nom, prénoms, etc.*), écroué pour dettes, requiert qu'il vous plaise, vu le certificat ci-dessus, ordonner qu'il soit sur-le-champ mis en liberté faute d'aliments, conformément à la loi du 17 avril 1832, et ferez justice.

Signature du détenu.

Vu au greffe pour légalisation
de la signature de M.....

Signature du directeur.

Nous, président du tribunal civil de....., vu les certificat et requête ci-dessus; attendu que la..... période des aliments dudit sieur..... n'a pas été consignée,

Ordonnons que le sieur..... sera sur-le-champ mis en liberté faute d'aliments, s'il n'est détenu pour autre cause; à quoi faire sera le directeur de la prison pour dettes contraint, quoi faisant déchargé; ce qui sera exécuté par provision, nonobstant opposition ou appel, même avant enregistrement.

En notre hôtel, à..... le..... heures du matin.

ÉLARGISSEMENT D'UN DÉTENU AYANT COMMENCÉ SA SOIXANTE-
DIXIÈME ANNÉE. (Art. 2066, C. civ.; 800, C. procéd.; 4, 6,
12, 18, 30, 40, loi du 17 avril 1832 ; 77, du Tarif.)

Le directeur de la prison pour dettes (1), à ....., certifie
qu'il appert du registre du greffe, n°..., fol..., que le sieur
(nom, prénoms, profession, domicile) y a été écroué le (date
de l'écrou), en exécution d'un jugement du tribunal civil *ou*
de commerce de....., en date du....., *ou* en exécution d'une
ordonnance d'arrestation provisoire du président du tribunal
de première instance de la Seine, en date du.....

Et qu'il a été recommandé le (date la recommandation),
en exécution d'un jugement du tribunal civil *ou* de commerce de....., en date du.....

Paris, le (*jour, mois et an*).

Signature du directeur.

A monsieur le président du tribunal de première instance
du département de la Seine.

Le sieur (nom, prénoms, profession, domicile), écroué
(*s'il y a lieu*) et recommandé en la prison pour dettes de
Paris, pour les causes énoncées au certificat ci-dessus, délivré par M. le directeur de ladite prison, requiert qu'il vous
plaise, vu ledit certificat et l'acte de naissance joint à la requête, dressé le..... et délivré le....., par extrait des registres de l'état civil de la commune de....., arrondissement
de....., département de....., duquel il résulte qu'il est né le
(date de la naissance), qu'ainsi il a commencé sa soixante-

_____

(1) Ce certificat est nécessaire pour faire connaître le nombre et, par
suite, les causes des écrous et des recommandations, et mettre à même
de vérifier s'il n'existe pas de condamnation qui fasse obstacle à la mise
en liberté.

dixième année, ordonner qu'il sera mis sur-le-champ en liberté, conformément à l'article..... de la loi du 17 avril 1832.

Signature du détenu.

Certifié véritable par le directeur de la prison pour dettes.

Paris, le (jour, mois et an).

Signature du directeur (1).

Nous, président, vu la requête ci-dessus, les pièces jointes, et notamment le certificat du directeur de la prison pour dettes, l'acte de naissance du requérant, et l'art..... de la loi du 17 avril 1832, sur la contrainte par corps;

Attendu que le requérant justifie qu'il a soixante-dix ans commencés;

Attendu qu'il s'agit d'emprisonnement pour dettes commerciales (art. 6 de la loi; art. 18, si le débiteur est étranger);

ou Attendu qu'il s'agit d'emprisonnement en matière de deniers et effets mobiliers publics (art. 22 de la loi);

ou Attendu qu'il s'agit d'emprisonnement en matière civile, et que le détenu n'est pas stellionataire (800, C. proc.; art. 18, si le débiteur est étranger);

Qu'ainsi il doit, aux termes de la susdite loi, obtenir de plein droit son élargissement;

Ordonnons que le sieur (*nom, prénoms*) sera mis en liberté sur-le-champ, s'il n'est retenu pour autre cause; à quoi faire sera le directeur tenu; et disons que l'une des minutes de notre ordonnance lui restera pour décharge, et sera par lui immédiatement annexée à l'écrou, et que la seconde minute, avec l'acte de naissance annexé, sera par lui déposée au greffe du tribunal.

Paris, en notre hôtel, le (*jour, mois et an*).

---

(1) Cette requête et l'ordonnance doivent être en double, comme dans le cas de manque d'aliments.

ÉLARGISSEMENT D'UN DÉTENU A L'EXPIRATION DE L'EMPRI-
SONNEMENT. (Art. 5, 7, 13, 17, 39, 40, loi du 17 avril 1832.)

Le directeur de la prison pour dettes, à Paris, certifie qu'il
appert du registre du greffe, n°..., f°..., que le sieur (*nom,
prénoms, profession, domicile*), y a été écroué le (*date de
l'écrou*), pour la somme de....., en exécution d'un jugement
du tribunal civil *ou* de commerce *ou* correctionnel de.....,
en date du....., pour.., mois *ou* années, et recommandé le
(*date de la recommandation*), pour la somme de....., en
exécution d'un jugement du tribunal civil *ou* de commerce *ou*
correctionnel de....., en date du....., pour... mois *ou* années (1).

Paris, le (*jour, mois et an*).

Signature du directeur.

A monsieur le président du tribunal de première instance
du département de la Seine.

Le sieur (nom, prénoms, profession, domicile), écroué
(*s'il y a lieu*) et recommandé en la prison pour dettes de
Paris, pour les causes énoncées au certificat ci-dessus, délivré par M. le directeur de ladite prison, requiert qu'il vous
plaise, vu ledit certificat et les copies de significations de jugements, écrous, desquels il résulte qu'il est détenu depuis
plus de... mois *ou* ans, pour la somme de..... *ou* pour diverses sommes, dont la plus forte est de..., et ne peut entraîner
qu'une contrainte de... mois *ou* ans, ordonner qu'il sera mis

---

(1) Ce certificat est nécessaire pour faire connaître le nombre et la
nature des écrous et des recommandations, afin que le président puisse
se faire représenter les pièces et vérifier les causes des condamnations
pour apprécier la durée de l'emprisonnement.

en liberté sur-le-champ, conformément à l'article *ou* aux art..... de la loi du 17 avril 1832.

Paris, le (jour, mois et an).

Signature du détenu (1).

Certifié véritable par le directeur de la prison pour dettes.

Signature du directeur.

Nous, président, vu la requête ci-dessus, les pièces jointes, et notamment le certificat du directeur de la prison pour dettes, et l'article *ou* les art..... de la loi du 17 avril 1832, sur la contrainte par corps ;

Attendu qu'il résulte du certificat du directeur de la prison pour dettes, et des copies de significations de jugements et d'écrous, que le sieur (*nom, prénoms*) a été condamné et écroué pour la somme de..... (art. 5, 7, 13, 19, 39 et 40 de la loi) *ou* pour diverses sommes, dont la plus forte est de... (mêmes articles, et arg. de l'art. 27) ;

Attendu qu'il est détenu depuis... mois ou ans ;

Qu'ainsi il doit, aux termes de la susdite loi, obtenir de plein droit son élargissement ;

Ordonnons que le sieur (nom, prénoms) sera mis en liberté sur-le-champ, s'il n'est détenu pour autre cause ; à quoi faire sera le directeur tenu, et disons que l'une des minutes de notre ordonnance lui restera pour décharge et sera par lui immédiatement annexée à l'écrou, et que la seconde minute sera par lui déposée au greffe du tribunal.

Paris, en notre hôtel, le (*jour, mois et an*).

---

(1) Le détenu doit joindre à sa requête les copies des significations de jugements et d'écrous.

MAINLEVÉE D'ÉCROU PAR-DEVANT NOTAIRE.

Par-devant M⁰..... et son collègue, notaires à....., sous-signés,

A comparu

M. (*prénoms, nom, profession et domicile*);

Lequel a, par ces présentes, donné mainlevée, purement et simplement, de l'emprisonnement et écrou faits à sa requête de la personne de (*prénoms et nom du débiteur*), dans la prison de.....

Consentant que cet écrou soit rayé de tous registres où il aura été inscrit, et que tous directeur et gardien-chef, en mettant ledit sieur..... en liberté, soient bien et valablement déchargés.

Dont acte.

Fait et passé à....., l'an..... et.....

Et a, ledit comparant, signé avec les notaires, après lecture.

REQUÊTE POUR OBTENIR L'AUTORISATION D'ARRÊTER UN ÉTRANGER. (Art. 15, loi du 17 avril 1832.)

A monsieur le président du tribunal de première instance de.....

M. (*nom, prénoms, profession et domicile du requérant*).

A l'honneur de vous exposer qu'il est créancier du sieur... (*indiquer la nation à laquelle il appartient*), sans domicile connu en France, logé présentement hôtel de....., rue..., nº..., d'une somme de...., montant d'un prêt qu'il lui a fait le.....

Que cette somme, exigible depuis le....., n'a pas été

payée, malgré la demande qui en a été faite, ainsi que le constate.....

Pourquoi l'exposant requiert qu'il vous plaise, monsieur le président, vu :

1° Ladite reconnaissance de la somme de..... que ledit sieur..... a refusé de payer ;

2° Le certificat du commissaire de police du quartier, en date du....., constatant que ledit sieur..... est logé en garni dans l'hôtel de.....;

3° L'art. 15 de la loi du 17 avril 1832 ;

Ordonner l'arrestation provisoire dudit sieur....., à la requête de l'exposant, faute de payement de la créance dont il s'agit, et vous ferez justice.

DEMANDE DE SAUF-CONDUIT PAR LE FAILLI.
(Art. 473, C. comm.)

A messieurs les président et juges composant le tribunal de commerce de.....

M....., demeurant à....., a l'honneur de vous exposer qu'il a été déclaré en état de faillite par jugement du tribunal de commerce de....., en date du.....;

Que cet état de faillite a été causé par des pertes qu'il a éprouvées dans son commerce, et qu'il ne s'élève contre lui aucun soupçon de fraude ni d'imprudence.

Pourquoi l'exposant requiert qu'il vous plaise lui délivrer un sauf-conduit, conformément à la loi; en conséquence, ordonner qu'il sera mis en liberté, à quoi faire tous concierges et gardiens seront contraints, quoi faisant, déchargés.

Subsidiairement seulement, et dans le cas où le tribunal ne croirait pas devoir accorder à l'exposant sa liberté pure et simple, la lui accorder provisoirement, et aux offres qu'il fait de fournir caution de se présenter à tous mandements de justice, d'après la fixation que fera le tribunal du cautionnement à fournir.

Signature du failli.

Le président du tribunal écrit au bas de la requête :
Soit communiqué à M. le juge-commissaire pour donner son avis.

Paris, le.....

Signature du président.

Le juge-commissaire donne son avis, soit pour la mise en liberté pure et simple, soit pour la mise en liberté provisoire, et le tribunal prononce.

CERTIFICAT D'INDIGENCE. (Art. 35, loi du 17 avril 1832.)

Le maire de la commune de..... certifie que le sieur (*nom, prénoms et profession*), demeurant en cette commune, n'y possède point d'immeubles, et qu'il est en état d'indigence.

Le,....

(*Signature du maire.*)

Vu pour légalisation de la signature de M....,., maire de la commune de.....

Le sous-préfet de l'arrondissement de.....

(*Signature du sous-préfet.*)

Vu et approuvé par nous, préfet du département de.....

Le préfet,

(*Signature du préfet.*)

NOTA. Ce certificat doit être approuvé par le préfet; il ne suffirait pas qu'il fût visé par lui. C. C., 31 juillet 1834; — 18 janvier 1823; — 30 novembre 1811; — 4 décembre 1811;

— 26 décembre 1811; — 4 mai 1808; — 2 mai 1806; — 7 nivôse an XIII; — 22 prairial an XII; — 25 thermidor an XII; — 27 vendémiaire an IX; — Merlin, *Quest. de droit*, v° *Cassation*, § 19, n° 2.

Il doit en outre être d'une date récente. C. C., 25 thermidor an XII.

CERTIFICAT DU PERCEPTEUR, CONSTATANT QU'ON N'EST POINT IMPOSÉ. (Art. 35, loi du 17 avril 1832.)

Le percepteur des contributions directes de la commune de..... certifie que le sieur..... n'est point imposé au rôle de la contribution foncière de l'année 18.....

Le.....

(Signature du percepteur.)

Vu par nous maire de la commune de....., pour légalisation de la signature de M....., percepteur des contributions directes de la commune.

Le.....

(Signature du maire.)

Vu par nous sous-préfet de l'arrondissement de...., pour légalisation de la signature de M....., maire de la commune de.....

Le.....

(Signature du sous-préfet.)

FIN.

ERRATA.